Ich aber sage euch

Osho spricht über Jesus-Worte aus dem Neuen Testament

VERLAG

Die Vorgabe zu diesem Buch ist das gesprochene Wort Oshos. Seine „Talks", über Jesus aus dem Stegreif vor einer großen Zuhörerschaft in der Osho Commune in Poona gehalten, wurden vom Tonband übersetzt. Die Redaktion der deutschen Übersetzung folgt der englischen Buchausgabe und gibt, wie diese, so genau wie möglich den spontanen Redefluß Oshos wieder.

Titel der Originalausgabe:
I Say unto You

1. Auflage 1995
© Copyright, auch der Übersetzung:
Osho International Foundation, Zürich
Übersetzung: Sw. Prem Arhat, Ma Prem Kalpa
Titel: Sw. Anurag Sumukha
Foto u. Illustration: © Osho International Foundation, Zürich
Druck: Wiener Verlagshaus, Wien
Printed in Austria
Alle Rechte vorbehalten. Nachdruck und fotomechanische Wiedergabe, auch auszugsweise, nur mit Genehmigung des Osho Verlags Köln.

INHALT

1	Die Flöte an Gottes Lippen	5
2	Komm heraus aus deinem Verstand	37
3	Geh und versöhne dich zuerst	67
4	Du besitzt nur was du dir geschaffen hast	105
5	Bete zu deinem Vater im Verborgenen	135
6	Sie kreuzigten ihn	173
7	Hingabe in Dunkelheit	209
8	In Ewigkeit leben	243
9	Gottes Gabe empfangen	277
10	Vertrauen ist das Reich Gottes	315

Wir danken Ma Prem Dipti, Ma Atmo Shoba,
Ma Advaita, Sw. Dhyan Varij,
daß sie die Veröffentlichung dieses Buches ermöglichten.

Die Flöte
an Gottes Lippen

Matthäus 5

¹ Als Jesus die vielen Menschen sah, stieg er auf einen Berg.
Er setzte sich, und seine Jünger traten zu ihm.
² Dann begann er zu reden und lehrte sie. Er sagte:
³ Selig, die arm sind vor Gott, denn ihnen gehört das Himmelreich.
⁴ Selig die Trauernden, denn sie werden getröstet werden.
⁵ Selig, die keine Gewalt anwenden,
denn sie werden das Land erben.
⁶ Selig, die hungern und dürsten nach der Gerechtigkeit,
denn sie werden satt werden.
⁷ Selig die Barmherzigen, denn sie werden Erbarmung finden.
⁸ Selig, die ein reines Herz haben, denn sie werden Gott schauen.
⁹ Selig, die Frieden stiften,
denn sie werden Söhne Gottes genannt werden.
¹⁰ Selig, die um der Gerechtigkeit willen verfolgt werden,
denn ihnen gehört das Himmelreich.
¹² Freut euch und jubelt: Euer Lohn im Himmel wird groß sein.
Denn so wurden schon vor euch die Propheten verfolgt.
¹³ Ihr seid das Salz der Erde.
Wenn das Salz seinen Geschmack verliert,
womit kann man es wieder salzig machen?
Es taugt zu nichts mehr;
es wird weggeworfen und von den Leuten zertreten.

DIE BIBEL BEGINNT AUF UNGLAUBLICH SCHÖNE Weise. Kein anderes Buch beginnt so, kein anderes Buch kann so beginnen. Die Bibel ist „das Buch der Bücher." Das ist die genaue Bedeutung des Wortes „Bibel" – das Buch. Sie ist das kostbarste Dokument, das die Menschheit besitzt. Deshalb wird sie „Das Testament" genannt, denn Jesus hat Gott darin bezeugt. Jesus wurde zum Zeugen Gottes, ein Testament.

Und das ist der einzig mögliche Gottesbeweis. Gott kann nicht durch Argumente bewiesen werden, sondern nur ein Mann wie Jesus kann ein Beweis für ihn sein.

In diesem Evangelium finden wir alles, was schön ist am Erblühen Jesu: die Seligpreisungen. Diese Aussagen sind die schönsten, die je gemacht wurden. Nicht einmal Buddha, nicht einmal Laotse haben auf diese Weise gesprochen.

Buddha ist sehr philosophisch, sehr kultiviert. Jesus ist schlicht, einfach. Er spricht wie ein Dörfler, wie ein Bauer, wie ein Fischer. Aber gerade weil er so spricht wie die gewöhnlichen Leute, haben seine Worte eine Verläßlichkeit, eine Greifbarkeit, eine Wirklichkeit. Die Worte Buddhas sind abstrakt; es sind sehr sehr hohe Worte, philosophisch. Die Worte Jesu sind erdgebunden, äußerst erdig. Sie haben jenen Duft der Erde, dem du begegnest, wenn die Regenzeit begonnen hat und die Erde den Regen aufsaugt und ein starker Duft aufsteigt, der Duft der nassen Erde, der Duft, den du am Strand des Meeres findest, der Duft des Ozeans, der Bäume.

Die Worte Jesu sind sehr sehr erdgebunden, verwurzelt in der Erde. Er ist ein irdischer Mensch, und darin besteht seine Schönheit. Diese Schönheit ist unvergleichlich. Der Himmel ist gut, aber abstrakt, weit weg, entfernt.

Also sage ich zu euch, kein anderes Buch beginnt so, wie das Evangelium beginnt; kein anderes Buch spricht so, wie das Evangelium spricht.

Das Wort „Evangelium" hat die ursprüngliche Bedeutung: „Gotteswort". Gott hat durch Jesus gesprochen. Jesus ist nur ein hohler Bambus. Das Lied stammt von Gott, und die Metaphern Jesu sind sehr lebenswahr. Er entwirft keine Konzepte, er zeigt einfach die Wahrheit, wie sie ist.

Zuerst der Anfang:

„Das Buch der Generationen Jesu Christi, der Sohn Davids, der Sohn Abrahams. Abraham zeugte Isaak, und Isaak zeugte Jakob, und Jakob zeugte Judas, und Judas zeugte Phares, und Phares zeugte Esrom, und Esrom zeugte Aram..." und so geht es weiter. Und dann: „... Jakob zeugte Joseph, den Mann Marias, aus der Jesus geboren wurde, der Christus genannt wird." Dann bricht diese Genealogie plötzlich ab. Zweiundvierzig Generationen sind von Abraham bis Jesus vorübergegangen. Das Evangelium zeichnet diese zweiundvierzig Generationen auf, und dann wird plötzlich Jesus geboren und die Genealogie bricht ab. Plötzlich kommt ein Schlußpunkt, denn Jesus ist die Erfüllung; darüber hinaus gibt es nichts. Jesus ist der Gipfel – es gibt keinen Weg darüber hinaus.

Also: „Abraham zeugte Isaak und Isaak zeugte Jakob..." so geht es weiter. Dann gibt es keinen Weg über Jesus hinaus: das Höchste ist gekommen. Jesus ist die höchste Blüte und die Erfüllung. Deshalb nennt die Bibel Jesus das „Pleroma", die Erfüllung.

Die zweiundvierzig Generationen haben sich in Jesus erfüllt. Die ganze Geschichte, die Jesus vorausgegangen ist, hat sich in ihm erfüllt. Das Zuhause ist erreicht. Er ist die Frucht, das Wachstum, die Evolution dieser zweiundvierzig Generationen. Jesus ist die Erfüllung, deshalb sagt das Evangelium nichts darüber hinaus. Jesus hat niemanden gezeugt, Jesus hat sich selbst gezeugt. Und das ist die Bedeutung des Wortes „Christus".

Es gibt zwei Arten von Geburt: die eine, durch andere – durch den Vater, durch die Mutter – ist die körperliche Geburt. Bei der anderen Geburt mußt du dich selbst gebären, du mußt aus dir selbst geboren werden; du mußt der Schoß werden, der Vater, die Mutter und das Kind. Du mußt als Vergangenheit sterben und als Zukunft geboren werden. Du mußt dich selbst zeugen. Deshalb sage ich, das Buch beginnt auf unglaublich schöne Weise – sehr bedeutsam. Jesus zeugte niemanden, Jesus zeugte sich selbst.

Das ist die Bedeutung von Kreuzigung und Auferstehung. Der Körper wird gekreuzigt, den Geist kann man nicht kreuzigen. Man kann den Körper zerstören, den Geist kann man nicht zerstören. Der Körper ist grobstofflich: ein Schwert kann ihn zerteilen, Gift kann ihn töten. Und selbst wenn er durch nichts getötet wird, der Tod wird kommen und der Körper wird vergehen. Er muß vergehen, er ist vergänglich; für den Augenblick. Diejenigen, die bewußt sind, nutzen diese Zeit, um Geist in sich zu schaffen.

Der Körper ist wie Trauben. Weintrauben sind vergänglich. Du kannst Trauben nicht lange aufbewahren – sie verfaulen; aber du kannst Wein aus den Trauben keltern; deshalb wird er auch „geistiges" Getränk genannt. Du kannst in deinem Sein Geist schaffen, einen Wein. Die Trauben können nicht aufbewahrt werden, sie sind vergänglich, für den Augenblick. Aber Wein hält sich für immer. In der Tat, je älter er wird, desto kostbarer und wertvoller ist er. Er hat eine nicht-zeitliche Dauer, etwas von Ewigkeit.

Der Körper ist wie Trauben und wenn du ihn richtig nutzt, kannst du Wein in dir schaffen. Der Körper wird vergehen, aber der Wein kann bestehen, der Geist kann überdauern.

Jesus hat viele Wunder gewirkt. Eines davon ist das Wunder der Verwandlung von Wasser in Wein. Das sind Metaphern – nimm sie nicht wörtlich. Wenn du sie wörtlich nimmst, zerstörst du ihren Sinn, ihre Bedeutung. Und wenn du anfängst zu beweisen, daß es sich dabei um historische Tatsachen handelt, dann bist du dumm und genauso wie du steht auch Jesus dumm da. Es sind bildliche

Darstellungen der inneren Welt. Die innere Welt kann nicht wörtlich ausgedrückt werden, sondern nur symbolisch – nur symbolisch. Wasser in Wein zu verwandeln bedeutet einfach, das Ewige im Zeitlichen zu erschaffen; Unvergängliches aus Vergänglichem zu schaffen.

Wenn du Wasser aufbewahrst, wird es früher oder später anfangen zu stinken. Aber du kannst Wein jahrelang, für Jahrhunderte aufbewahren, und je älter er ist, desto besser wird er sein, desto kräftiger, desto stärker. Wein ist eine Metapher für das Ewige.

Jesus ist durch sein Sich-opfern verwandelt worden. Niemand wird jemals ohne ein Sich-opfern verwandelt werden. Du mußt dafür zahlen. Das Kreuz ist der Preis, den du dafür bezahlen mußt. Du mußt sterben, um wiedergeboren zu werden; du mußt alles verlieren, um Gott zu gewinnen.

Jesus zeugte sich selbst. Dieses Wunder geschah am Kreuz. Eine Zeitlang zögerte er, er war sehr verwirrt – das ist natürlich. Für einen einzigen Augenblick konnte er Gott nirgendwo sehen, alles war verloren; er war verloren, und es schien keine Möglichkeit zu geben... das geschieht jedem Samenkorn.

Wenn du ein Samenkorn in die Erde pflanzt, kommt ein Augenblick, in dem der Same stirbt, und da muß es ein Zögern geben – das gleiche Zögern, das Jesus am Kreuz erlebte. Das Samenkorn stirbt, und es muß sich an der Vergangenheit festhalten. Es will leben, niemand will sterben. Und dem Samen ist es unvorstellbar, daß dies nicht der Tod ist, daß er bald auferstehen wird auf tausendfältige Weise, daß er bald anfangen wird zu keimen und zu wachsen. Der Tod des Samenkorns ist die Geburt des Baumes, und dichtes Laub wird entstehen und Blüten und Früchte; und Vögel werden kommen und auf den Ästen sitzen und ihre Nester bauen, und Menschen werden unter dem Baum in seinem Schatten sitzen. Und der Baum wird zu den Wolken sprechen und zu den Sternen in der Nacht, und er wird mit dem Himmel spielen und tanzen im Wind; und es wird ein großes Frohlocken geben. Aber wie kann das arme Samenkorn das wissen, das nie etwas anderes als nur Same war? Es ist ihm unvorstellbar. Aus dem gleichen Grund ist Gott unvorstellbar.

Es kann dem Samen nicht bewiesen werden, daß so etwas geschehen wird, denn wenn der Same bittet: „Dann zeige mir, was du tun wirst", kannst du es ihm nicht verfügbar, nicht sichtbar machen, was geschehen wird. Es wird in der Zukunft geschehen, und wenn es geschieht, dann wird der Same vergangen sein. Der Same wird den Baum niemals treffen. Der Mensch trifft Gott nie. Wenn der Mensch vergangen ist, steigt Gott herab. Jesus zögerte, war verzagt, war verwirrt. Er schrie, schrie beinahe gegen den Himmel: „Warum hast du mich verlassen? Warum? Warum diese Marter für mich? Was habe ich dir angetan?" Tausenderlei Gedanken müssen ihm durch den Kopf gegangen sein.

Der Same stirbt und der Same ist vollkommen unwissend gegenüber dem, was als nächstes geschehen wird. Es ist ihm unmöglich, sich den nächsten Schritt vorzustellen; deshalb sind Glauben und Vertrauen notwendig. Der Same muß darauf vertrauen, daß der Baum geboren wird. Mit all seinem Zögern und Zagen mit jeder Art von Angst und Unsicherheit, mit sämtlichen Seelenqualen und Verzagtheiten – all dessen ungeachtet – der Same muß darauf vertrauen, daß der Baum geschehen wird, daß der Baum entstehen wird. Es ist ein Sprung in den Glauben.

Und dieser Sprung geschah Jesus, er entspannte sich am Kreuz und sagte: „Dein Reich komme. Dein Wille geschehe..."

Sein Herz pochte; das ist natürlich. Auch dein Herz wird pochen, auch du wirst Angst haben, wenn der Moment deines Todes kommt, wenn der Moment kommt, in dem dein Selbst dahinschwindet und du dich in eine Art von Nichts verlierst – und es scheint keinen Weg zu geben, zu überleben und du mußt dich hingeben. Du kannst dich auf zweierlei Arten hingeben: Du kannst dich widerwillig hingeben; dann gehst du am eigentlichen Punkt vorbei, du wirst einfach sterben und wiedergeboren werden. Wenn du dich aber in einem tiefen Annehmen, in Vertrauen entspannen kannst, wenn du dich ohne den geringsten Widerstand hingeben kannst.... Das ist, was Jesus tat; es ist das größte Wunder.

Das ist für mich das Wunder und nicht, daß er einem Kranken die Gesundheit zurückgab oder daß er jemandes Augen, die blind waren, sehend machte oder daß er einen Leprakranken heilte und nicht einmal, daß er Lazarus half, wieder aufzuerstehen, zurück ins Leben zu kommen, obwohl er schon gestorben war.

Nein, für mich sind das keine wirklichen Wunder, es sind Gleichnisse, Metaphern. Jeder Meister hat denen Augen gegeben, die blind sind, und denen Ohren, die taub sind. Jeder Meister hat Menschen aus ihrem Tod, den sie Leben nennen, herausgeholt, hat sie aus ihren Gräbern gerufen. Das sind Metaphern.

Doch das wirkliche Wunder geschieht, wenn Jesus – trotz all seines Zögerns und Zagens, trotz seiner Zweifel, seines Mißtrauens – sich entspannt, sich hingibt und sagt: „Dein Wille geschehe". In diesem Moment verschwindet Jesus und Christus ist geboren.

Teilhard de Chardin nennt es Christogenesis: Jesus zeugt Christus. Dadurch, durch Christogenesis wird der Mensch zu dem, was er wirklich ist; er verliert das, was er nicht ist, und wird zu dem, was er ist: der Mensch wird „christifiziert."

Sei „christifiziert", werde nie ein Christ. Ein Christ ist jemand, der den christlichen Dogmen folgt. „Christifiziert" bedeutet, du stirbst als Same und wirst zu einem Baum. „Christifiziert" bedeutet, daß du dein Ego aufgibst, du verschwindest als du selbst und beginnst dich auf einer anderen Ebene zu zeigen, in einer Art von Verklärung, einer Auferstehung. „Christifiziert" bedeutet, du bist nicht mehr alleine; Gott ist in dir und du bist in Gott. Das ist das Paradox des Christusbewußtseins: Christus nennt sich oft „Menschensohn" und oft „Sohn Gottes". Er ist beides: Sohn eines Menschen, soweit es den Körper betrifft, Sohn eines Menschen, soweit es den Verstand betrifft; Sohn Gottes, in Bezug auf den Geist, in Bezug auf Bewußtheit. Der Verstand ist der Mechanismus des Bewußtseins, genauso wie der Körper der Wohnort des Geistes ist. Der Verstand gehört zum Körper, das Bewußtsein gehört zum Geist.

Jesus ist das Paradox: einerseits Mensch, andererseits Gott. Und wenn Gott und Mensch zusammenarbeiten, dann ist es nicht erstaunlich, wenn Wunder geschehen. Wunder geschehen nur, wenn Gott und Mensch gemeinsam, in Zusammenarbeit tätig sind.

Leo Tolstoi hat gesagt: „Christus ist Gott und Mensch, die gemeinsam arbeiten, gemeinsam schreiten, gemeinsam tanzen." Der heilige Augustinus hat gesagt: „Ohne Gott kann der Mensch nicht, ohne den Menschen will Gott nicht."

Christus ist gemeinsames Wirken, das Treffen des Endlichen mit dem Unendlichen, ein Treffen und ineinander Verschmelzen von Zeit und Ewigkeit.

Ein alter Gärtner war gerade dabei sein Land umzugraben, als der Priester des Weges kam und sagte: „Georg, es ist wunderbar, was Gott und Mensch in gemeinsamer Arbeit zustande bringen."

„Ja, Herr", entgegnete Georg, „aber Sie hätten den Garten letztes Jahr sehen sollen, als er ihn ganz für sich hatte."

Ja, das ist wahr. Der Mensch auf sich allein gestellt ist ohnmächtig. Gott alleine kann auch nichts bewerkstelligen. Gott alleine ist mächtig, aber er hat kein Instrument. Der Mensch alleine ist ein hohler Bambus – niemand ist da, ein Lied auf ihm zu spielen, niemand ist da, ihn mit Musik zu füllen, mit Harmonie, Melodie. Gott alleine hat die Fähigkeit, eine Melodie zu schaffen, aber er hat keinen hohlen Bambus, um eine Flöte zu schaffen.

Christus ist die Flöte an Gottes Lippen. Also ist alles, was von Christus gekommen ist Gotteswort, es ist „Evangelium".

Vierzehn Generationen... „Sämtliche Generationen von Abraham bis David sind vierzehn Generationen; und von David bis zur Zerstörung Babylons sind es vierzehn Generationen und von der Zerstörung Babylons bis zu Christus sind es auch vierzehn Generationen." Das ist sehr symbolisch. Bücher wie die Bibel sind nicht von gewöhnlichen Leuten geschrieben, sie sind, was Georg Gurdjieff „objektive Kunst" zu nennen pflegte. Die Bibel stellt eines der „objektiven Kunstwerke" in der Welt dar. Sie ist nicht wie ein Buch das von einem Shakespeare oder von einem Kalidas geschrieben wurde. Diese Leute schaffen subjektive Kunst. Sie schreiben etwas, sie schreiben sehr schön, sie haben ein Gefühl für Ästhetik, aber sie sind genauso unbewußt wie alle anderen Menschen. Sie haben eine Nase für Schönheit, aber sie sind im Schlaf genauso wie alle anderen Menschen. Ihre Kunst ist subjektiv; sie drücken sich selbst aus.

Aber Bücher wie die Veden, der Koran, die Bibel, die Upanishaden – sind nicht geschrieben von Menschen, die schlafen, sind nicht geschrieben als schöne Poesie oder Prosa. Sie sind von Menschen geschrieben, die wissen was Wahrheit ist, die aufgewacht sind für die Wahrheit. Dann ist alles, was sie schreiben, beinahe wie eine Landkarte. Du mußt es entziffern, du mußt es entschlüsseln, sonst wirst du es nicht begreifen.

Warum vierzehn Generationen? Kein Gelehrter hat danach gefragt, kein Bibelforscher hat danach gefragt. Warum nur vierzehn? Warum nicht fünfzehn? Warum nicht dreizehn?

Ich gebe euch das als Beispiel für „objektive Kunst." Es sind vierzehn aus einem bestimmten Grund. Man muß es entziffern. Der Geist kommt zur Reife, so wie auch der Körper zur Reife kommt.

Der Körper wird in vierzehn Jahren reif – er wird sexuell reif sein, er wird zeugungsfähig. Mit vierzehn Jahren ist der Körper reif, soweit es seine Zeugungsfähigkeit betrifft. Der Junge kann Vater werden, das Mädchen kann Mutter werden; sie können Abbilder von sich erzeugen.

Auf genau die gleiche Weise kommt auch der Geist zur Reife. So wie es für den Körper vierzehn Jahre dauert, bis er sexuell reif ist, dauert es vierzehn Generationen, bis der Geist spirituell reif ist. Das ist die Bedeutung von „vierzehn Generationen"... Von Abraham bis David, von David bis zur Zerstörung Babylons und von der Zerstörung Babylons bis Jesus."

Und wenn der Geist seine Reife erlangt hat, wenn die Frucht reif ist, dann fällt sie vom Baum. Solange sie unreif ist, hält sie am Baum fest, unreif muß sie am Baum festhalten; wenn sie unreif abfällt, dann ist sie nicht süß; sie bleibt sauer, bitter. Sie ist unbrauchbar. Sie muß festhalten, um zu reifen. Das Festhalten zeigt einfach: „Ich bin noch nicht bereit, dich zu verlassen". Immer wenn jemand reif ist, wird genau diese Reife zur Freiheit, dann hört das Festhalten auf.

Jesus verschwindet in Gott, Jesus verschwindet von diesem Baum des Lebens: die Frucht ist reif. Deshalb sagen wir im Osten, daß wenn immer ein Mensch vollkommen wird – vollkommen in dem Sinn, daß er alles entwickelt hat, was man auf dieser Erde, in dieser Situation entwickeln kann, – er nicht wiederkommen wird. Dann geht er hinüber ins Jenseits, er geht über den Punkt hinaus, von dem es kein Zurück gibt. Dann kommt er niemals wieder. Wir nennen ihn einen Buddha oder einen Jain.

Die Juden haben diesen Zustand „Christus" genannt: einer, der über den Punkt hinausgegangen ist und der nur für eine bestimmte Zeit hier sein wird. Die Frucht ist reif und wartet darauf, jeden Moment abzufallen. Nur ein leichter Windhauch und die Frucht wird für immer vergangen sein, und sie wird in die Existenz verschwinden. Deshalb hört der Stammbaum bei Jesus auf. Er bleibt unverheiratet, er pflanzt sich nicht fort. Dieses Zölibat hat nichts zu tun mit dem gewöhnlichen, unterdrückenden Zölibat. Er ist nicht gegen die Liebe, er ist nicht gegen Sex, er ist kein Puritaner, er ist kein Moralist.

Neulich abends las ich, was Dostojewski über die Moralisten gesagt hat, daß es immer sehr armselige Menschen sind. Das scheint eine absolut wahre Beobachtung zu sein. Moralisten sind armselige Menschen. Tatsächlich werden nur armselige Menschen zu Moralisten. Sie fühlen sich so elend, daß sie sich wünschen, alle anderen sollten sich genauso schlecht fühlen. Und der beste Weg, andere Menschen elend zu machen, ist, in ihnen Schuldgefühle zu erzeugen.

Jesus ist kein Moralist. Sein „Brahmacharya", sein Zölibat ist von einer vollkommen anderen Qualität. Es zeigt einfach, daß er nicht mehr daran interessiert ist, sich auf der physischen Ebene zu vermehren. Er ist interessiert daran, sich auf der spirituellen Ebene zu vermehren. Er setzt keine Kinder in die Welt, er setzt Jünger in die Welt. Er schafft mehr Plätze auf der Erde, in die Gott herabkommen kann. Er zeugt keine Körper, sondern Seelen. Und er ist ein Meister der Wunder: er hat vielen Menschen auf der Erde zur Erleuchtung verholfen – er hatte diese zauberhafte Hand. Und er hat sie aus Niemanden geschaffen, seine Berührung war magisch.

Buddha hat viele Erleuchtete hervorgebracht, aber es waren hochentwickelte Seelen. Ein Sariputta war bereits eine sehr hochentwickelte Seele; die Frucht war reif. Mein Gefühl ist, daß selbst wenn Buddha nicht in Sariputtas Leben getreten wäre, dieser früher oder später erleuchtet worden wäre; Buddha war nicht wirklich unentbehrlich. Er half, er hat die Dinge vorangetrieben, aber er war nicht wirklich unentbehrlich. Wenn Sariputta ihn nicht getroffen hätte, wäre er in ein oder zwei Leben vielleicht von alleine dorthin gekommen; er war schon unterwegs, er war bereits nahe daran.

Genauso war es mit Mahakashyap, so war es mit Moggalyayan und auch mit anderen Jüngern Buddhas.

Aber Jesus vollbrachte wirkliche Wunder. Er berührte gewöhnliche Steine und verwandelte sie in Diamanten. Er bewegte sich unter sehr einfachen Menschen. Ein Fischer, der gerade sein Netz auswirft... und Jesus tritt an ihn heran, legt ihm die Hand auf die Schulter und sagt: „Schau in meine Augen. Wie lange willst du noch Fische fangen? Ich kann dich zu einem Menschenfischer machen. Schau in meine Augen." Und der arme gewöhnliche Fischer – ungebildet, unerfahren, unkultiviert, er hat noch nie dergleichen gehört, vielleicht war er gar nicht interessiert an spirituellem Wachstum; er war zufrieden damit, Fische zu fangen und sie zu verkaufen; er war glücklich in seinem täglichen Leben – und er schaut in die Augen Jesu, wirft sein Netz von sich und folgt ihm. Und dieser Fischer wird ein Erleuchteter; oder ein Bauer oder ein Steuereintreiber oder sogar eine Prostituierte, Maria Magdalena.

Jesus verwandelt gewöhnliches Metall in Gold. Er ist wirklich der Stein der Weisen. Seine Berührung ist magisch: was auch immer er berührt, es ersteht plötzlich Geist.

Buddha hat viele Menschen erleuchtet, aber sie waren bereits auf dem Weg. Buddha war von hochentwickelten Menschen umgeben, sie waren gelehrt, rechtschaffen, besonders.

Jesus hingegen zog mit sehr einfachen Menschen herum; mit Getretenen, Unterdrückten, Armen. Das war eines der Verbrechen, das die Priester ihm vorwarfen: daß er mit Spielern, mit Trunkenbolden, mit Prostituierten herumzieht. Er lebt mit Prostituierten, er lebt mit jedermann, er ißt mit jedermann. Er ist ein gefallener Mensch. Und an der Oberfläche, in seinem ganzen Auftreten, sah er aus wie ein gefallener Mensch. Aber er war nur deshalb auf das Niveau dieser Menschen gefallen, um ihnen zu helfen, sich zu erheben; er ging zu den Niedrigsten, um sie ins Höchste zu verkehren.

Und dafür gibt es einen Grund. Der Niedrigste mag ungebildet, unzivilisiert sein, aber er hat eine Reinheit des Herzens, er hat mehr Liebe in sich.

Jetzt wirst du in der Lage sein, den Unterschied zu verstehen. Buddhas Pfad ist der Pfad der Intelligenz. Er kann nicht zu einem Fischer gehen und sagen: „Komm zu mir, ich werde dich erleuchtet machen." Das ist unmöglich für ihn. Sein Pfad ist der Pfad von Bewußtheit, Intelligenz, Verstehen. Der Fischer wird nicht einmal seine Sprache verstehen; sie ist zu hoch für ihn, sie ist jenseits seines Verständnisses.

Der Pfad Jesu ist der Pfad der Liebe, und arme Leute haben mehr Liebe als die Reichen. Vielleicht ist das der Grund, warum sie arm sind, denn wenn du viel Liebe hast, dann kannst du nicht viel Geld anhäufen – das paßt nicht zusammen. Wenn du viel Liebe hast, dann teilst du. Ein Reicher kann kein liebevoller Mensch sein, denn die Liebe wird seinen Reichtümern immer gefährlich sein. Wenn er die Menschen liebt, dann wird er teilen müssen.

Ich habe sieben Jahre lang in einer Familie gelebt. Der Mann war sehr reich und er war an meinen Ideen interessiert – das war der Grund, warum er mich einlud, bei ihm zu wohnen. Er arrangierte alles für mich auf eine schöne Art und Weise. Er stellte mir einen großen Bungalow mit einem Garten zur Verfügung. Und nur, um mit mir zusammen zu sein, lebten er und seine ganze Familie mit mir. Aber ich war erstaunt: nie sah ich ihn mit seiner Frau oder mit seinen Kindern sprechen. Als wir einander näher kennenlernten, fragte ich ihn eines Tages: „Ich sehe dich nie mit deiner Frau oder deinen Kindern sitzen. Ich sehe dich nie mit einem Mitglied deiner Familie sprechen. Was ist der Grund dafür?"

Er sagte: „Wenn ich mit meiner Frau spreche, dann beginnt sie sofort etwas zu fordern, ‚in diesem Geschäft gibt es so einen schönen Schmuck' oder ‚bessere Saris sind eingetroffen' oder dies oder jenes. Sie stürzt sich sofort auf meinen Geldbeutel. Wenn ich mit meinen Kindern spreche, dann beginnen ihre Hände, in meiner Tasche zu wühlen. Ich habe gelernt, daß es besser ist, still und steif zu sein und ein hartes Gesicht zu zeigen. Es schützt mich. Dann bittet mich niemand um irgend etwas."

Und ich verstand seine Idee. Das ist die Vorstellung aller reichen Leute auf der Erde. Ein Mensch, der vom Geld besessen ist, ist deshalb so versessen auf Geld, weil er nicht lieben kann. Geld wird zum Ersatz für Liebe. Er fängt an, Geld zu horten, denn er glaubt, es gäbe nichts anderes, womit man glücklich sein könnte! „Sammle Geld an, dann hast du wenigstens das Geld und kannst dir alles kaufen." Er glaubt sogar, daß er sich mit seinem Geld Liebe kaufen kann.

Er kann Sex kaufen, aber nicht Liebe. Und dann denken viele Menschen, daß Sex Liebe ist. Er kann einen Körper kaufen, aber er kann keine Intimität mit dieser Person haben. Viele Menschen denken, es sei genug den Körper des anderen festzuhalten, ihn zu besitzen. „Was sollte sonst noch nötig sein? Warum sich um irgend etwas darüber hinaus kümmern?"

Viele Menschen sind lediglich an Gelegenheitssex interessiert, nicht an Intimität, nicht daran, in die Tiefe zu gehen, nicht daran, einen tiefen Dialog zu führen. Sie haben Angst vor dem tiefen Dialog, denn das schafft Bindung und Bindung schafft Verantwortung. Dann müssen sie empfindsam sein, lebendig. Wen interessiert das schon? Gelegenheitssex ist gut und Gelegenheitssex ist käuflich, er ist auf dem Markt erhältlich.

Ein Mensch, der hinter Geld her ist, denkt, daß alles mit Geld gekauft werden kann. „Also warum sich um etwas anderes bemühen? Du kannst die schönste Frau haben, du kannst das schönste Haus haben, du kannst dieses und jenes haben." Er denkt, daß ihn das alles befriedigen wird. Das befriedigt niemals. Nur Liebe befriedigt; kein Ersatz kann jemals befriedigen. Ein Ersatz ist ein Ersatz; es ist pseudo.

Arme Menschen haben mehr Liebe, denn arme Menschen haben ihren Kopf nicht so entwickelt, deshalb dreht sich ihre ganze Energie um das Herz. Das sind die beiden Zentren: entweder bewegt sich die Energie in das Herz oder sie bewegt sich in den Kopf. Es ist sehr selten, einen ausgewogenen Menschen zu treffen, dessen Energie sich in beide Zentren bewegt oder der in der Lage ist, die Energie dorthin zu bringen, wo sie gerade nötig ist – sie umzulenken. Wenn er Intelligenz braucht, dann bewegt er, dann lenkt er seine Energie in den Kopf. Wenn er lieben will, dann lenkt er seine Energie – die ganze Energie – in das Herz. Das ist der perfekte Mensch. Aber normalerweise sind die Menschen nicht so perfekt. Entweder sie stecken im Kopf oder sie haben ein offenes Herz.

Der Pfad Jesu ist der Pfad der Liebe, deshalb wirkte er Wunder an einfachen Menschen, an gewöhnlichen Menschen, deren Intelligenz noch nicht sehr entwickelt war. Aber diese Gelegenheit ließ sich nützen: ihre Energie war noch roh und doch im Herzen. Sie waren mehr wie Kinder.

Genau wie der Körper in vierzehn Jahren reif wird, reift auch der Geist in vierzehn Generationen; das ist die unterste Grenze. Es hängt von dir ab. Er mag nicht einmal in einhundertvierzig Generationen reifen – vielleicht wirst du sehr träge oder du bleibst unbewußt. Dann kannst du Millionen von Leben durchmachen und er wird nicht reifen. Aber vierzehn Generationen ist der natürliche Zeitraum; so viel ist nötig. Der Geist ist keine Frühlingsblume; er ist wie eine große Zeder vom Libanon. Er braucht Zeit, der Baum braucht vierzehn Generationen, um zu wachsen, um den Himmel zu erreichen. Er ist keine Frühlingsblume, die in ein paar Wochen entsteht und in ein paar Wochen vergeht. Der Geist bedeutet das Ewige; das Ewige benötigt Zeit, Geduld.

Diese vierzehn Generationen sind nur eine symbolische Zahl. Jesus kann nicht vor vierzehn Generationen geboren werden.

Dieser Bewußtseinszustand ist erst nach einer gewissen Zeit möglich – nachdem einige Stufen überschritten wurden. Und das ist auch so in anderen Dimensionen.

Der Höhlenmensch zum Beispiel konnte uns nicht die Platonischen Dialoge oder die Symphonien von Beethoven oder die Gemälde von Leonardo da Vinci oder die Dichtungen von Rabindranath Tagore geben. Der Höhlenmensch war nicht in der Lage, diese Dinge hervorzubringen. Der Höhlenmensch konnte auch keinen Albert Einstein oder Dostojewski oder Picasso hervorbringen. Er konnte uns keinen Buddha oder Laotse oder Jesus geben. Zeit ist nötig, Vorbereitungen sind nötig, ein bestimmtes Umfeld um darin aufzuwachsen, ist nötig, nur dann ist Jesus möglich.

Um Jesus Existenz möglich zu machen, braucht es viele Dinge; er kann nur unter gewissen Umständen erscheinen. Damit Jesus sagen kann, was er sagen möchte, ist ein bestimmter Mensch nötig, der ihn auch verstehen kann.

Was ich zu euch sage, kann erst jetzt gesagt werden. Es kann erst jetzt gesagt werden, nicht vorher; früher war es nicht möglich. Und was ich euch morgen sagen werde, wird erst morgen möglich sein, nicht heute. Ihr müßt empfänglich werden, ihr müßt wachsen. Wenn ihr nicht in einem bestimmten empfänglichen Zustand seid, kann es nicht gesagt werden.

Jesus ist der Höhepunkt des gesamten jüdischen Bewußtseins, und das Seltsame ist, daß die Juden ihn abgelehnt haben. Und es geschieht immer das gleiche. Buddha war der Höhepunkt des hinduistischen Bewußtseins und die Hindus haben ihn abgelehnt. Und Sokrates war der Höhepunkt des griechischen Bewußtseins, und die Griechen haben ihn getötet. Das ist sehr seltsam, aber immer ist es so geschehen.

Warum können wir unseren eigenen Kulminationspunkt nicht annehmen? Was geht schief? Warum konnten die Juden Jesus nicht akzeptieren? Sie hatten auf Jesus gewartet, sie hatten auf den Messias gewartet, darauf, daß Christus kommt. Sie warten immer noch und der Messias ist schon da gewesen und schon wieder gegangen. Sie halfen ihm dabei zu gehen und warten noch immer auf ihn. Was ging schief? Was geht immer schief?

Jesus ist der Gipfel der jüdischen Bewußtheit. Alle Propheten der Juden, die Jesus vorausgingen, haben den Boden für sein Kommen bereitet. Das ist es, was Johannes der Täufer zu den Menschen sagte: „Ich bin nichts, verglichen mit dem Menschen, für den ich den Weg bereite. Ich bin nur ein Wegbereiter. Ich reinige nur den Weg für sein Kommen. Ein Größerer als ich wird kommen."

Johannes der Täufer und die anderen Propheten haben lediglich den Weg für diesen höchsten Kulminationspunkt bereitet, für diesen Gipfel, diesen Everest. Und dann kommt der Everest und etwas geht schief. Was geht schief? Die anderen Gipfel fühlen sich klein.

Sie alle haben mitgeholfen. Denke nur, der Everest kann nicht alleine stehen, wenn die anderen Gipfel des Himalaja verschwinden; der Everest kann nicht alleine stehen. Er braucht die Unterstützung des ganzen Himalajagebirges, um stehen zu können. So hoch kann er nicht alleine wachsen – kein Gipfel kann alleine so hoch wachsen. Er braucht die Unterstützung Tausender anderer Gipfel – kleinerer, größerer und aller Arten. Aber wenn der Gipfel einmal hochgekommen ist, dann fühlen sich die anderen Gipfel verletzt. Ihre Egos schmerzen; es tut sehr weh. Und sie haben ihn unterstützt dabei – das ist das Paradoxe – sie haben das Geschehen dieses Gipfels ermöglicht. Ohne sie wäre es nicht möglich gewesen; und jetzt, wo er da ist, fühlen sie sich sehr gering, depressiv. Wenn sich sämtliche Gipfel des Himalaja gegen den Everest verschwörten, wäre das sehr logisch. Wenn sie den Everest kreuzigten, wäre das sehr logisch.

Das ist es, was Jesus geschah. Durch seine Anwesenheit fühlten sich die Juden, die Rabbis, die religiösen Führer, die Priester sehr beleidigt.

Allein seine Präsenz war verletzend; nicht daß er jemanden verletzt hätte, nicht daß er jemanden gekränkt hätte; wie konnte er jemanden verletzen? – aber allein seine Präsenz, diese Everest-ähnliche Höhe, diese Vollkommenheit, diese Größe – und alle anderen sahen gering und klein aus. Nun, der Everest kann daran nichts ändern. Er ist nicht arrogant, er ist nicht egoistisch, aber er ist hoch – das ist sicherlich so. Und jeder andere Gipfel fühlt sich verletzt, ist gekränkt und will sich revanchieren. Deshalb wurde Jesus gekreuzigt.

Deshalb wurde Buddha abgelehnt – vollständig aus diesem Land vertrieben. Er wurde zu einem Fremden in seinem eigenen Land.

Und so war es durch die Jahrhunderte hindurch, es ist immer noch so und es wird wohl für immer so bleiben, denn der Mensch ist schließlich ein Mensch. So funktioniert er in seinem Schlaf, in seinem egoistischen Verhalten.

Die Seligpreisungen Jesu sind Gottes Gesänge durch ihn. Vergiß nicht, er ist nur ein Medium. Er ist nicht der Autor dieser Evangelien, er ist nur der Bote. Er gibt uns einfach nur das, was er empfängt. Laßt uns jetzt mit diesen Seligpreisungen beginnen.

Als Jesus die vielen Menschen sah,
stieg er auf einen Berg.
Er setzte sich, und seine Jünger traten zu ihm.

Ich möchte dir nahelegen an jedes Wort sehr still, sehr einfühlsam heranzugehen.

Als Jesus die vielen Menschen sah,

die Menge, die Masse –

stieg er auf einen Berg.

Dies sind Wege, bestimmte psychologische Dinge auszudrücken. Die Menge ist der niedrigste Bewußtseinsstand – die Masse, das gemeine Volk. Es ist dichte Dunkelheit. Dort ist es sehr dunkel und es herrscht tiefer Schlaf. Wenn du dich in eine Menschenmasse begibst, wenn du dich mit einer Menschenmasse verbinden und Beziehung aufnehmen willst, dann mußt du dich auf ihre Ebene begeben. Deshalb fühlst du dich immer ein wenig verloren, wenn du dich in der Menge befindest. Du fühlst so etwas wie Ersticken. Dieses Erstickungsgefühl ist nicht nur physisch – es kommt nicht nur daher, daß du von Menschen umgeben bist, nein. Dieses Erstickungsgefühl ist mehr psychologisch, denn wenn du mit Menschen bist, die auf einer niedrigen Bewußtseinsstufe stehen, kannst du kein Everest bleiben; sie ziehen dich runter. Immer wenn du dich der Masse anschließt, verlierst du etwas. Daraus entsteht das Bedürfnis nach Alleinsein, nach Meditation.

Und im Leben Jesu wirst du oftmals finden, daß er sich der Masse zuwendet – dort geschah seine Arbeit, das war sein Betätigungsfeld – aber immer wieder, geht er nach ein paar Monaten, in die Berge; er geht weg vom Volk, von der Masse und vom Massendenken, um mit Gott zu sein.

Wenn du allein bist, dann bist du mit Gott. Du kannst mit Gott nur sein, wenn du vollkommen allein bist. Und wenn du mit Gott bist, dann beginnst du, in den Himmel zu fliegen. Allein die Anwesenheit Gottes trägt dich höher und höher. Und die Gegenwart der Massen zieht dich tiefer und tiefer nach unten. Nur mit Gott kannst du in den Himmel fliegen, nur mit Gott hast du Flügel. Mit der Menge sind deine Flügel beschnitten. Was sage ich, nicht nur deine Flügel, sogar deine Hände, sogar deine Beine sind beschnitten. Du wirst zum Krüppel, denn sie alle sind Krüppel. Du wirst lahm, denn sie alle sind lahm. Und sie werden dir nie verzeihen, wenn du nicht ihnen gemäß lebst, während du mit ihnen bist.

Wenn du mit ihnen arbeiten willst, wenn du ihnen helfen willst, dann mußt du dich in ihre Welt begeben, so wie sie sein. Und das ist ermüdend, und das ist sehr erschöpfend.

Als Jesus die vielen Menschen sah, stieg er auf einen Berg.

Er hielt sich gerade in einem Dorf auf und tat seine magische Arbeit: Menschen transformieren. Blinden gab er Augen, und Tauben gab er Ohren, und diejenigen, die nicht gehen konnten, die nicht wachsen konnten, die heilte er und diejenigen, die tot und stumpf waren, wurden verjüngt, wiederbelebt. Aber diese ganze Arbeit... und immer mehr Leute kamen, eine große Menge umgab ihn... er war erschöpft und ermattet. Daher das Bedürfnis, hinauf in die Berge zu gehen.

Nach außen gehen ist nach unten gehen. Nach innen gehen ist nach oben gehen. In der inneren Welt bedeuten nach oben und nach innen dasselbe, nach außen und nach unten dasselbe. Wenn du dich auf Menschen beziehst, dann mußt du nach außen gehen und wenn du dich auf Menschen beziehst, die auf einem sehr niedrigen Bewußtseinsstand stehen dann mußt du dich tief hinunterbeugen. Das ist sehr ermüdend.

Jesus, Buddha oder Mahavir, sie alle gehen in die Berge. Sie gehen an einen einsamen Platz, nur um ihre Höhe wiederzuerlangen, um ihre Reinheit wiederzuerlangen, nur um ihren eigenen Zustand wiederzuerlangen, nur um ihre Glieder auszustrecken, nur um sie selbst zu sein und nur um mit Gott zu sein. Mit Gott schweben sie in großer Höhe. Mit Gott wirst du eine Möwe, du schwebst in großer Höhe, und es gibt keine Grenze. Du bist wieder lebendig, du bist wieder voll von Gott, du bist wieder wie eine Wolke voller Regen, und gerne würdest du dich ergießen. Dann kommst du zurück zur Menge, wo die Menschen durstig sind.

Die Leute fragen mich, was ich tue, allein in meinem Zimmer. Das ist mein Berg, da kann ich hoch aufsteigen. Ich muß nicht an euch denken, ich muß nicht mit euch sprechen. Ich muß nicht durch den Körper und den Verstand tätig werden. Ich kann den Körper vergessen, ich kann den Verstand vergessen, ich kann euch vergessen, ich kann alles vergessen. In diesem Moment absoluten Vergessens von allem, ist man. Und diese Ist-heit ist ungeheuerlich. Diese Ist-heit hat Großartigkeit, sie ist Frische, sie ist Vitalität, denn sie ist die wahre Quelle des Lebens. Aber wenn du einmal voll bist von diesem Leben, dann mußt du es teilen.

Deshalb komme ich jeden Morgen und jeden Abend zurück zu euch. Unaufhörlich gehe ich von meinem Berg zur Menge.

Auf einen Berg gehen bedeutet nicht wirklich auf einen Berg gehen, es bedeutet einfach zur inneren Höhe gehen. Ob Jesus tatsächlich auf einen Berg stieg oder nicht, ist irrelevant; das hat nichts mit dem Evangelium zu tun. Er mag auf den Berg gestiegen sein, denn es war zu jener Zeit fast unmöglich auf die Art zu leben, wie ich lebe. Es war unmöglich.

Fünfzehn Jahre lang lebte ich auch so wie Jesus, in der Menschenmenge, und es war unmöglich, auch nur einen einzigen Moment für mich alleine zu haben. Ich mußte immer wieder zurück zu meinem Platz gehen, wo ich in Jabalpur zu leben pflegte, und dort hielt ich mich vollkommen alleine auf. Jabalpur war nicht vom Glück begünstigt. Ich bin im ganzen Land herumgekommen und überall habe ich Menschen getroffen, aber nicht in Jabalpur. Das war mein Berg. Und wenn ich nach Bombay kam oder nach Delhi oder nach Poona, wurde ich gefragt, warum ich immer wieder unnötigerweise bis nach Jabalpur reiste? Fünfzehn, zwanzig Tage... und ich mußte für drei oder vier Tage zurück nach Jabalpur, und dann konnte ich wieder beginnen... es war unnötig. Ich hätte von Poona nach Bombay, von Bombay nach Delhi, von Delhi nach

Amritsar, von Amritsar nach Srinagar reisen können. Warum zuerst nach Jabalpur und dann nach einigen Tagen schon wieder?
Jabalpur war mein Berg. Dort hielt ich mich vollkommen alleine auf. Als es unmöglich wurde, selbst dort alleine zu sein, und die Menge auch nach Jabalpur kam, da mußte ich diesen Platz verlassen. Alleine in meinem Zimmer tue ich genau das gleiche, was Jesus tat.

Als Jesus die vielen Menschen sah, stieg er auf einen Berg.
Er setzte sich, und seine Jünger traten zu ihm.

Zu den Jüngern zu sprechen, ist eine Sache. Zur Menge zu sprechen, ist eine andere Sache. Deshalb mußte ich aufhören, zu den Massen zu sprechen. Ich mußte eine besondere Gruppe von eigenen Sannyasins schaffen, mit denen ich eine Gemeinschaft des Herzens haben konnte. Wenn man zur Menge spricht, sind zum einen diese Menschen sehr gleichgültig dem gegenüber, was man sagt – man muß unnötigerweise schreien. Zum anderen sind sie, wenn sie nicht gleichgültig sind, feindlich, dagegen; immer haben sie Angst und schützen ihre Ideen, immer sind sie auf Widerstand aus und argumentieren dagegen. Das ist unnötige Arbeit.

Diese Dinge, über die ich spreche oder über die Jesus gesprochen hat, können nicht diskutiert werden. Da gibt es keine Beweise – nur Vertrauen. Wenn du mir vertrauen kannst, dann können dir diese Dinge erklärt werden. Aber Vertrauen muß die Grundlage sein. Wenn du mir nicht vertraust, gibt es keine Möglichkeit irgend etwas zu beweisen. Dann vergeuden wir schlicht meine Zeit und deine Zeit.

Zu Jüngern zu sprechen ist etwas ganz anderes. Zu Jüngern zu sprechen bedeutet, daß die andere Seite empfänglich ist – nicht nur empfänglich, sondern unermeßlich willkommen heißend. Du bist willkommen, der andere möchte, daß du eintrittst, er möchte ein

Gastgeber sein, für alles was du sagst. Die Türen sind offen, die Fenster sind offen dafür, daß du ein Windhauch wirst oder Sonnenlicht und daß du in ihr Sein eintrittst. Sie haben keine Angst, sie verteidigen sich nicht, sie argumentieren nicht; sie sind bereit mit Dir mit ganzem Herzen bis in unbekannten Dimensionen zu gehen.

Zu Jüngern sprechen ist nicht eine Art Diskussion oder Debatte – es ist ein Dialog. Es ist eben so sehr ein Dialog, wie wenn zwei Liebende miteinander sprechen. Der Jünger liebt den Meister, der Meister liebt den Jünger. Es fließt tiefe Liebe. Diese Liebe wird zur Brücke, und dann können große Wahrheiten erklärt werden, übermittelt werden, fast schon Gestalt annehmen.

Er setzte sich, und seine Jünger traten zu ihm.
Dann begann er zu reden und lehrte sie. Er sagte...

Vor der Menge ist er geflüchtet, aber nicht vor den Jüngern. Den Jüngern ist er verfügbar. Er kann fliegen mit Gott und die Jünger können mit ihm fliegen. Möglicherweise sind sie nicht so geschickt darin zu fliegen, aber ihre Bereitschaft ist da. Und das ist das einzige, was notwendig ist, das Wesentliche. Vielleicht können sie nicht alleine in die großen Höhen gehen, aber im Vertrauen auf den Meister können sie folgen – sie können auf jeder Strecke folgen, in jedes Extrem können sie gehen. Der Meister fliegt mit Gott, der Jünger fliegt mit dem Meister. Der Jünger kann Gott noch nicht sehen, aber er kann den Meister sehen und durch den Meister kann er Gott fühlen. Deshalb wird der Meister fast ein Gott für den Jünger. Er ist es. Schritt für Schritt, je näher der Jünger dem Meister kommt, desto mehr wird er sehen, daß der Meister ein leerer Raum ist oder ein Spiegel, in dem Gott reflektiert wird. Früher oder später wird er selbst zu einem leeren Raum werden, zu einem Spiegel, und auch er wird in der Lage sein, wenn er an der Reihe ist anderen zu helfen.

Dann begann er zu reden und lehrte sie.
Er sagte: Selig, die arm sind vor Gott,
denn ihnen gehört das Himmelreich.

Das ist eine der fundamentalsten Aussagen, die je gemacht wurden. Viele weitere Seligpreisungen werden folgen, aber keine kann mit dieser verglichen werden. Sie ist außergewöhnlich, sie ist ganz besonders. Und ihre Schönheit besteht darin: „Selig, die arm sind vor Gott, denn ihnen gehört das Himmelreich." In anderen Seligpreisungen wird er sagen: „... sie werden die Erde erben." Aber in dieser sagt er: „... denn ihnen gehört das Himmelreich."

Dieses „arm vor Gott" ist genau das, was Buddha zu Sariputta sagt: Nichts. Das Ego gibt dir das Gefühl, daß du reich bist, daß du jemand bist, dies und das. Wenn das Ego verschwindet und du ein Niemand bist – das ist es, was Jesus meint mit „arm im Geiste."

Buddhas Worte sind intellektueller, philosophischer.

Deshalb, oh Sariputta,
Form ist Nichts
Nichts ist Form.

Die Worte Jesu sind einfach, nicht intellektuell. Und es ist natürlich; Buddha war der Sohn eines großen Königs, Jesus ist der Sohn eines Tischlers. Viele Jahre hat er in der Werkstatt seines Vaters gearbeitet, hat Holz getragen, Holz geschnitten. Er kennt die Art der einfachen Leute, der Holzfäller, der Tischler.

Er sagt: „Selig die arm sind vor Gott...." Die, die wissen, daß sie Nichts sind, die, die wissen, daß ihr Inneres einfach leer ist; dort gibt es kein Selbst, kein Ego, keinen Anspruch, kein Wort, kein Wissen, keine Schriften – nur leeren Raum, reinen Himmel, Weite. „Selig die arm sind vor Gott, denn ihnen gehört das Himmelreich."

Es gehört ihnen, jetzt! Es heißt nicht, daß sie es bekommen werden, es gibt keinen Aufschub, kein Zeitraum ist im Spiel.
Wenn du Nichts bist, in diesem Moment, bist du Gott! Wenn du nichts bist, bist du Gott. Zwischen Nichts und Gott gibt es keine Kluft zu überbrücken – da ist keine Kluft. Von der einen Seite ist es Nichts, Armut vor Gott, von der anderen Seite ist es das Reich Gottes.
Eine sehr widersprüchliche Aussage: die, die arm sind, werden Könige sein; und diejenigen, die denken, daß sie Könige sind, werden arm bleiben. Verliere, wenn du gewinnen willst; gewinne, wenn du verlieren willst. Besitze, wenn du ein Bettler bleiben willst; gib den Besitz auf, wenn du ein König werden willst. Besitze überhaupt nichts, nicht einmal dich selbst. Das ist gemeint mit „Armut vor Gott". Diesen Menschen gehört das Reich Gottes hier und jetzt, sofort. Es ist kein Versprechen für die Zukunft, es ist eine einfache Aussage, die wahr ist. Die anderen Seligpreisungen sind nicht so tief. Wenn dies verstanden ist, gibt es keine Notwendigkeit weiterzulesen. Wenn dies aber nicht verstanden ist ... Und es kann nicht verstanden worden sein, denn Jesus fährt fort; er verwässert die Wahrheit ein wenig, macht sie besser verständlich.
Dann sagt er:

Selig die Trauernden, denn sie werden getröstet werden

Jetzt kommt die Zukunft ins Spiel. Die Jünger haben nicht begriffen, sonst hätte es nur die eine Seligpreisung gegeben, denn sie beinhaltet alles. Es gibt keine Notwendigkeit, sie genauer darzulegen. Jesus hat alles gesagt. Das ist sein endgültiges Sutra.
Aber er muß herumgeschaut haben, in die Augen der Jünger, und da wird er gesehen haben, daß sie nicht in der Lage waren zu verstehen – es war zu hoch. Jesus muß ein wenig herunterkommen, er muß die Zukunft ins Spiel bringen.

Der Verstand kann die Zukunft verstehen, die Gegenwart kann er nicht verstehen. Der Verstand ist vollkommen unfähig, die Gegenwart zu verstehen.

Wenn ich zu euch sage: „Jetzt, in diesem Moment, seid ihr Buddhas, seid ihr Christus", dann hört ihr mir zu, aber ihr sagt: „Was redest du da? Ich und ein Buddha? Und gerade letzte Nacht war ich Pokern. Und, Osho, du kennst mich nicht, ich bin ein Raucher. Manchmal ist es sogar Haschisch. Du kennst mich nicht, ich bin ein Sünder. Und was redest du da? Ich kenne mich besser. Ich bin kein Buddha, ich bin der schlimmste Sünder der Welt."

Du kannst mir zuhören, wenn ich sage: „Du bist ein Buddha, jetzt sofort. Nichts fehlt, nichts mangelt." Aus Höflichkeit hörst du zu, aber tief drinnen sagst du: „Unsinn."

Jesus hat das Endgültige gesagt:

Selig, die arm sind vor Gott, denn ihnen gehört das Himmelreich

Das kann verglichen werden mit dem Sutra, das Buddha Sariputta gab, als er sagte... dies ist das einzigartige Mantra, das unvergleichliche Mantra. Es gibt kein Mantra, das höher ist als dieses: „Gate, gate, paramgate, parasamgate bodhi svaha" – „Gegangen, gegangen, hinübergegangen, vollends hinübergegangen. Erwacht! Halleluja!" Und Buddha sagt, das ist alles in einem kleinen Mantra verdichtet.

Genauso ist dieses Mantra:

Selig, die arm sind vor Gott, denn ihnen gehört das Himmelreich

Jetzt, sofort, hier-jetzt, in diesem Moment. Sei ein Niemand und habe alles. Sei ein Bettler und werde ein Kaiser. Verliere und besitze.

Er muß sich umgeschaut haben – der Pfeil hatte das Ziel nicht erreicht. Die Jünger hatten ihre Herzen in Sicherheit gebracht. Sie gingen dem Pfeil aus dem Weg; er flog an ihnen vorbei, über ihre Köpfe hinweg. Jesus mußte tiefer gehen – er bringt die Zukunft ins Spiel. Zukunft bedeutet, daß dem Verstand Platz gemacht wird. Der Verstand kann Mittel und Zweck verstehen, der Verstand kann Ursache und Wirkung verstehen. „Mach dies und jenes wird geschehen." Aber merke, es wird geschehen, es wird in der Zukunft geschehen.

Du legst den Samen in die Erde und eines Tages wird er ein Baum werden. „Vollkommen richtig", sagt der Verstand, „das kann ich verstehen. Es ist eine Entwicklung. Schritt für Schritt wird der Baum in die Höhe wachsen." Wenn du sagst: „Leg den Samen in die Erde... und sieh!... Schau, der Baum ist da!", dann wird der Verstand sagen: „Bist du ein Zauberer oder was? Nur Zauberer bringen das fertig." Die erste Behauptung ist sehr magisch, der Verstand kann sie nicht verstehen; er kann nicht entschlüsseln, was sie bedeutet.

Der Verstand kann Trennung verstehen, Dualität, Ursache und Wirkung, Vergangenheit und Zukunft, dieses und jenes, hier und dort. Der Verstand trennt – und damit fühlt er sich wohl. Er sagt: „Vollkommen in Ordnung. Sei rechtschaffen und du wirst etwas bestimmtes bekommen. Aber es gibt einen zeitlichen Abstand dazwischen und du mußt Vorbereitungen treffen und viele Dinge dafür tun." Der Verstand ist ein Tuer.

Selig die Trauernden, denn sie werden getröstet werden

Jesus sagt: In Ordnung, dann sei wie ein kleines, hilfloses Kind. Das Kind weint und schreit nach der Mutter, und die Mutter läuft zum Kind. Wenn das Kind unglücklich ist, kommt die Mutter um es zu trösten. Sei also traurig, laß deine Gebete Schreie der Hilflosigkeit sein. Erinnere dich, die Definition von Gebet ist: Meditation durch Tränen, Meditation in Tränen. Wenn die Tränen deine Meditation sind, ist es Gebet. Wenn Meditation mit Liebe verbunden ist und du dich als ein kleines, verlorenes Kind fühlst, und die Existenz ist eine Mutter oder ein Vater... das ist wie Jesu es darstellt.

Er sagt: dann bete, schrei vor lauter Hilflosigkeit, und die Hilfe wird kommen, und du wirst getröstet werden.

Selig, die keine Gewalt anwenden, denn sie werden das Land erben.

Und werde einfach, bescheiden, sanftmütig; sei nicht überheblich. Jetzt hör dir den Unterschied an. Zuerst hieß es: „Arm vor Gott." Es heißt nicht, sei bescheiden, denn in Bescheidenheit bleibt ein subtiles Ego zurück. Du hast die Vorstellung, daß „ich bin bescheiden" – das „Ich" bleibt bestehen. Früher dachtest du „ich bin ganz großartig", jetzt denkst du „ich bin sehr sanftmütig". Aber „ich bin" ist noch da; das „Ich" bleibt bestehen.

Selig, die keine Gewalt anwenden, denn sie werden das Land erben.

Also eine kleine Schranke, deshalb die Zukunft. Genau jetzt kannst du nicht sein. Die kleine Schranke der Bescheidenheit, der Sanftmut wird dich weiterhin umgeben und wird dich weiterhin von der Wahrheit trennen.

Selig, die hungern und dürsten nach der Gerechtigkeit,
denn sie werden satt werden.

Tue jetzt gute Werke, sei tugendhaft und Gott wird kommen und dich erfüllen.

Selig die Barmherzigen, denn sie werden Erbarmen finden.

Sei barmherzig, sei mitfühlend. Was auch immer du wünscht, das Gott Dir geben soll, gib es der Welt, gib es der Welt Gottes. Das ist das Gesetz.

Selig die ein reines Herz haben, denn sie werden Gott schauen.

Auch mit Reinheit... ein wenig Distanz. Armut ist das Höchste. In Reinheit gibt es immer noch ein wenig Ego: „Ich bin rein, geistig, heilig, heiliger als du", und so ähnlich machst du weiter.

Ein Sünder ist jemand, der sein Ego in Anspruch nimmt – ein grobes Ego. Ein Heiliger ist jemand, der Anspruch auf sein Ego erhebt: „Heiligkeit". Und ein Weiser ist jemand, der keinerlei Anspruch erhebt. Der Weise ist jemand, der einfach sagt: „Ich bin niemand, ein Nichts." Und das sind nicht nur Worte, er weiß es, er weiß es existentiell.

Selig, die Frieden stiften,
denn sie werden Söhne Gottes genannt werden.
Selig, die um der Gerechtigkeit willen verfolgt werden,
denn ihnen gehört das Himmelreich.
Freut euch und jubelt:
Euer Lohn im Himmel wird groß sein.
Denn so wurden schon vor euch die Propheten verfolgt.
Ihr seid das Salz der Erde.

Jesus sagt: „Freut euch!" Aber diese Freude ist nicht die höchste Freude, es ist ein Begehren, denn, groß wird der Lohn im Himmel sein. Es gibt dabei ein Begehren, etwas zu bekommen, etwas zu erreichen. Wenn du überhaupt nichts begehrst – nicht einmal Gott, nicht einmal den Himmel – dann bist du jetzt sofort ein König, dann gehört das Königreich Gottes jetzt sofort dir.

Und Jesus sagt zu seinen Jüngern:

Ihr seid das Salz der Erde.

Nun, das ist absurd, es sieht absurd aus. Sie waren arme Leute. Der eine war Tischler, der andere Schuster, der dritte Fischer – diese Art von Leuten.
Und Jesus sagt zu ihnen: „Ihr seid das Salz der Erde". Und er hat recht, obwohl es widersinnig aussieht. Sie waren keine Könige, große Kaiser, Vizekönige, Lords, reiche Leute – das waren sie ganz und gar nicht. Aber warum sagt Jesus: „Ihr seid das Salz der Erde"? – weil jeder, der auch nur ein klein wenig von Gott weiß, das Salz ist.
Es ist wegen dieser paar Menschen, daß die Welt bedeutungsvoll bleibt, daß es eine Bedeutsamkeit gibt, daß es im Leben Geschmack gibt und Freude.
Und dasselbe sage ich zu euch: Ihr seid das Salz der Erde, denn wer auch immer begonnen hat, sich auf Gott zuzubewegen, hat begonnen, sich in Richtung Freude zu bewegen.
Und wenn du dich auf die Freude zu bewegst, dann hilfst du der ganzen Welt, der Freude entgegenzugehen, denn du bist die Welt.

Freut euch und jubelt

denn...

Ihr seid das Salz der Erde.
Wenn das Salz seinen Geschmack verliert,
womit kann man es wieder salzig machen?
Es taugt zu nichts mehr;
es wird weggeworfen und von den Leuten zertreten.

Ich aber sage auch zu euch: Ihr seid das Salz der Erde.
Ihr seid die Vorhut der zukünftigen Entwicklung der Menschen.
Ihr Sannyasins tragt den Samen der Zukunft. Freut Euch! Und werdet immer salziger, immer voller von Gott.

Genug für heute.

Komm heraus aus deinem Verstand

Was soll ich mit dem Jesus machen, von dem ich dachte, daß ich ihn seit langem kenne und liebe?

Die Frage ist von Ma Deva Chintana. Sie ist eine Nonne gewesen. Sie hat genug dadurch gelitten Nonne zu sein, und sie hat für Sünden gebüßt, die sie nie begangen hat. Nonne zu sein ist eine Art Masochismus, eine Art Selbstquälerei, selbst auferlegt im Namen Jesu, im Namen Buddhas – nur die Namen unterscheiden sich, die Tortur ist die gleiche. Und wenn du dich selber quälst, dann wird deine Beziehung zu Jesus oder zu Buddha oder zu Mahavir pathologisch. Eine Beziehung ist nur dann gesund, wenn sie Freude bringt, wenn sie ein Fest ist, wenn das Leben und alles, was es bringt voll angenommen wird.

Wenn da aber Ablehnung ist, Zurückweisung, wenn du lebenswichtige Teile von dir abschneidest und dich selbst zerstörst, dann ist die Beziehung keine wirkliche Beziehung. Du bist verliebt in dein Elend und nennst dein Elend Jesus. Sei niemals verliebt in dein Elend. Wenn du in dein Elend verliebt bist, dann wirst du, wo auch immer du bist, in der Hölle sein. Gesund sein bedeutet in die Freude verliebt sein. Selbst wenn du nur manchmal in Elend bist, ist das unnatürlich. Es muß gelebt werden, aber es ist zufällig, es ist nicht natürlich. Freude ist natürlich.

Um Christus herum haben sich im Laufe der Zeit alle möglichen krankhaften Menschen versammelt. Tatsächlich lieben sie nicht Jesus, sie lieben das Kreuz. Deshalb nenne ich das Christentum „Kreuzestum". Es hat nichts mit Christus zu tun – Christus ist nur ein Symbol – worum es wirklich geht, ist das Kreuz, der Tod, das Leiden, durch das Jesus ging. Das liebst du.

Aber der Verstand ist sehr raffiniert, er kann seine Vorurteile immer rationalisieren. Er kann immer Argumente finden, Gründe dafür, die eigenen Vorurteile zu unterstützen.

Jetzt zu der armen Chintana... sie tut mir leid, und sie ist wirklich in einem ziemlichen Durcheinander hier. Das muß auch so sein. Hier ist die ganze Botschaft: „Halleluja". Die ganze Botschaft heißt Ekstase, Liebe, Freude. „Feiern" ist hier das Schlüsselwort.

Und viele Jahre lang ist sie Nonne gewesen, deshalb steht ihre ganze Vergangenheit gegen das Jetzt. Aber wenn sie nicht aufhört zu denken, daß sie Jesus liebte, dann wird es sehr schwer für sie sein, ihr Elend loszulassen, denn wie sollte sie Jesus loslassen? Und Jesus ist so schön, wie sollte man den Mut aufbringen, Jesus loszulassen? Es besteht auch gar keine Notwendigkeit. Ich bringe dir einen gesunden Jesus. Ich bringe dir den wirklichen Jesus.

Der wirkliche Jesus war niemals am Kreuz, nur sein Körper war am Kreuz. Der wirkliche Jesus ist nie gestorben, der wirkliche Jesus kann nicht sterben. Du kannst nicht sterben, nichts stirbt jemals. Das was stirbt, war nicht wirklich Teil von dir. Das Unwesentliche stirbt, das Wesentliche dauert an. Niemand kann dich töten – ich meine dich, nicht deinen Körper. Dein Körper kann getötet werden. Aber du bist so sehr mit dem Körper identifiziert, daß du glaubst, Jesus sei am Kreuz, wenn du Jesus am Kreuz siehst. Nicht für einen einzigen Moment war Jesus am Kreuz. Es kann nicht sein, er kennt sich selbst. Es gibt keine Möglichkeit ihn zu kreuzigen.

Das ist die versteckte Bedeutung des Phänomens der Auferstehung: Er ist wiederauferstanden, denn er war gar nicht gestorben. Wenn er gestorben wäre, dann hätte es keine Möglichkeit der Auferstehung gegeben. Nur der Körper, die äußerste Schale wurde getötet. Aber deswegen – wegen diesem Kreuz, diesem Tod, diesem Leiden, diesem Märtyrertum – ist das Christentum besessen vom Tod, es ist pathologisch gegenüber dem Tod.

Und die Menschen haben große Angst vor dem Tod, sie fürchten sich davor. Je mehr Angst sie haben, je mehr sie sich davor fürchten, desto bedeutungsvoller wird das Kreuz.

Ein Krishna, der auf der Flöte spielt, sieht unwirklich aus. Wer mag schon Flöte spielen in diesem häßlichen Leben, auf dieser elenden Erde, wo die Menschen einander töten, ausbeuten, unterdrücken? Wo „Menschen" nur im Wörterbuch vorkommen, in der Sprache.

Gerade vor ein paar Tagen habe ich über Adolf Hitlers Konzentrationslager gelesen. In einem Konzentrationslager wurden viereinhalb Millionen Menschen getötet, ermordet, vergast. Aber sie machten dabei einen guten Profit. Darum ging es wirklich dabei. Die Haare wurden verkauft, die Knochen wurden an Klebstofffabriken verkauft, die Augen wurden verkauft, alles wurde verkauft. Man hat Papiere gefunden, Korrespondenz, worin Fabriken um die Preise feilschten. Und die Offiziere... sie haben um die Haare von Menschen gefeilscht, wieviel sie wohl dafür verlangen könnten. „Wenn sie getötet sind, wieviel zahlt ihr dann für ihre Knochen?" Hitler hat mit dem Tod, durch den Tod ein Geschäft gemacht. Es war ein gutgehender Konzern. Sie gaben den Gefangenen fast nichts zu essen; es war sehr billig, und innerhalb von zwei Wochen war der Gefangene verschwunden. Nur zwei Wochen mußten sie warten. Also waren die Kosten sehr niedrig und der Preis war sehr gut. Die Haare gingen zum Perückenmacher, die Knochen in die Klebstoffabrik und so weiter und so fort.

Wie kann man hier Flöte spielen, wo Adolf Hitlers existieren, wo Hiroshimas geschehen? Krishna sieht aus wie ein Traum, Christus dagegen sieht sehr wirklich aus. Aber laß dir sagen, daß Christus auch die Flöte gespielt hat, als er am Kreuz hing. Das Flötenspiel geht weiter – ob im Leben oder im Tod macht keinen Unterschied – das Flötenspiel ist ewig. Laß es dir sagen: Krishna ist wirklicher! Und der Christus, den du dir geschaffen hast, ist mehr oder weniger eine Funktion deines Verstandes. Den wirklichen Christus kennst du nicht.

Deshalb wird es schwierig für dich sein, wenn du mir zuhörst, denn ich werde einen vollkommen anderen Christus offenbaren, einen, mit dem du nicht vertraut bist. Du kennst einen Christus, wie er dir von den Priestern gepredigt wurde. Du kennst einen Christus, wie er vom Vatikan gezeichnet wird; du kennst einen Christus, wie ihn sich so viele hysterische Heilige vorgestellt haben.

Es gibt eine lange Tradition von Pathologie im Christentum. Die Christen sagen, daß Jesus nie gelacht hat. Nun, das ist größter Unsinn! Ich sage euch, daß Christus sein ganzes Leben hindurch gelacht hat; nur er kann lachen. Wer sonst? Aber die Christen sagen, daß er niemals gelacht hat. Sie wollen ihn als sehr traurig darstellen, als sehr belastet. Sie projizieren ihre Traurigkeit auf Jesus, sie projizieren ihr Elend auf Jesus. Jesus wird zu einer Leinwand und du projizierst fortwährend deinen Verstand auf ihn.

Jesus hat gelacht, genossen, geliebt. Wenn du dich vorurteilslos auf die Evangelien einläßt, dann wirst du es finden... Wie könntest du auch anders denken über einen Mann, der an Festen teilnahm, gut gegessen hat, mit Frauen herumzog, getrunken hat – ja, Wein war ihm nicht unbekannt, er hat ihn geliebt. Er war ein sehr sehr glücklicher Mensch. Ein Mann, der trinkt, gut ißt, das Essen liebt, Freunde liebt – es ist unmöglich, sich vorzustellen, daß er niemals gelacht hätte. Aber die Christen haben Jesus entsprechend ihrer eigenen Projektionen dargestellt. Es ist die Projektion ihres Elends. Und dann wird Jesus zu einer Rechtfertigung dafür, daß man traurig ist, daß man elend ist. Deshalb gibt es in der Kirche kein Lachen, keine Freude, kein Feiern.

Die Kirchen wurden zu Friedhöfen und es ist nicht zufällig, daß das Kreuz ihr Symbol wurde. Es sollte nicht das Symbol sein.

Ich kann eure Schwierigkeiten verstehen und besonders Chintanas Schwierigkeiten. Sie sagt: *Was soll ich mit Jesus machen, von dem ich dachte, daß ich ihn seit langem kenne und liebe?*

Du kennst Jesus nicht. Durch mich gibt es eine Möglichkeit Jesus kennenzulernen. Wenn du couragiert genug bist, dann kannst du Jesus zum erstenmal kennenlernen. Denn du kannst Jesus nur kennenlernen mittels eines Menschen, der selbst Christusbewußtsein erlangt hat. Ein Krishna kann nur verstanden werden mittels eines Menschen, der selbst Krishnabewußtsein erlangt hat. Und es ist dasselbe: Krishnabewußtsein, Christusbewußtsein, Buddhabewußtsein, das Transzendentale.

Du kannst Jesus nicht durch einen Priester kennenlernen. Der kennt ihn selbst nicht. Er hat über ihn gelesen, nachgedacht, kontempliert, spekuliert, philosophiert. Ja, er hat einen sehr kultivierten Verstand, er kennt die Schriften. Aber die Schrift kennen bedeutet nicht Jesus zu kennen. Um Jesus zu kennen, mußt du dein innerstes Nichts erfahren haben. Ohne das zu kennen, kannst du niemanden mit Jesus bekannt machen.

Hier hast du eine Gelegenheit mit der Wirklichkeit in Kontakt zu kommen, wie sie vor zweitausend Jahren gegeben war. Das Fenster ist wieder offen und du kannst eintreten – zumindest kannst du einen Blick darauf werfen. Aber wenn du weiterhin deine Vorstellungen von Jesus mit dir herumträgst, dann wird es schwierig. Dann wirst du anstatt durch mich einzutreten und Jesus kennenzulernen, anfangen mich zu verdammen, und du wirst von deinen eigenen Ideen umgeben bleiben. Und es lassen sich immer Gründe finden.

Es geschah in Montreal... so etwas kann nur in Montreal passieren: Zwei nett aussehende junge Männer spazierten Hand in Hand die Straße entlang. Vor ihnen ging ein Ehepaar und die beiden stritten sich. Der eine drückte die Hand seines Freundes und sagte: „Schau Liebster, ich hab dir ja gesagt, Mischehen funktionieren nicht."

Argumente lassen sich immer finden. Jetzt ist die Ehe zwischen einem Mann und einer Frau eine „Mischehe". Wie sollte sie auch funktionieren? Die Ehe zwischen einem Mann und einem Mann funktioniert, das ist homogen. Der Homosexuelle kann dieses Argument finden.

Wenn du in deinem Verstand ein bestimmtes Vorurteil hast, dann kannst du immer Unterstützung dafür finden. Die Welt ist so groß, daß sie alle möglichen Dingen unterstützt. Und was kann deine Vorstellung von Gott, von Christus, von Krishna schon sein? Du kennst nicht einmal dich selbst, Chintana. Wenn du dich selbst nicht kennst, wie sollst du dann Jesus kennen? Und alles was du weißt, wird falsch sein. Es wird mehr oder weniger Rätselraterei sein und zwar eine Rätselraterei, entstanden in ungeheurer Unkenntnis.

Es ist so, als würdest du ein Bild von Jesus in einer dunklen Nacht ohne Beleuchtung malen. Du hast ihn nie gesehen, hast nie Farben in der Hand gehabt und weißt nicht, wie man malt, die Nacht ist dunkel, und es gibt keine einzige Kerze. Aber du fährst fort zu malen, ohne zu wissen, wie man malt, ohne zu wissen, wie man den Pinsel hält, ohne zu wissen, wie man die Farben mischt und Du kannst auch nicht sehen, welche Farbe was ist – die Nacht ist so dunkel. Aber du hörst nicht auf zu malen. Am Morgen dann, wenn das Licht zurückkommt, sagst du: „Das ist Jesus."

Das alles ist Rätselraterei aus tiefem Nichtwissen. Alles was der Mensch über Gott gedacht hat, ist reine Spekulation. Wenn du aufrichtig bist, wirst du kein Interesse haben an Spekulationen; Gott kann man nicht erraten – er kann erfahren werden, aber er kann nicht erraten werden – er kann erkannt werden, aber er kann nicht erraten werden. Wie kannst du Gott erraten? Wie kannst du dir ein Bild von Gott machen? Es gibt keine Möglichkeit, das zu tun, und was immer du tust, es wird falsch sein.

Das beste ist, nicht herumzuraten, sondern sämtliche Vorurteile fallenzulassen, die dir beigebracht und an-konditioniert wurden. Werde ein pures Nichts, ein Spiegel, das ist es, worum es in der Meditation einzig geht. In diesem Nichts öffnen sich deine Augen zum erstenmal. Du beginnst, das zu sehen, was ist.

Zwei Goldfische schwammen in einem Glasgefäß herum. Der eine verkündete griesgrämig, er sei ein Atheist geworden.

„Gut, gut", spottete der andere, „und jetzt erkläre mir bitte, wer das Wasser in diesem Gefäß gewechselt hat."

Ein Goldfisch in seinem Glas denkt, daß Gott das Wasser wechselt. Deine Spekulationen über Gott können nicht viel mehr sein. Deshalb sagen die Leute, wenn du behauptest, daß es keinen Gott gibt: „Was redest du da und wer hat dann die Welt erschaffen? Wer hat das Wasser gewechselt?"

Dumme Ideen, denn Gott ist nicht die Ursache, und die Welt ist nicht die Wirkung. Gott hat die Welt nicht erschaffen. Wenn er diese Welt erschaffen hätte, dann wäre das Beweis genug, daß er vollkommen verrückt ist; nur das würde es beweisen, sonst nichts.

Gott hat nicht die Welt erschaffen. Gott ist nicht wirklich ein Schöpfer. Es ist bei weitem besser zu sagen: Gott ist die Welt. Gott ist nicht der Schöpfer, sondern die Schöpferkraft.

Eine sich öffnende Blume, das ist Gott. Nicht, daß Gott dasteht und sie öffnet – er ist nicht von der Blume getrennt und er zwingt die Blütenblätter, sich zu öffnen. Gott ist das Erblühen. Der Stern, der am Nachthimmel leuchtet... nicht, daß Gott etwa Öl hineingießt oder Benzin und herumrennt und es irgendwie zuwege bringt; Gott ist dieses Leuchten. Nicht, daß Gott dich etwa geschaffen hätte... du bist es. Die Upanishaden sagen: Tattwamasi, du bist es; sie sind der Wahrheit viel näher.

Im Osten haben wir uns Gott immer als Tänzer vorgestellt, nicht als Schöpfer. Gott als Nataraj, der Meistertänzer. Warum? Es gibt etwas ungeheuer Bedeutungsvolles in diesem Konzept. Gott ist kein Maler, denn wenn der Maler sein Gemälde malt, dann wird dieses Gemälde losgelöst vom Maler. Sobald der Maler sein Gemälde vollendet hat, hat dieses Gemälde seine eigene Existenz. Der Maler mag sterben, das Gemälde kann leben. Und wenn der Maler sein Gemälde fertiggestellt hat, mag es ein schönes Gemälde sein, aber es ist tot, denn der Maler kann ihm nicht seinen Atem einhauchen. Das ist nicht möglich. Er kann nicht seine Lebendigkeit, sein Leben hineingießen. Das Gemälde mag schön sein, aber ein Gemälde ist ein Gemälde – es ist tot.

Gott ist kein Maler, Gott ist kein Töpfer, Gott ist ein Tänzer. Was bedeutet das? Im Tanzen sind der Tänzer und der Tanz eins; niemals können sie getrennt sein. Das ist die Schönheit des Tänzers.

Der Dichter ist von seiner Dichtung getrennt, der Töpfer ist von seinen Töpfen getrennt, der Maler ist von seinem Gemälde getrennt, der Bildhauer ist ein anderer, getrennt von seinem Werk und so weiter und so fort. Nur der Tänzer ist nicht abgetrennt. Der Tänzer ist der Tanz. Und wenn der Tänzer wirklich im Tanzen ist, dann ist kein Tänzer mehr in ihm, alles verschwindet.

Er ist einfach pure, vibrierende Energie, es ist pure Energie, tanzend, kein Ego ist darin. Der Tanz kommt zur Vollendung, wenn der Tänzer sich darin auflöst. Aber im selben Moment, in dem der Tanz aufhört, kannst du den Tanz nirgendwo finden, er ist nicht vom Tänzer getrennt.

Und noch eins: der Tanz kann nicht getrennt vom Tänzer existieren und ebenso kann der Tänzer nicht getrennt vom Tanz existieren. Wenn du sagst, dieser Mensch ist ein Tänzer, er aber gerade nicht tanzt, dann ist deine Beschreibung nicht richtig. Ein Tänzer ist nur ein Tänzer, während er tanzt, ansonsten ist er kein Tänzer mehr. Es ist ein Fehler im Sprachgebrauch, ihn einen Tänzer zu nennen, weil er gestern getanzt hat. Dann war er gestern ein Tänzer. Oder: „morgen wird er wieder tanzen"; dann ist er morgen wieder ein Tänzer. Aber jetzt gerade, wenn er nicht tanzt, muß er etwas anderes sein. Wenn er geht, ist er ein Geher, wenn er läuft, ist er ein Läufer, wenn er sitzt, ist er ein Sitzer – aber kein Tänzer. Tänzer und Tanz existieren zusammen. Tatsächlich sind sie nicht voneinander getrennt .

Gott ist nicht der Schöpfer der Welt. Gott ist ihre Schöpferkraft, ihre Seele. Er ist in den Bäumen und in den Felsen, in Dir, in mir – er ist überall, er ist alles.

Aber um diesen Gott kennenzulernen, wirst du deine Spekulationen aufgeben müssen. Denn, wenn er in dir ist, was gibt es da zu erraten? Warum gehst du nicht einfach nach innen? Warum schließt du nicht deine Augen und reist nach innen?

Komm an einen Punkt, wo kein Gedanke existiert und du wirst wissen, was Gott ist. Und Gott erkennen bedeutet Christus werden. Indem du Christus wirst, wirst du wissen, was Christus ist. Indem du Christusschaft erlebst, wirst du wissen, was Christus ist.

Wie kannst du nur eine Vorstellung von Jesus haben? Diese Vorstellung wird katholisch sein, wird protestantisch sein, wird dieses oder jenes sein. Es wird deine Vorstellung sein und deine Vorstellung ist die Barriere – nimm dich davor in acht. All deine Vorstellungen müssen verschwinden. Dein Verstand muß aufhören, damit Christus sein kann.

Deshalb sieht das so paradox aus: Ich sage, nur wenn du kein Christ bist, kein Hindu, kein Jain, kein Buddhist bist, nur dann wirst du wissen, was Wahrheit ist. Wenn du ein Christ bist, wie kannst du Christus kennen, gerade dein Christentum wird eine Barriere sein. Wenn du ein Buddhist bist, kannst du Buddha nicht kennen. Deine Ideologie wird wie eine Mauer wirken, eine

Chinesische Mauer. Laß sämtliche Ideologien fallen, und sei keine Nonne. Chintana ist keine Nonne mehr, sie ist jetzt eine Sannyasin geworden; aber tief im Innern ist sie es immer noch. Wenn sie zu mir kommt, kann ich zwei Persönlichkeiten sehen, sie ist gespalten. Wenn sie zu mir kommt, ist ein Teil ihres Wesens mit mir – sie hat den Sprung getan und ist ein Sannyasin geworden, aber ich kann den Christen immer noch sehen und zwar sehr deutlich. Und jede Befürchtung ist berechtigt, daß sie von dem alten Unsinn wieder gefangen wird, wenn sie zurück nach Australien geht. Ich bin mir noch nicht sicher über sie, denn der Christ ist sehr stark in ihr vorhanden. Auf eine bestimmte Art hat sie ihr Leben hingegeben, hat sie ihr Leben nach sehr falschen Anschauungen gelebt. Sie war gegen das Leben, und jetzt bringe ich sie ins Leben zurück.

Ich rufe ihr zu, genauso wie Jesus dem Lazarus zugerufen hat: „Komm heraus, Lazarus!" – und Lazarus war tot. Aber Lazarus war ein wunderbarer Mensch – er kam heraus.

Die Menschen glauben immer, daß Jesus das Wunder gewirkt hat. Meine Meinung ist, daß Lazarus es getan hat. Jeder kann rufen... daß ist nicht der Punkt. Der Punkt ist, daß Lazarus herauskam, obwohl er schon vier Tage tot war und niemand mehr glaubte, daß es möglich war. Als Lazarus starb, war Jesus nicht in der Stadt. Aber Lazarus war ein Jünger und auch seine beiden Schwestern waren Jünger Jesu. Die zwei Schwestern sandten eine Nachricht. „Komm so schnell du kannst, dein geliebter Jünger ist tot. Du kannst ihn retten, du kannst ihn noch zurückholen."

Jesus kam auf die ihm eigene, gemächliche Art – nicht mit amerikanischer Eile – er kam ruhig, auf seine Weise, und das dauerte vier Tage. Er war nicht weit weg, vielleicht in der Nachbarschaft, im nächsten Dorf. Er kam, und die beiden Schwestern waren ganz niedergeschlagen. Und als er kam, da hatte der Leichnam bereits zu stinken begonnen. Sie hatten ihn in eine Höhle gelegt, denn sie hatten die Nachricht erhalten, daß Jesus unterwegs war. „Also wartet, bestattet den Leichnam nicht, bewahrt ihn auf!" Als Jesus ankam, fingen diese beiden Schwestern an zu weinen und zu klagen und sie sagten: „Du kommst spät... zu spät. Was kann jetzt noch geschehen, die Verwesung hat schon begonnen. Er stinkt schon. Niemand kann mehr in seine Nähe gehen. Jetzt ist es so schwierig geworden, wie sollen wir ihn bestatten? Niemand will in die Höhle gehen und den Leichnam heraustragen. Sogar außerhalb der Höhle stinkt es." Jesus erwiderte: „Macht Euch keine Sorgen, führt mich hin zu dieser Höhle."

Sie gingen, und die ganze Stadt lief zusammen und der Leichnam muß gestunken haben, denn Jesus ging auch nicht hinein. Er rief von draußen. Ist das die Art zu rufen? Jemand ist tot und du rufst einfach von draußen: „Lazarus, komm heraus!" Lazarus war ein Wundermann. Er kam heraus! Er sagte: „Ja Herr, hier bin ich."

Dies ist ein Gleichnis, es ist keine historische Tatsache. So ruft der Meister den Schüler – aus deinem Tod heraus, aus deiner stinkenden Höhle heraus, in der du verfaulst und verrottest und verwest, jeden Tag mehr verwest. Er ruft dich aus deinem Tod heraus.

Und genauso rufe ich Chintana: „Komm heraus aus deinem Verstand!" Denn Verstand ist Tod, denn Verstand ist Zeit. Wenn du im Verstand lebst, lebst du im Tod. Wenn du den Verstand fallenläßt, lebst du in der Ewigkeit, in der Todlosigkeit. Und das ist alles, worum es bei Religion geht. Christentum, Hinduismus, Buddhismus – das sind nur Namen für denselben Prozeß.

Hier gibt es eine großartige Gelegenheit; Chintana kann ihre lebensverneinende Haltung loswerden. Nonne sein, bedeutet gegen das Leben sein. Und gegen das Leben sein, bedeutet gegen Gott sein, denn das Leben ist Gott. Gegen Liebe sein, bedeutet gegen Gott sein; gegen deinen Körper sein, bedeutet gegen Gott sein, denn es ist Gottes Körper. Es ist sein Tempel, sein Schrein; er hat ihn auserwählt, darin zu wohnen. Zerstöre ihn nicht, sei nicht gegen ihn. Meine Haltung ist absolut lebensbejahend. Und ich nenne diese religiöse Haltung, „Ja-sagen", ja sagen zu allem.

Jesus war fähig, sogar zum Tod Ja zu sagen und du bist nicht einmal fähig zu deinem Leben Ja zu sagen. Lerne zuerst Ja zum Leben zu sagen und dann geschieht eines Tages dieser Gipfel, diese Vollendung, diese Erfüllung, wenn du Ja sagen kannst selbst zum Tode – denn du hast gelernt, ja zu sagen, und du hast es genossen, ja zu sagen , und du hast erlebt, wie schön es ist, ja zu sagen.

Denke daran, das Ego sagt immer nein. Das Nein ist der Weg des Ego. Verstehe es also richtig, wenn die Kinder beginnen, nein zu sagen, dann beginnen sie, egoistisch zu werden. In einer bestimmten Phase fängt das Kind an, nein zu sagen und genießt es, nein zu sagen. Was auch immer du sagst, es antwortet mit Nein. Nein-Sagen kommt ganz von selbst in einer bestimmten Phase.

Warum sagt das Kind nein? Es muß sein Ego kreieren. Und nur durch das „Nein" wird das Ego kreiert. Sage häufiger Nein und mehr Ego wird kreiert. Sage häufiger „Ja" und das Ego beginnt sich aufzulösen. Wenn du ein tiefes „Ja" zu deinem gesamten Leben ausgedrückt hast – ganz ohne Einschränkung – dann verschwindet das Ego. In diesem „Ja" besteht dein Gebet.

Aber zuerst mußt du lernen „Ja" zum Leben zu sagen, nur dann kannst du auch „Ja" zum Tod sagen. Wie willst du in der Lage sein, „Ja" zum Tod zu sagen, wenn du nicht einmal zum Leben und zur Freude „Ja" sagen kannst.

Sei bloß keine Nonne und sei auch kein sogenannter Mönch. Das ist ein häßlicher Zustand, pathologisch, neurotisch, hysterisch.

Aber warum haben Menschen Jahrhunderte hindurch diese Lebensform gewählt. Es gibt einen bestimmten Trick darin, eine Strategie. Die Nonne lernt, zu ihrem Körper, zu ihrem Sex, zu ihrer Liebe, zu allen Beziehungen „Nein" zu sagen, und auf diese Weise sind ihr sämtliche Tore verschlossen. Sie kann zu keinerlei Lebenserfahrung „Ja" sagen. Dadurch fühlt sich natürlich ihr „Ja" sagendes Herz erdrückt, von allen Toren und Fenstern ferngehalten. In diesem Zustand der Erdrückung beginnt sie „Ja" zu Christus zu sagen, denn man muß „Ja"sagen. Aber dies ist ein pathologisches „Ja", es ist nicht echt. Es ist Zwang, es ist Gewalttätigkeit.

Kannst du folgen? Wenn du zu nichts „Ja" sagst, ist es, wie wenn du in einer Wüste bist; du hast dich verirrt und nirgendwo ist eine Oase zu sehen und seit Tagen bist du durstig und durstig und durstig. Der Durst ist überwältigend. Dann kannst du sogar Deinen eigenen Urin trinken. Es ist bekannt, daß Menschen das gemacht haben. Sie können den Urin eines Kamels trinken. Sie töten das Kamel und trinken das Wasser, das es in seinem Körper aufbewahrt. Ekelerregend! Aber das geschieht. Wenn es keine andere Möglichkeit gibt, Wasser zu finden und du bist durstig und der Durst wird feurig, intensiv, dann kannst du alles trinken, selbst das schmutzigste Wasser und du wirst es trinken, als wäre es das „Wasser des Lebens".

Du mußt kein Morarji Desai sein. Du kannst deinen Urin trinken, ohne ein Morarji Desai zu sein, wenn du in der Wüste durstig bist. Und dann wirst du seine Idee verstehen, daß Urin das „Wasser des Lebens" ist – aber nur in der Wüste –, es sei denn du bist neurotisch. Jetzt versucht er in Indien zwei Dinge durchzusetzen. Mit dem einem hat er bereits begonnen, das ist die Prohibition. Zuerst muß das Land die Prohibitition durchmachen und der nächste Schritt – der logische Schritt – wird es sein, die Menschen zu zwingen, ihren Urin zu trinken, denn er ist das „Wasser des Lebens".

Du mußt kein Morarji Desai sein. Wenn du dich in einer Wüste verirrt hat, dann wirst du alles trinken. Wenn du hungry bist und keine Nahrung bekommen kannst, dann wirst du alles essen. Dann wirst du und kannst du nicht sehr wählerisch sein. Du wirst nicht sagen: „Wo ist die Speisekarte?" – das würde unsinnig aussehen. Wenn du in der Wüste am verhungern bist, dann fragst du nicht nach der Speisekarte. Was auch immer zu haben ist – egal was, du wirst dich darauf stürzen.

Das ist der Trick: sag nein zum Sex, so daß du sexhungrig bist – der Sex sammelt sich in dir an. Du möchtest jemanden lieben, aber das ist nicht möglich. Liebe ist nicht möglich. Du kannst keinen Menschen lieben – dieses Tor ist dir verschlossen. Und deine Liebesfähigkeit ist genau wie der Durst. Fortwährend staut sie sich auf. Du beginnst Christus zu lieben und dann wird er pathologisch. Berichte von Nonnen sind bekannt, daß Christus in der Nacht zu ihnen kommt und mit ihnen schläft, daß er kommt und ihre Brüste liebkost. Man weiß von Nonnen, die schwanger wurden, da Christus mit ihnen geschlafen hat. Freilich, ihre Schwangerschaft war nichts als heiße Luft, aber der Bauch... es war eine Scheinschwangerschaft. Aber allein die Vorstellung... das sind krankhafte Zustände.

Wenn deine Liebe ausgehungert ist, dann ist nur ein Tor offen. Es ist genauso, wie wenn alle Tore eines Hauses verschlossen sind, und nur ein Loch ist offen geblieben und das Haus steht in Flammen. Dann denkst du nicht an die Besitzverhältnisse, du fragst nicht danach, ob es schicklich ist, durch dieses Loch aus dem Haus zu gelangen. Du wirst aus dem Haus gelangen, jedes Loch ist gut dafür.

Das ist die Situation, wie man sie für Mönche und Nonnen geschaffen hat. Laß ihre Liebe ausgehungert sein, dann muß sie sich auf Jesus richten. Aber das ist Nötigung, das ist nicht Bekehrung, das ist nicht Transformation. Es ist ein überaus häßlicher Zustand.

Meine eigene Auffassung ist dem genau entgegengesetzt. Ich sage: schlaft miteinander, so viel wie möglich. Macht es zu einem Fest, so intensiv wie möglich. Laß Jesus durch Freude zu dir kommen.

Du liebst eine Frau, du liebst einen Mann, du liebst so tief, daß du eines Tages plötzlich die Tiefe des Mannes oder der Frau zu fühlen beginnst. Und diese Tiefe wird das Tor zu Jesus sein, oder zu Krishna, oder welchen Namen auch immer du ihm geben willst. Liebe tief, so tief, daß der Körper des Geliebten verschwindet, daß der Verstand des Geliebten verschwindet, daß sogar sein Selbst verschwindet.

Liebt so tief, geht so tief ineinander auf, daß ihr eines Tages einfach nur zwei Himmel seid, vollständig rein und jungfräulich, vereinigend, einander durchdringend. In genau diesem Augenblick wirst du wissen, daß dein Geliebter das Tor geworden ist. Feiert! Laß Gott durch Feiern zu dir kommen, und dann wirst du heil sein, ein Ganzes. Ich nenne das heilig.

Nonnen und Mönche sind unheilige Leute. Sie brauchen psychiatrische Behandlung, ihr Verstand ist nicht in Harmonie. Er kann nicht in Harmonie sein, denn sie haben einen so häßlichen Weg gewählt, unnatürlich, pervers.

Wenn du mir also zuhörst, wird diese Frage immer wieder auftauchen. Laß es von allem Anfang an sehr klar sein; ich bringe euch einen vollkommen neuen Jesus, einen bei weitem wahreren Jesus, als euch der Vatikan gegeben hat. Und ich will, daß Jesus durch das Leben zu Dir kommt, durch Liebe, durch Licht – nicht durch Perversion, nicht durch Unterdrückung.

Die Evangelien beinhalten keine Techniken, mit denen man ein liebevolles Herz entwickeln könnte. Außerdem sind die Evangelien für einfache Menschen zu schwierig. Vielleicht ist das der Grund, warum die christliche Botschaft immer weniger praktisch erschien, als beispielsweise die von Buddha.

Die Frage kommt von Prem Nirvan. Erstens, Liebe fußt nicht auf Techniken. Der Pfad der Liebe kennt keine Techniken, deshalb geben die Evangelien keine Techniken, mit denen du deine Liebe entwickeln könntest.

Der Pfad der Intelligenz, *gyana yoga*, der Pfad des Wissens, kennt viele Techniken. Meditation ist eine Technik. Durch Intelligenz entwickeln sich Techniken. Intelligenz schafft immer Technologie. Wenn die Intelligenz in die Wissenschaft geht, dann schafft sie Technologie. Wenn sie in die Spiritualität geht, schafft sie Yoga, Tantra – auch das sind Technologien für das innere Sein. Intelligenz ist technologisch. Sie findet immer Wege, Abkürzungen, wie man Dinge effizienter tun kann. Wo auch immer man Intelligenz anwendet, wird man bessere Wege finden, ans Ziel zu kommen – schneller, direkter, mit weniger Unannehmlichkeiten, weniger Kosten – das ist es, was Intelligenz ausmacht.

Aber der Pfad der Liebe, *bhakti yoga* – und Jesus ist ein Bhakta, ein sich Hingebender – kennt keine Techniken. Liebe ist keine Technik, bitte vergiß das nicht. Liebe ist keine Technik und kann keine Technik sein, und wenn du Techniken hineinbringst, wirst du die Liebe zerstören.

Genau das geschieht im Westen. Eine Menge Liebestechniken werden im Westen angeboten. Jeder lernt aus Büchern, wie man liebt, wie man wirkungsvoller liebt, gekonnter, wie man einen größeren Orgasmus hat und all das. Jetzt, wo alles verfügbar ist –

viele Bücher stehen zur Verfügung – macht das die Menschen unfähig zur Liebe. Dabei gibt es ein Problem zu verstehen. Wenn du zu sehr an den Techniken interessiert bist, wirst du keinen Orgasmus erleben. Unmöglich, denn dein ganzes Interesse wird der Technik gelten – wie man es macht. Wenn du zu sehr an *vatsayana* und seinen Liebesstellungen interessiert bist, dann wirst du eine Art Gymnastik machen, Übungen. Aber die Liebe wird verschwinden.

Liebe braucht keine Technik. Kannst du das nicht sehen? Tiere lieben, Vögel lieben, Bäume lieben, und wenn du Augen hast zu sehen: die ganze Existenz ist Liebesenergie. Aber es gibt keine Technik. Es ist natürlich, es ist spontan. Technik ist der Spontaneität entgegengesetzt.

Liebe ist keine Technik, sondern Spontaneität. Alles was sie braucht ist, daß du dein Sein in dein Herz fallen läßt. Durch den Kopf gibt es keinen Weg zur Liebe, er führt durch das Herz. Und denke daran, das Herz ist von allem Anfang an fähig zu lieben.

Es ist genauso wie die Blüte einer Rose, die sich öffnet. Du mußt sie nicht aufmachen, sie hat die Fähigkeit, sich zu öffnen. Diese Fähigkeit ist ihr „eingebaut", sie gehört zu ihrem Weg. Die Blüte einer Rose öffnet sich von selbst. Genauso öffnet sich das Herz; das Herz braucht kein Training. Wenn du es trainierst, wirst du es zerstören, denn durch Training zerstörst du die Spontaneität.

Deshalb werden in den Evangelien keine Techniken gegeben, Nirvan. Auf diesem Pfad kann es keine Techniken geben.

Buddha gefällt dir. Täglich nehmen die Anhänger Buddhas im Westen zu, denn der Westen ist äußerst verstandes-orientiert. Die Intelligenz dominiert im Westen, der Westen wurde in jeder Hinsicht technologisch. Also übt es eine immense Faszination aus, wenn du über Buddha oder Patanjali oder Vatsayana liest; es paßt einfach zu dir. Dein ganzes Wesen sagt: „Ja, so muß es sein!" Du bist bereit, Buddha, Patanjali, Mahavir zu akzeptieren.

Komm heraus aus deinem Verstand

Die Bedeutung Christi im Westen nimmt immer mehr ab. Der Grund dafür liegt darin, daß der Westen nicht mehr durch das Herz lebt; er geht am Herzen vorbei. Die Menschen sind Christen, da sie als Christen geboren wurden, aber der Reiz Christi wird von Tag zu Tag geringer und geringer. Buddha paßt besser und Patanjali noch besser. Sie besitzen unmittelbare Zugkraft, denn sie besitzen Logik, sie besitzen Intelligenz, und es gibt einen klar vorgezeichneten Weg dafür, was getan werden muß.

Liebe ist kein Tun; sie ist ein Geschehen, sie ist Vertrauen, keine Technik. Jesus sagt: „Liebe Gott." Wenn du zu lieben verstehst, dann gibt es kein Problem. Wenn du nicht lieben kannst, ist Jesus nicht der Weg für dich. Dann mußt du dich an Buddha halten. Auf dem Wege Buddhas existiert Liebe nicht. Emotionen, Gefühl, Liebe, das gibt es nicht. Buddha sagt: Diejenigen Menschen, die sehr gefühlsbetont und liebevoll sind, müssen andere Wege finden. Mein Weg ist nicht ihr Weg.

Wißt ihr, daß Buddha viele Jahre hindurch sehr dagegen war, Frauen zu initiieren? Wieder und wieder lehnte er es ab. Viele Male wurde die Bitte an ihn gerichtet: „Warum initiierst du keine Frauen?" Und er pflegte zu antworten: „Nein, mein Pfad ist der Pfad der Intelligenz, nicht der Liebe, und wenn Frauen der Eintritt gestattet wird, dann werden sie meine ganze Sache zerstören."

Als zu viel Druck auf ihn ausgeübt wurde – Buddha war ein äußerst demokratischer Mann, und er sah ein, daß es nicht richtig war, die Frauen zu unterprivilegieren – erklärte er sich schließlich, wenn auch nur zögernd, einverstanden. An dem Tage, als er Frauen zu initiieren begann, erklärte er: „Mein Pfad wäre mindestens fünftausend Jahre lang pur geblieben. Aber jetzt kann ich nur noch auf fünfhundert Jahre hoffen, nicht mehr als das." Und genau so ist es geschehen. Mit dem Eintritt der Frauen begann der Buddhismus seinen Charakter zu verändern, denn die Frau bringt die Liebe mit sich. Sobald Buddha seinen Körper verlassen hatte, änderte sich die gesamte Qualität des Buddhismus; er wurde genau in sein Gegenteil verkehrt. Wenn Buddha zurückkäme, wäre er nicht in der Lage, den Buddhismus, der in China, Burma, Thailand vorherrscht, zu erkennen. Er könnte ihn nicht erkennen, denn die gesamte Qualität hat sich verändert. Jetzt hält man Buddha für Gott, die Menschen beten zu ihm – und sein ganzes Leben lang hat er gesagt, daß Gebet Unsinn ist, daß nur Meditation helfen kann. Er ging ausschließlich den Pfad der Intelligenz, Gebet war bedeutungslos. Und er sagte: „Es gibt keinen Gott, also zu wem betet ihr? Es ist verrückt." Und er sagte auch: „Niemand kann dir helfen, außer du selbst."

Die letzte Botschaft auf seinem Sterbebett war... Ananda, sein Hauptjünger bat ihn: „Bhagwan, gib uns deine letzte Botschaft." Und Buddha sagte: „Ananda, *appa dipo bhava*. Sei dir selbst ein Licht. Es gibt kein anderes Licht. Also schau nicht in den Himmel, schau nicht mich an. Es gibt kein anderes Licht. Sei dein eigenes Licht. Deine eigene Intelligenz muß dein Licht werden, sei ausschließlich auf dich gestellt – keine andere Abhängigkeit, keinerlei Schutz, keine Zuflucht."

Er war einer der intelligentesten Menschen, die je auf der Erde geboren wurden. Aber schon bald, nachdem er vergangen war, begann sich die Qualität seiner Lehre zu verändern. Und es ist eine der Überraschungen der Geschichte, daß gerade aus dem Buddhismus Tantra hervorging, die Quelle der Liebeskünste. Buddhismus wurde zur Quelle für Liebeskünste. Das ist Buddha völlig konträr. Es gibt keinerlei Beziehung zwischen den beiden; aber es mußte so kommen. Sobald Frauen eintraten – sie kamen in großer Zahl, und Frauen haben ein liebendes Herz, so daß sie sich sehr leicht in alles fallen lassen können – bald war das Verhältnis von Männern zu Frauen eins zu vier. Ein Mann kam auf vier Frauen – sie waren vorherrschend. Und mit ihnen kam Liebe, Zärtlichkeit, Güte,

Weiblichkeit, Empfänglichkeit. Mit ihnen kam alles, wogegen Buddha sich gewehrt hatte. Die Qualität veränderte sich: Buddha wurde zum Gott, wurde verehrt und angebetet. Tempel wurden gebaut, Statuen errichtet und alles, wovon Buddha gesagt hatte, daß es keinen Platz habe auf seinem Pfad, trat ein und erglühte.

Ich behaupte nicht, daß etwas schiefging. Nichts ging schief, denn so viele Menschen kommen ans Ziel durch die Liebe. Aber die Reinheit Buddhas ging verloren. Sein ausschließliches Festhalten an der Intelligenz ging verloren. Der Pfad wurde mehr und mehr ein Zusammentreffen von Gegensätzen.

Mir gefällt das sehr gut. Nichts vergleichbares geschah auf dem Pfad Jesu. Niemand hat den Pfad Jesu betreten, der Intelligenz hinzugebracht hätte, und den Pfad der Intelligenz, niemand. Nichts Vergleichbares geschah. In dieser Beziehung blieb der Pfad Jesu purer. Es ist der Pfad des Gebetes, der Liebe – Liebe zur ganzen Existenz – der Liebe zu Gott, und Gott bedeutet einfach das Ganze. Hier wirst du keine Techniken finden. Wenn du in den Evangelien nach Techniken suchst, dann suchst du an der falschen Stelle. Such sie in Patanjalis „Yoga Sutras", suche sie in „Vigyan Bhairav Tantra". Such sie sonstwo. Jesus ist ein Liebender.

Wenn du es verstehst zu lieben, brauchst du nichts weiter; wenn du aber nicht lieben kannst, kann dir auf diesem Pfad nichts helfen. Dann vergiß ihn, dann ist er nicht für dich.

Das Problem ist... Nirvan möchte lieben und kann nicht lieben, also sucht er nach Techniken. Aber Liebe geschieht niemals durch Techniken, also fragst du nach dem Unmöglichen. Nirvan, folge dem Pfad der Intelligenz. Wenn dich Buddha anzieht, dann gibt es kein Problem. Vergiß Jesus! Buddha genügt.

Die Evangelien beinhalten keine Techniken, mit denen man ein liebevolles Herz entwickeln könnte – denn es gibt keine. Außerdem sind die Evangelien für einfache Menschen zu schwierig.

An dieser Stelle hast du vollkommen unrecht, Nirvan. Die Evangelien sind nur schwierig für Intellektuelle, nicht für einfache Menschen. Jesus zog mit einfachen Menschen umher; er war gegen Intellektuelle, er war ganz auf der Seite der einfachen Menschen. Seine gesamte Jüngerschaft setzte sich aus sehr einfachen Menschen zusammen, denn die einfachen Menschen haben ein reineres Herz, natürlicherweise. Die Intellektuellen verlieren ihr Herz, sie stecken im Kopf fest. Sie denken nach über die Liebe, aber sie können nicht lieben. Selbst wenn sie manchmal sagen, daß sie verliebt sind, dann denken sie nur, daß sie verliebt seien.

Liebe ist nicht möglich durch den Kopf. Es ist genauso unmöglich, wie durch die Ohren zu sehen oder durch die Augen zu hören. Du kannst nicht durch die Augen hören und du kannst nicht durch die Ohren sehen, denn dafür sind sie nicht geschaffen.

Intelligenz ist nicht geschaffen für die Liebe. Dafür gibt es eine andere Fähigkeit in dir – das Herz. Der Intellektuelle ist für den Kopf trainiert; die Schule, die Hochschule, die Universität – sie alle trainieren den Kopf. Je gescheiter, intelligenter, berechnender du wirst, desto schwieriger wird es zu lieben. Deshalb zog Jesus mit gewöhnlichen Menschen umher, denn gewöhnliche Menschen sind außergewöhnlich liebevolle Menschen. Die sogenannten außergewöhnlichen Intellektuellen sind sehr gewöhnliche Liebende.

Also, wie kann es sein, daß du sagst: *Außerdem sind die Evangelien für einfache Menschen zu schwierig.*

Nein, mein Herr, das sind sie nicht. Wenn sie für dich schwierig sind, dann zeigt das nur, daß du schwierig bist für sie, daß du zu sehr im Kopf bist. Vom Kopf her kann man sich den Evangelien nicht annähern. Durch Tränen, ja; durch Logik, nein; durch Tanzen, ja; durch Singen, ja; durch Beten, ja. Aber durch Argumentieren, nein. Du mußt dich wohl auf eine falsche Weise angenähert haben. Du mußt wohl deinen Kopf in die Evangelien hineingebracht haben. Sie sind sehr schlichte Gebilde – wie Blumen, wie Flüsse. Jesus lebte mit einfachen Menschen zusammen. In der Vergangenheit ist er der Meister darin, wie man sich auf einfache Menschen bezieht. Buddha lebte mit außergewöhnlichen Menschen – großen Gelehrten, bedeutenden Intellektuellen, Dichtern, Philosophen; seine Atmosphäre war die der Intelligenz.

Jesus zog umher mit Fischern, mit Holzfällern, mit Schustern, mit Trinkern, mit einer Prostituierten. Und er sprach mit ihnen, diese Evangelien sind ihre Gespräche; sie fanden zwischen Jesus und sehr einfachen Leuten statt. Tatsächlich war er selbst sehr einfach. Er war kein Königssohn... ein Tischlersohn. Er kann gar nichts sagen, was nicht von einfachen Leuten verstanden werden könnte.

Aber ich verstehe dein Problem. Es ist schwierig für dich; dann ist es nichts für dich. Sei nicht unnötigerweise besorgt deswegen. Schau dich nach etwas um, was für dich ist. Es gibt eintausend und ein Tor; um das Tor geht es nicht. Die wirkliche Frage ist, zu Gott zu gelangen; durch welches Tor du eintrittst, macht keinen Unterschied. Tritt ein – das ist bedeutungsvoll. Also laß Buddha dein Tor sein. Vielleicht ist das der Grund, warum die christliche Botschaft immer als weniger praktisch erschien, als beispielsweise die von Buddha.

Es kommt darauf an: Wenn du eine äußerst intellektuelle Person bist, wird dir Buddhas Weg als sehr praktisch erscheinen und der Weg Jesu als sehr unpraktisch. Wenn du ein liebevoller Mensch bist, wird Buddhas Weg unpraktisch und der Weg Jesu sehr praktisch aussehen. Es kommt darauf an. Es hängt mehr von dir ab, wie es aussieht. Wenn etwas zu dir paßt, ist es praktisch für dich. Wenn etwas nicht zu dir paßt, ist es unpraktisch. Und es besteht keine Notwendigkeit, am Unpraktischen festzuhalten.

Warum stellt man sich vor, daß Jesus von einer jungfräulichen Mutter geboren wurde?

Dabei gibt es einige Punkte zu verstehen. Zum einen, Jesus kann nur von einer jungfräulichen Frau geboren werden. Aber bedenke, Jungfräulichkeit hat nichts mit Keuschheit zu tun – zumindest für mich nicht. Jungfräulichkeit ist etwas vollkommen anderes; reduziere sie nicht auf Sex.

Sex kann jungfräulich sein, und Keuschheit mag nicht jungfräulich sein. Die Dinge sind sehr kompliziert. Wenn ein Mensch enthaltsam lebt und ununterbrochen an Sex denkt, ist er nicht jungfräulich. Andererseits, wenn ein Mann mit einer Frau schläft oder eine Frau mit einem Mann schläft und es dabei keinen Gedanken an Sex gibt, keine Sexualität im Kopf, keinen zerebralen Sex, dann ist es jungfräulich. Jungfräulich bedeutet rein, jungfräulich bedeutet nicht verunreinigt, jungfräulich bedeutet spontan, jungfräulich bedeutet einfach, unschuldig.

Sex ist also nicht das Problem, Sexualität ist das Problem.

Es gibt Menschen, die unaufhörlich an Sex denken. Und je mehr du versuchst, dir Enthaltsamkeit aufzuzwingen – du wirst ein Mönch oder eine Nonne – desto mehr denkst du an Sex. Tatsächlich denkst du dann an nichts anderes mehr als an Sex, denn das ist dein ausgehungerter Teil. Er revanchiert sich, er wird sehr aggressiv. Wieder und wieder kommt er, bläst sich auf, taucht auf in deinem Kopf. Und unaufhörlich verrichtest du deine Gebete, um ihn unterdrückt zu halten, und du tust dies und das, tausenderlei Dinge. Aber wann immer du zur Ruhe kommst, ist er da. Du gehst schlafen und da ist er. Er wird zu deinem Traum, er wird zu deiner Phantasie. Wenn du ihn zu sehr unterdrückst, dann beginnt er in verschiedenen Symbolen aufzutauchen. An der Oberfläche sind sie vielleicht nicht sexuell, aber tief in dir drinnen sind sie sexuell.

Sexualität bedeutet, daß Sex in den Kopf eingedrungen ist; aber warum ist der Sex eigentlich in den Kopf gekommen? Er dringt in den Kopf ein, wenn du ihn unterdrückst. Alles, was unterdrückt wird, dringt in den Kopf ein. Versuche es drei Tage lang: faste – und Speisen werden in deinem Kopf auftauchen. Nimm sieben Tage lang kein Bad – ich spreche nicht von Hippies; wenn du ein Hippie bist, dann wird das nicht genügen – nimm sieben Tage lang kein Bad und es wird in deinem Kopf auftauchen. Schlafe nicht während drei oder vier Tagen und das wird in deinem Kopf sein; und dann wirst du ununterbrochen ans Schlafen denken. Schlaf wird ständig kommen und gähnen. Egal was ausgehungert wird, es dringt dir in den Kopf ein. Und wenn dir etwas in den Kopf eindringt, wird dein ganzes Wesen davon verunreinigt.

Unter Jungfräulichkeit verstehe ich, daß Maria in einem äußerst nicht-sexuellen Zustand war. Sie muß eine sehr unschuldige Frau gewesen sein. Sie muß nicht an Sex gedacht haben; sie muß mit einem Mann geschlafen haben, aber dieser Akt war unschuldig. Es waren keine Vorstellungen damit verbunden, der Verstand hat sich nicht eingemischt. Es geschah vollständig unverdorben durch den Verstand, er hat sich nicht eingemischt. Das ist es, was wir im Tantra wirkliche Liebe nennen.

Was tust du üblicherweise? Du siehst eine Frau, eine schöne Frau und beginnst zu phantasieren. „Eine schöne Frau... wie kann ich sie in mein Bett bringen?" Jetzt beginnst du zu planen; du wirst ganz aufgewühlt und stellst Überlegungen bei dir an: „Wie soll ich mich ihr vorstellen, und wie kann ich es schaffen?" Nach außen zeigst du das nicht, aber im Innern geht es weiter: ein Spekulieren, ein Denken, ein Beabsichtigen, ein Planen. Und wenn du mit ihr sprichst, dann zeigst du keinerlei Anzeichen, daß du sexuell interessiert bist an ihr, denn sie könnte sich ja beleidigt fühlen. Es könnte von Anfang an falsch laufen. Du sprichst über anderes – über Poesie,

Literatur – und in Wirklichkeit bist du überhaupt nicht an Poesie und Literatur interessiert. Du bist damit beschäftigt, wie du mit ihr ins Bett springen kannst. Das ist es was du im Innern planst, aber an der Oberfläche täuschst du Kunstinteresse, Musikinteresse vor; du gibst dich begeistert von der Musik, die Ihr gerade spielt. Aber tief drinnen wartest du auf etwas ganz anderes. Das ist Nicht-Jungfräulichkeit.

Du triffst eine Frau und denkst überhaupt nicht an Sex. Nur pathologische Menschen denken an Sex, gesunde denken nicht an Sex. Es ist nicht nötig. Du genießt die Schönheit der Frau – ihr Gesicht, ihre Augen, ihre Formen; du bist einfach entzückt von ihrem Wesen. Dabei kommst du nicht auf den Gedanken, ihr irgend etwas anzutun, du kommst nicht auf den Gedanken, sie auszubeuten, nicht auf den Gedanken, sie zu besitzen. Du bist ungeheuer interessiert an ihr, aber zugleich sehr unschuldig. In deinem Verstand findet kein Planen statt, keine Zukunft – dann ist es eine jungfräuliche Beziehung. Und eines Tages kann Liebe geschehen. Eines Tages, während ihr Musik hört, miteinander tanzt, kann die Liebe von euch beiden Besitz ergreifen; ihr werdet miteinander schlafen. Aber selbst während ihr miteinander schlaft, gibt es keine Vorstellungen, keine Ideen, der Verstand mischt sich nicht ein; es geschieht unschuldig – losgelöst vom Verstand. Dann ist es eine jungfräuliche Beziehung.

Wenn ihr mich fragt, das ist es, was ich unter „jungfräulich" verstehe. Jesus kann nicht auf die Art geboren worden sein, wie die Christen es sagen – das ist absurd, dumm. Aber warum sagen sie, daß er von einer jungfräulichen Mutter geboren wurde. Sie sind zu besessen von Sex, und es scheint ihnen entwürdigend zu sein, daß Jesus aus Sex kommen sollte, aus einer ganz gewöhnlichen Liebesbeziehung. Das sieht für sie zutiefst beunruhigend aus. Ihr Gott, ihr Meister, ihr Retter... und er kommt auf ganz normale Art und

Weise durch Sex? Nein, das ist nicht möglich. Wenn Jesus durch Sex kommen kann, wie sollen sie dann den Sex verdammen? Wie sollen sie dann ihren Mönchen und ihren Nonnen sagen: „Haltet euch fern von Sex. Er ist schmutzig, er ist die größte Sünde, die es gibt?" Wenn sogar Jesus in die Welt tritt durch natürliche Liebe, dann wird es schwierig zu verdammen. Dann könnte eine Nonne sagen: „Wer weiß, vielleicht will Jesus durch mich kommen?" Oder ein Mönch könnte sagen: „Wer weiß? Auch Josef wußte es nicht. Wer weiß, vielleicht möchte Jesus durch mich kommen?"

Wenn Jesus durch die Liebe kommen kann, dann wird die Liebe erhöht, auf den Thron gehoben. Dann bekommt die Liebe einen großen Wert. Wenn Jesus durch die Liebe kommt, dann wird die Liebe einen Glanz erhalten, und das bereitet den pathologischen Leuten Schwierigkeiten. Sie verdammen den Sex, denn indem sie den Sex verdammen, können sie die Menschen zu fassen bekommen, können sie in ihnen Schuldgefühle erzeugen – das ist ihre Strategie. Erzeuge Schuldgefühle in den Menschen, und sie werden zu Sklaven und Dienern. Erzeuge Schuldgefühle in ihnen, und sie werden immerfort kriechen. Erzeuge Schuldgefühle in ihnen, und du kannst sie ausbeuten. Erzeuge Schuldgefühle in ihnen, und sie werden in die Kirchen gekrochen gekommen, in die Moscheen, in die Tempel, und sie werden niemals rebellisch werden. Sie werden so voll Angst sein – sie sind Sünder, sie müssen gerettet werden. Gib ihnen die Idee, daß sie Sünder sind, dann werden sie anfangen zu suchen und zu forschen, wie sie gerettet werden können. Und dann könnt ihr sie in der Kirche einfangen: „Dies ist der einzige Weg gerettet zu werden. Nur wer durch Jesus geht wird gerettet werden", so kannst du zu ihnen sprechen.

Je mehr sie zittern, je mehr Angst sie haben, je näher der Tod kommt, desto häufiger werden sie in die Kirche kommen, und desto mehr werden sie jeden Unsinn glauben, den du zu ihnen sagst.

Die Priester und die Politiker haben sich dessen bedient, um die Menschen auszubeuten, um die Menschen zu unterdrücken, um die Menschen zu tyrannisieren, um die Menschen zu beherrschen.

Sie können nicht sagen, daß Jesus durch gewöhnliche Liebe gekommen ist; sie wollen der Sache Besonderheit geben. Und diese Tendenz existiert in allen Religionen. Irgendwie wollen sie ihren Meister außergewöhnlich machen.

Die Jainas sagen, daß Mahavirs Schweiß nicht riecht – tatsächlich schwitzt er nicht einmal. Er hat keinen Stuhlgang, er ist kein gewöhnliches menschliches Wesen. Stuhlgang, Urinieren, das sind sehr gewöhnliche Dinge – Mahavira tut das nicht. Nun, das scheint der längste Fall in der ganzen Geschichte der Verstopfung zu sein: zweiundvierzig Jahre. Ich habe von dem Rekord gehört: der Rekord liegt bei einhundertzwölf Tagen. Der höchste Rekord, soweit er der medizinischen Wissenschaft bekannt ist, liegt bei einhundertzwölf Tagen. Ein Mann hat es so lange ausgehalten. Aber Mahavir? Zweiundvierzig Jahre! Mit Mahavir kannst du dich nicht messen. Also, das ist absurd, das ist idiotisch. Aber so geht's.

Jede Religion versucht aus ihrem Meister etwas Besonderes zu machen und die Meister sind die allergewöhnlichsten Menschen, denn sie sind Nicht-Egos.

Sie sind ganz einfache Leute. Aber damit hat das Ego des Schülers Schwierigkeiten; das Ego des Schülers will etwas finden, das seinen Meister besonders macht, so besonders, daß niemand sonst es für sich beanspruchen kann.

Die Christen haben es mittels dieser Idee der Jungfräulichkeit gefunden. Sie sagen, daß Jesus von der Jungfrau Maria geboren wurde, durch den Heiligen Geist. Aber warum kann der Heilige Geist nicht auf dem gewöhnlichen Weg kommen, über Josef – so wie er immer kommt? Warum hat er sich verirrt? Warum kam er vom rechten Wege ab?

Ich habe gehört...
Die Probleme der Welt lasteten schwer auf Gottes Schultern und er mußte gestehen, daß er dringend eine Ruhepause brauchte.
"Warum nimmst du nicht einen Kurzurlaub, Boss?", empfahl ihm der Erzengel Gabriel.
"Ja, aber wo?"
"Wie wäre es mit diesem kleinen Platz, der Erde? Du warst schon lange Zeit nicht mehr dort."
"Nein, nein. Das ist eine Welt für Klatschmäuler", erschauderte Gott. "Ich war vor etwa zweitausend Jahren dort und das genügt. Ich hatte eine Affäre mit einem kleinen jüdischen Mädchen, und die sprechen immer noch davon."

Die Christen sind besessen. Das ist ein ganz krankhafter Zustand.
Für mich bedeutet Jungfräulichkeit Unschuld. Und natürlich kann Jesus nur aus der Unschuld kommen. Solch eine Blume kann nur in Unschuld erblühen. Maria muß eine Jungfrau gewesen sein – eine Jungfrau in meinem Sinne. Sie muß reine Liebe gewesen sein. Sie muß so unschuldig gewesen sein, wie Tiere es sind. Sie muß ein vollkommenes Tier gewesen sein – das ist die Bedeutung von: "Wie eine Kuh." Schau in die Augen einer Kuh. So müssen die Augen Marias gewesen sein. Jesus kann nur durch solche Einfachheit, durch solche Unschuld kommen.

Wenn dich jemand tötet... was dann?

Dann tötet mich jemand, was soll's? Ich sehe darin kein Problem. Das Leben ist gut, und der Tod ist es ebenso. Alles ist gut, du brauchst nicht zu wählen. Wahl bringt Konflikt. Wenn du das Leben gegen den Tod wählst, schaffst du einen Zwiespalt in deinem Wesen. Wenn jemand mich tötet, dann tötet er mich eben. Da gibt es nichts hinzuzufügen.

Das Leben ist gut, genauso wird der Tod gut sein. Und der Tod wird kommen, ob jemand mich tötet oder nicht. Der Tod ist der Höhepunkt des Lebens, die Erfüllung des Lebens. Der Tod steht dem Leben nicht entgegen, der Tod ist das Crescendo, der höchste Gipfel des Lebens. Der Tod ist der größte Orgasmus. Deshalb sage ich, daß Jesus selbst am Kreuz gelacht hat. Er muß diesen ganzen Scherz genossen haben.

Warum hast du deinen Vortrag gestern so plötzlich abgebrochen? Ein heißes Date? Wie auch immer, ich bin gefangen von den Worten dieser Serie. Würdest du die Seligpreisung über diejenigen, die um der Gerechtigkeit willen verfolgt werden, erklären?

Es liegt nichts Esoterisches darin verborgen. Nur meine Blase hat geschmerzt. Ich bin kein Mahavir! Und sie schmerzt mich wieder, also werde ich deine Frage nicht beantworten.

Genug für heute.

Geh und versöhne dich zuerst

Matthäus 5

²³ Wenn du deine Opfergabe zum Altar bringst und dir dabei einfällt, daß dein Bruder etwas gegen dich hat,
²⁴ so laß deine Gabe dort vor dem Altar liegen; geh und versöhne dich zuerst mit deinem Bruder, dann komm und opfere deine Gabe.
²⁷ Ihr habt gehört, daß gesagt worden ist:
Du sollst nicht die Ehe brechen.
²⁸ Ich aber sage euch: Wer eine Frau auch nur lüstern ansieht, hat in seinem Herzen schon Ehebruch begangen.
²⁹ Wenn dich dein rechtes Auge zum Bösen verführt, dann reiß es aus und wirf es weg! Denn es ist besser für dich, daß eines deiner Glieder verlorengeht,
als daß dein ganzer Leib in die Hölle geworfen wird.
³⁸ Ihr habt gehört, daß gesagt worden ist:
Auge für Auge und Zahn für Zahn.
³⁹ Ich aber sage euch: Leistet dem, der euch etwas Böses antut, keinen Widerstand, sondern wenn dich einer auf die rechte Wange schlägt, dann halte ihm auch die linke hin.
⁴³ Ihr habt gehört, daß gesagt worden ist:
Du sollst deinen Nächsten lieben und deinen Feind hassen.
⁴⁴ Ich aber sage euch:
Liebt eure Feinde und betet für die, die euch verfolgen, damit ihr Söhne eures Vaters im Himmel werdet.
⁴⁵ Denn er läßt seine Sonne aufgehen über Bösen und Guten; und er läßt regnen über Gerechte und Ungerechte.
⁴⁶ Wenn ihr nämlich nur die liebt, die euch lieben, welchen Lohn könnt ihr dafür erwarten?
Tun das nicht auch die Zöllner?
⁴⁸ Ihr sollt also vollkommen sein,
wie es auch euer himmlischer Vater ist.

MOSES BRACHTE DAS GESETZ IN DIE WELT. Jesus bringt die Liebe. Moses ist eine unabdingbare Voraussetzung für das Kommen Jesu. Gesetz ist erzwungene Liebe; Liebe ist spontanes Gesetz. Gesetz ist außen, Liebe ist innen. Liebe kann nur geschehen, wenn eine bestimmte Ordnung, eine bestimmte Disziplin, ein bestimmtes Gesetz herrscht. Im Dschungel kann Liebe nicht bestehen.

Moses zivilisiert den Menschen, Jesus spiritualisiert ihn. Das ist der Grund, warum Jesus wieder und wieder sagt: „Ich bin nicht gekommen zu zerstören, sondern zu erfüllen."

Moses erläßt Gebote, Jesus gibt Einsichten in diese Gebote. Man kann die Gebote auf einer formalen, oberflächlichen Ebene befolgen. Man kann eine rechtschaffene Person werden, ein Puritaner, ein Moralist, und tief im Innern ändert sich gar nichts; alles bleibt beim alten. Die alte Dunkelheit bleibt bestehen, die alte Unbewußtheit bleibt bestehen. Nichts hat sich wirklich verändert; du hast lediglich deine Außenseite bemalt. Jetzt trägst du eine schöne Maske. Nichts ist falsch daran, eine schöne Maske zu tragen – wenn du ein häßliches Gesicht hast, ist es besser, es den anderen nicht zu zeigen. Warum so hart sein gegen die anderen? Wenn du ein häßliches Gesicht hast, dann trag eine Maske – wenigstens wird sie die anderen davor schützen, dich zu sehen. Aber die Maske kann an deinem häßlichen Gesicht nichts ändern.

Vergiß niemals auch nur für einen einzigen Moment, daß die Maske nicht dein Gesicht ist. Dein Gesicht mußt du verwandeln.

Moses gab der Gesellschaft eine sehr rohe Disziplin. Er konnte es nicht besser machen, es gab keinen anderen Weg. Das menschliche Bewußtsein existierte noch auf eine sehr primitive Art. Ein klein wenig Zivilisation war mehr als man erwarten konnte.

Aber Moses bereitete den Weg, und Jesus ist die Erfüllung. Was Moses begonnen hatte, führte Jesus zur Vollendung. Moses hat das

Fundament gesetzt, Jesus errichtet darauf den Tempel. Die Steine im Fundament müssen roh und unansehnlich sein. Nur auf solch rohen und häßlichen Steinen kann ein schöner Marmortempel erbaut werden.

Denk immer daran, daß Jesus nicht gegen Moses ist. Aber die Juden haben ihn mißverstanden, denn Moses spricht über das Gesetz, und Jesus spricht über Liebe.

Den Juden, besonders den Priestern, den Politikern, schien es so, als ob das Gesetz durch Jesus zerstört würde; deshalb waren sie so wütend. Und sie hatten auch recht damit. Das Gesetz mußte in gewissem Sinne zerstört werden, denn ein höheres Gesetz mußte an seine Stelle treten. Das niedrigere Gesetz würde gehen müssen. Das niedrigere muß vergehen, um dem höheren Platz zu machen.

Gesetz ist gebunden an Angst, Gesetz ist gebunden an Gier, Gesetz bestraft dich. Die zentrale Idee des Gesetzes ist Gerechtigkeit, aber Gerechtigkeit ist nicht ausreichend, denn Gerechtigkeit ist roh und hart, gewaltsam. Nur Mitgefühl kann deinem Sein erlauben sich voll zu entfalten, kann dir helfen zu deinem höchsten Gipfel zu gelangen, nicht Gerechtigkeit. Gesetz ist besser als Gesetzlosigkeit, aber verglichen mit Liebe ist das Gesetz als solches gesetzlos – verglichen mit Liebe. Es ist relativ, denn Gesetz hängt von den gleichen Übeln ab, die es bekämpft.

Jemand tötet, dann tötet ihn das Gesetz. Was man diesem Menschen jetzt antut ist das gleiche, was er jemand anderem angetan hat. Es ist nicht höher, obwohl es gerecht ist. Aber es ist nicht religiös, es trägt in sich keine Spiritualität; es ist mathematisch. Er hat jemanden getötet... das Gesetz tötet ihn. Aber wenn töten falsch ist, wie kann dann das Gesetz richtig sein? Wenn töten an sich falsch ist, dann ist das Gesetz sehr mangelhaft. Es hängt vom gleichen Übel ab, vergiß das nicht.

Als Jesus begann, von Liebe zu sprechen, da fürchteten sich die gesetzestreuen Menschen sehr, denn sie wußten, wenn das Gesetz fallengelassen würde, würde das versteckte Tier in ihnen ans Licht kommen und die ganze Gesellschaftsordnung niederreißen. Sie wußten, daß ihre Gesichter nur an der Oberfläche schön waren – tief drinnen war große Häßlichkeit. Und als Jesus sagte: „Laßt alle Masken fallen!", da fürchteten sie sich, sie wurden wütend. „Dieser Mann muß bestraft und vernichtet werden, bevor er die ganze Gesellschaft zerstört."

Aber sie mißverstanden ihn. Jesus sagte nicht nur: „Laßt die Masken fallen! Er sagte auch: „Ich habe euch eine Alchemie gebracht, so daß euer wirkliches Gesicht schön sein kann. Warum also die Maske tragen? Warum diese Belastung? Warum dieses falsche Plastikding? Ich kann euch ein höheres Gesetz geben, das nicht auf Angst beruht, das nicht von Gier abhängig ist, das keinen äußeren Zwang braucht, sondern es ersteht in deinem Wesen aus Verstehen heraus, nicht aus Angst."

Merkt euch, das ist der Unterschied: aus Angst entsteht Gesetz, aus Verstehen entsteht Liebe.

Moses ist die unabdingbare Voraussetzung, aber Moses muß auch gehen. Moses hat seine Arbeit getan: er hat den Boden bereitet. Mit dem Erscheinen von Jesus ist Moses' Aufgabe erfüllt.

Aber die Juden waren wütend. Es ist sehr schwierig für Menschen, sich von ihrer Vergangenheit zu lösen. Moses war zum zentralen Bezugspunkt für den jüdischen Verstand geworden. Die Juden dachten, Jesus wäre gegen Moses. Und dieses Mißverständnis blieb durch alle Zeiten hindurch bestehen.

In Indien dachten die Hindus, daß Buddha gegen die Veden wäre – das gleiche Problem, genau das gleiche. Buddha ist nicht gegen die Veden – in einem gewissen Sinne ja, aber nur in einem Sinne. Er holt etwas aus der Tiefe, und wenn dir diese Tiefe einmal zugänglich wird, brauchst du keine Veden mehr. Also sieht es so aus, als wäre er dagegen: er macht die Veden bedeutungslos. Und das ist auch die Absicht Jesu: Moses zu erfüllen und ihn dennoch bedeutungslos zu machen. Mit ihm kam das neue religiöse System.

Jesus war ein Mann der Liebe, er war von immenser Liebe. Er liebte diese Erde, er liebte den Geruch dieser Erde. Er liebte die Bäume, er liebte die Menschen, er liebte die Geschöpfe, denn das ist die einzige Art und Weise, den Schöpfer zu lieben. Wenn du das Gemälde nicht schätzt, wie kannst du dann den Maler schätzen? Wenn du Dichtung nicht schätzt, wie kannst du den Dichter schätzen?

Jesus ist sehr affirmativ, Ja-sagend; und er weiß um eine sehr bedeutende Tatsache, die er wieder und wieder in seinen Reden betont: daß Gott eine Abstraktion ist. Du kannst Gott nicht von Angesicht zu Angesicht gegenüberstehen. „Gott" ist ebensosehr eine Abstraktion, wie „Menschheit" eine Abstraktion ist. Immer wenn du jemandem begegnest, dann begegnest du einem Menschen, niemals der Menschheit. Du triffst diesen Menschen und jenen Menschen, aber niemals die Menschheit. Du begegnest immer dem Konkreten. Nie wirst du dem abstrakten Gott begegnen, denn er hat gar kein Gesicht. Er ist Gesichtslosigkeit. Du wirst nicht in der Lage sein, ihn zu erkennen. Also wo ihn finden?

Schau in jedes Auge, das dir begegnet, schau in jedes Wesen, das dir begegnet. Es ist Gott in seiner konkreten Form, Gott materialisiert. Alles hier ist eine Inkarnation Gottes – die Felsen und die Bäume und die Menschen und alles. Liebe diese Menschen, liebe diese Bäume, diese Sterne, und durch diese Liebe wirst du die ungeheure Größe des Seins zu fühlen beginnen. Aber du wirst durch das kleine Tor des einzelnen Wesens gehen müssen.

Jesus wurde in hohem Maße mißverstanden. Er wurde von den Juden mißverstanden, und er war der Höhepunkt ihrer Intelligenz, auf den sie seit Jahrhunderten gewartet hatten; als er kam, wurde er abgelehnt. Und dann wurde er von den Christen sogar noch mehr mißverstanden. Ein großer Ja-Sager wurde verkehrt in einen Nein-Sager. Die Christen haben Jesus als sehr traurig dargestellt, mit langem Gesicht, in großem Elend, als ob er gequält würde. Das ist falsch, das ist nicht die Wahrheit über Jesus; es kann nicht die Wahrheit über Jesus sein. Wer sonst würde lachen und wer sonst würde lieben und wer sonst würde feiern? Jesus ist ein Feiern des Seins, das höchste Feiern, das möglich ist. Halte das in Erinnerung, nur dann wirst du diese Sutren verstehen.

Eine ungeheuer schöne Anekdote:
Jesus hing am Kreuz, und unter ihm betete der heilige Patrick für seine Seele. Jesus rief dem heiligen Patrick zu: „Patrick, komm herauf zu mir, es gibt etwas, das ich dir sagen muß."
Patrick antwortete, ohne nach oben zu blicken: „Herr, ich kann nicht, ich bete gerade für deine Seele. Nee, nee ich kann nicht."
Jesus ruft etwas lauter und mit einer Spur von Dringlichkeit: „Patrick, hör um Gottes willen mit dem Unsinn auf, und komm herauf, es ist wichtig, was ich dir zu sagen habe."
„Nee, Herr, ich kann nich. Habe ich dir nich gesagt, daß ich gerade am beten bin für deine Seele?"
Jesus ruft noch einmal, fast schreiend: „Patrick, ich sage es jetzt zum letzten mal, komm hier herauf! Es ist höchst wichtig, du darfst es nicht verpassen."
Patrick läßt sich nun erweichen und murmelt: „Gottverdammt, dieser Mann ist ein Idiot! Nun will er, daß ich raufkomme, wo ich doch gerade so schön für seine Seele am beten bin." Er geht eine Leiter holen, lehnt die Leiter gegen das Kreuz und langsam, mit offensichlichem Widerstand, steigt er Sprosse für Sprosse hinauf, bis er oben ankommt.
„Also Meister, hier bin ich. Willste mir nu sagen, wases ist, wofür de mich has raufkommen lassen?" „Schau Patrick", sagt Jesus, „hinter

diesen Bäumen dort drüben kannst du unser Haus sehen."
Jesus hängt sterbend am Kreuz und er sagt: „Schau, hinter diesen Bäumen dort drüben kannst du unser Haus sehen."

Er liebte diese Erde. Das ist der einzige Weg, Gott zu lieben; es gibt keinen anderen Weg.

Wenn du das Leben verleugnest, dann verleugnest du damit zugleich Gott. Wenn du nein sagst zum Leben, hast du nein zu Gott gesagt, denn es ist Gottes Leben. Und denke daran, Gott hat keine eigenen Lippen; er küßt dich durch die Lippen eines anderen. Er hat keine Arme; er umarmt dich durch die Arme eines anderen. Er hat keine eigenen Augen, denn alle Augen gehören ihm; er sieht dich durch jemandes Augen an. Er sieht dich an durch jemandes Augen und er wird von deinen Augen gesehen und unaufhörlich sieht er auch durch deine Augen.

Die Quäker sagen richtig, daß Gott nichts anderes hat als dich; nur dich – das ist alles, was Gott hat. Diese Einsicht muß tief eindringen, nur dann wirst du in der Lage sein, die Worte Jesu zu verstehen; ansonsten wird dir ihr Sinn entgehen, so wie er den Christen jahrhundertelang entgangen ist. Laß das die Grundfeste werden, daß Gott Leben ist. Und dann werden die Dinge sehr sehr einfach werden. Dann wirst du die richtige Perspektive haben. Sag „Ja", und plötzlich fühlst du, wie eine Art Gebet in dir aufsteigt.

Hast du es versucht? Während du stillsitzt und nichts tust, beginne dich in einer Art von innerem Tanz hin und her zu wiegen und sage: „Ja, Ja..." Geh ganz hinein. Laß es tief aus deinem Herzen kommen. Laß es dein ganzes Wesen ergreifen. Laß es in deinem Herzschlag pochen, laß es in deinem Blut pulsieren. Laß es dich entflammen, dieses „Ja", und du wirst überrascht sein: zum erstenmal hast du einen Geschmack davon, was Gebet ist.

Das Wort „Ja" kann zu einem großen Mantra werden. Es ist ein

Mantra. Allein der Klang ist bejahend, allein der Klang schafft eine Bejahung in deinem Herzen.

Sage „Nein", versuche manchmal das krasse Gegenteil – während du stillsitzt, sage „Nein... Nein". Geh ins Nein. Laß dein ganzes Wesen „Nein" sagen und du wirst den Unterschied sehen. Wenn du „Nein" sagst, wirst du ärgerlich werden. Wenn du weiterhin „Nein" sagst, wirst du wütend werden. Wenn du fortfährst „Nein" zu sagen, wirst du fühlen, daß du vom Leben abgeschnitten bist, getrennt, isoliert, entfremdet – die Brücke ist verschwunden. Und besonders der moderne Verstand ist ein Nein-sagender Verstand.

Descartes, der französische Philosoph, hat gesagt: „cogito ergo sum." Ich denke, also bin ich. Der moderne Verstand sagt: „Ich sage Nein, also bin ich." Es ist ein Nein-sagender Verstand, fortwährend sagt er „Nein". Nein erzeugt das Ego; ohne Nein zu sagen, kannst du kein Ego kreieren. Du kannst das Ego nur erzeugen, indem du fortwährend „Nein" sagst.

Ego trennt, Ego macht dich unreligiös, denn Ego trennt dich vom Ganzen ab und du beginnst zu denken, du selbst seist ein Ganzes. Du vergißt, daß du in einer immensen Vielfalt lebst, daß du Teil bist eines weiten Universums, daß du keine Insel bist – kein Mensch ist eine Insel – wir alle sind Teil eines unendlichen Kontinents. Dein Jasagen bildet die Brücke mit dem Kontinent. Dein Ja-Sagen bildet die Brücke zu Gott. Sage öfter „Ja" und du wirst religiöser. Laß „Ja" deine Kirche sein, dein Tempel. Und Jesus ist ein Ja-Sager.

Sogar am Kreuz, sterbend, sagt er: „Schau, hinter diesen Bäumen dort drüben kannst du unser Haus sehen." Und das ist sein letzter Augenblick. Aber seine Liebe zur Existenz, zum Leben ist immer noch da, immer noch leuchtend.

Im letzten Augenblick betet er zu Gott: „Vater, vergib diesen Menschen, denn sie wissen nicht, was sie tun." Sie wußten ganz genau, was sie tun, sie wußten, daß sie töten. Aber das ist nicht der

Punkt. Wenn Jesus sagt: „Sie wissen nicht was sie tun", dann sagt er: „Sie schlafen so tief, sind so gefangen in ihrem Ego, sie haben ihre Augen verloren, Vater. Sie haben keinerlei Bewußtheit. Ich kann große Dunkelheit in ihren Herzen sehen; vergib ihnen, sie sind nicht verantwortlich."

Das ist die Stimme der Liebe. Er verdammt sie nicht. Normalerweise würde man beten: „Vernichte all diese Menschen, sie töten deinen eingeborenen Sohn, töte sie sofort, jetzt! Komm wie ein Donnerschlag, schütte Feuer über sie aus, und verbrenne sie hier und jetzt! Zeig ihnen, was sie deinem Sohn antun!" Das wäre vielleicht gerecht gewesen, aber es war nicht richtig für Jesus.

Jesus existiert nicht auf der Ebene der Gerechtigkeit, er existiert auf der Ebene des Mitgefühls. Mitgefühl vergibt, Gerechtigkeit bestraft. Und wenn du bestrafst, erzeugst du im Verstand des anderen großen Ärger. Er wird auf seine Zeit warten, um sich zu rächen, und zwar mit Zinsen. Nur Liebe schafft Versöhnung, denn Liebe erzeugt keine Ketten. Ärger, Angst, Gewalt, Aggression, Strafe, alles das schafft häßliche Ketten. Und so führt eine Sache in immer noch tiefere Dunkelheit, in noch tiefere Düsternis.

Jesus' ganze Botschaft ist „Ja." Er sagt „Ja" zu seinem eigenen Tod, nimmt ihn an, heißt ihn willkommen, denn das ist der Wille seines Gottes – „dann laß es so sein". Er entspannt da hinein. Du bist nicht einmal im Leben entspannt, und er entspannt sich sogar in seinen Tod hinein. Das war die letzte Probe, und er besteht sie siegreich.

Tod ist das einzige Kriterium, der einzige Prüfstein, an dem der Mensch wirklich erkannt wird – was er ist, aus welchem Stoff er gemacht ist.

Es ist sehr einfach, über Liebe zu sprechen, es ist aber schwierig, zu lieben – denn Liebe ist ein Kreuz. Es ist sehr einfach, über Mitgefühl zu sprechen, aber sich dem Mitgefühl zu verpflichten, heißt, alles zu verlieren.

Vor ein paar Tagen habe ich diese Anekdote gelesen:
Onkel Si und Tante Rosa waren schon sehr betagt, aber immer noch beteten sie jeden Abend. Ihr Gebet lautete: „Herr, wenn du bereit bist für uns, hol uns, wir sind bereit."
Eine Gruppe spielender Jungen hörte diese Gebete und sie beschlossen, sich einen Spaß zu machen. Sie stiegen aufs Hausdach und riefen mit tiefer Stimme in den Kamin hinunter: „Si, Si!"
Tante Rosa fragte: „Was willst du?"
Die Stimme antwortete: „Ich will Si."
„Wer bist du?"
„Ich bin vom Herrn gesandt und komme, um Si abzuholen."
„Nun, er ist nicht zu Hause, er ist ausgegangen."
„Dann muß ich dich mitnehmen, Tante Rosa, anstelle von Si, wenn er nicht da ist."
„Komm unterm Bett hervor, Si", sagte Tante Rosa in scharfem Ton, „du weißt, daß er weiß, daß du da bist."

Wenn der Tod kommt, dann vergißt man alles. Durch Jahre hindurch haben sie gebetet: „Herr, wir sind bereit, wann immer du bereit bist." Und jetzt, wo der Herr bereit ist, ist Tante Rosa nicht bereit zu gehen.

Ich habe eine alte Sufi Parabel gehört...
Ein alter Mann kam aus dem Wald, er war ein Holzfäller. Er trug eine große Ladung Holz und er war wirklich alt, siebzig, achtzig Jahre alt, und ermattet vom Leben. Und oft pflegte er zum Himmel gerichtet zu sagen: „Wo bist du, Tod? Warum kommst du nicht zu mir? Ich habe keine Lust mehr zu leben, ich schleppe mich nurmehr dahin. Willst du, daß ich mir selbst das Leben nehme? Das wäre eine Sünde. Warum kannst du nicht einfach kommen?"
Wieder und wieder betete er: „Tod, komm und nimm mich, ich bin

am Ende." Und tatsächlich, es gab nichts mehr, für das sich das Leben lohnte. Er war ein alter Mann, niemand kümmerte sich um ihn, er hatte auch kein Geld. Jeden Tag mußte er in den Wald gehen, Holz fällen und es verkaufen, um sich irgendwie Brot und Butter zu erwerben.
Aber eines Tages geschah es, daß der Tod vorbeikam. Wieder betete er; er warf seine Holzlast ab und rief zum Himmel gerichtet: „Tod, wo bist du? Zu jedem kommst du. Ich habe so viele Menschen sterben sehen, warum bist du nur so unfreundlich und kommst nicht zu mir? Komm, ich bin bereit!"
Und durch Zufall ging der Tod gerade vorbei, also kam er. Er erschien vor dem alten Holzfäller und sagte: „Nun, was willst du?"
Und dieser begann zu zittern und er sagte: „Nicht viel, es ist nur so, daß ich ein alter Mann bin und daß ich nicht mehr fähig bin, diese Last auf meinen Kopf zu heben, und niemand anders ist da, um mich zu unterstützen. Bitte, hilf mir nur, dieses Holz auf meinen Kopf zu laden. Danke!"

Und jahrelang hatte er um seinen Tod gebetet. Tatsächlich hatte er nicht um seinen Tod gebetet; er war sich dessen nicht bewußt, was er tat. Jesus ist vollkommen bewußt und trotzdem schwankt er einen Moment. Wie wird es erst gewöhnlichen Menschen ergehen? Einen Moment lang schwankt er am Kreuz und sagt zu Gott: „Warum hast du mich verlassen? Warum? Was habe ich Falsches getan? Warum bist du so weit weg? Warum wird mir das alles angetan?" Einen einzigen Moment lang schwankt er, wo er doch schon so weit gekommen ist. Also wie wird es erst gewöhnlichen Menschen ergehen?
Aber er sah den Punkt – er war ein Mensch mit Wahrnehmungskraft, mit tiefer Einsicht – er entspannte sich und sagte: „Dein Reich komme, dein Wille geschehe. Es geschehe, was immer du willst,

das geschehe." Er nahm sich selbst völlig hinweg. In diesem Moment starb Jesus und Christus war geboren. Für mich geschah in diesem Moment die Auferstehung, nicht nach der Kreuzigung. In diesem Moment geschah die Diskontinuität: Jesus verschwand. In dem Moment, als er sagte: „Dein Wille geschehe," – das ist der Tod Jesu, der Tod jeder Vorstellung von Selbst – in diesem Moment hörte Jesus auf zu sein; er wurde Christus.

Das ist die wirkliche Auferstehung. Die andere mag nur ein Gleichnis sein – bedeutungsvoll, aber nicht historisch; ein Mythos, schwanger mit Bedeutung, aber nicht tatsächlich. Aber dies sind die wirklichen Tatsachen. Nur einen Moment zuvor hatte er geschwankt, angstvoll, zitternd, und im nächsten Moment hat er sich beruhigt und entspannt. In dem Moment war er nicht mehr getrennt von Gott. Wenn dein Wille von Gott getrennt ist, bist du von Gott getrennt. Wenn dein Wille sich dem Willen Gottes ergeben hat, dann bist du nicht mehr getrennt; dann ist sein Wille der einzige Wille.

Diese Sutren:

Wenn du deine Opfergabe zum Altar bringst
und dir dabei einfällt,
daß dein Bruder etwas gegen dich hat,
so laß deine Gabe dort vor dem Altar liegen;
geh und versöhne dich zuerst mit deinem Bruder,
dann komm und opfere deine Gabe.

Jesus sagt: Wenn du mit Blumen zum Tempel kommst, mit Gaben, um zu beten, um dich Gott hinzugeben, und du erinnerst dich daran, daß jemand böse auf dich ist – du hast etwas angestellt, hast jemanden verärgert – dann ist es zuallererst notwendig, zurückzugehen und dich mit deinem Bruder zu versöhnen.

Alle hier sind Brüder, erinnere dich, denn da ist der eine Vater. Die Bäume sind deine Brüder. So hat der heilige Franz zu den Bäumen geredet: „Schwestern, Brüder." Die Fische, die Möwen, die Felsen, die Berge – alle sind sie deine Brüder, denn sie alle kommen von einer Quelle. Jesus sagt, wenn du nicht mit der Welt versöhnt bist, kannst du nicht kommen, um zu Gott zu beten. Wie kannst du zum Vater kommen, wenn du nicht einmal mit dem Bruder versöhnt bist? Und der Bruder ist konkret, und der Vater ist nur abstrakt. Der Bruder existiert, der Vater ist verborgen. Der Bruder ist offenbar, der Vater ist nicht offenbar.

Wie kannst du mit dem Nicht-Offenbaren versöhnt sein, wenn du nicht einmal mit dem Offenbaren versöhnt bist. Das ist ein bedeutungsvoller Satz. Nicht nur dein Bruder ist gemeint, nicht nur menschliche Wesen sind gemeint, die ganze Existenz ist gemeint; wo immer du beleidigend warst. Wenn du zu jemandem grausam warst...

Rinzai, ein großer Zen Meister, saß in seinem Schrein. Ein Mann kam, er schlug die Tür hart zu – er muß sehr wütend gewesen sein – er knallte die Tür. Er war schlechter Laune. Dann warf er seine Schuhe in die Ecke und kam herein.
Rinzai sagte: „Warte! Komm nicht herein! Zuerst bitte die Tür und deine Schuhe um Vergebung!"
Der Mann sagte: „Was redest du da? Ich habe schon gehört, daß diese Zen-Leute verrückt sind; aber es scheint wahr zu sein. Ich dachte, es sei nur ein Gerücht. Was redest du da für einen Unsinn? Warum sollte ich die Tür um Vergebung bitten? Und es sieht so peinlich aus... diese Schuhe gehören doch mir."
Daraufhin sagte Rinzai: „Verschwinde! Komm nie mehr hierher! Wenn du auf deine Schuhe wütend sein kannst, warum kannst du sie dann nicht um Vergebung bitten? Als du wütend warst, da hast

du nicht daran gedacht, wie idiotisch es ist, auf Schuhe wütend zu werden. Wenn du sie mit Wut behandeln kannst, warum dann nicht mit Liebe? Beziehung ist Beziehung. Wut ist Beziehung. Als du die Tür mit solcher Wut zugeschlagen hast, bist du eine Beziehung zu der Türe eingegangen; du hast dich falsch verhalten, unmoralisch. Und die Türe hat dir nichts getan. Geh also zuerst, sonst kommst du nicht herein."
Unter dem Eindruck von Rinzais Stille und diese Menschen, die dort saßen und dieser Präsenz... wie ein Blitz – der Mann verstand. Er verstand die Logik, es war so klar: „Wenn du wütend sein kannst, warum kannst du dann nicht liebevoll sein? Geh!"
Und er ging. Vielleicht war es das erste Mal in seinem ganzen Leben. Er berührte die Tür, und Tränen begannen ihm über die Wangen zu laufen; er konnte diese Tränen nicht zurückhalten. Und als er sich vor seinen eigenen Schuhen verneigte, da geschah ein großer Wandel in ihm. In diesem Moment drehte er sich um und ging auf Rinzai zu. Rinzai schloß ihn in seine Arme und nahm ihn auf. Das ist Versöhnung. Wie kannst du beten, wenn du unversöhnt bist? Wie kannst du zu einem Meister kommen, wenn du unversöhnt bist mit der Existenz?

Jesus sagt:

Wenn du deine Opfergabe zum Altar bringst
und dir dabei einfällt,
daß dein Bruder etwas gegen dich hat,
so laß deine Gabe dort...

Jetzt ist der Altar zweitrangig, das Gebet ist zweitrangig, denn jetzt bist du nicht in der Stimmung zu beten. Man muß sich das Beten verdienen. Indem du mit der Existenz versöhnt bist, verdienst du dir das Beten. Beten bedeutet nicht, daß du einfach nur in den Tempel gehst und es tust. Es ist nicht eine Art von Tun, es ist ein angestachelt werden zu einer Bewußtheit von ungeahnter Höhe. Aber das ist nur möglich, wenn du versöhnt bist, entspannt mit der Existenz.

Das ist nun etwas vollkommen anderes, als was die Christen Jahrhunderte hindurch getan haben. Sie sind nicht versöhnt. Sie sind nicht einmal mit ihrem eigenen Körper versöhnt – ganz zu schweigen von anderen. Sie sind nicht einmal mit ihrem eigenen Leben versöhnt. Sie tragen jede Menge Mißbilligung in sich. Mit dieser Mißbilligung, wie sollen sie da beten können? Ihr Gebet kann nur so lala sein, lauwarm; es wird sie nicht transformieren.

Gebet ist eine magische Formel, es ist ein Mantra, es ist eine Zauberformel. Du kannst nicht zu jeder Zeit, an jedem Platz beten. Dafür mußt du richtig gestimmt sein. Deshalb haben alle Religionen ganz bestimmte Momente ausgewählt – den frühen Morgen, wenn die Sonne gerade aufgeht, eine gute Gelegenheit, in Einklang mit der Existenz zu kommen. Die ganze Nacht hast du geschlafen, mindestens acht Stunden warst du nicht in der Welt. Mindestens acht Stunden warst du nicht im Geschäft, habt ihr euch nicht gegenseitig die Kehlen zugedrückt; mindestens acht Stunden warst du in einem entspannten Zustand, in tiefem Schlaf.

Wenn du am Morgen aufstehst, dann sind deine Augen klar und es gibt weniger Wolken in deinem Bewußtsein. Es herrscht eine Art von Unschuld – nicht nur in dir, sondern überall. Die Bäume sind unschuldig, auch sie haben geruht. Die Tautropfen an den Blättern sind unschuldig, der Himmel ist unschuldig, die Vögel sind unschuldig, und die Sonne geht auf... wieder ein neuer Tag. Mit großer Unschuld kommt alles zurück aus der ursprünglichen Quelle, erfrischt, verjüngt. Deshalb haben sich Religionen für *brahma muhurta* entschieden – den frühen Morgen, bevor die Sonne aufgeht. Denn mit der Sonne beginnen viele Dinge in dir zu erwachen, denn die Sonne hat große Energie. Wenn sie anfängt sich über dich zu ergießen erweckt sie all deine Tatkraft zum Leben, – dein Begehren, all deine Streitigkeiten. Wieder gehst du auf die Welt zu. So wurde also der Morgen gewählt, als der einfachste Punkt, von dem aus du dich auf die Existenz einstimmen kannst. Gebet kann nur geschehen, wenn du eingestimmt bist. Und Jesus sagt eine psychologisch sehr wichtige Sache. Wenn du dich daran erinnerst, vor dem Altar stehend, daß du jemanden verärgert hast und daß jemand deinetwegen eine Wunde in sich trägt – jemand ist verärgert – dann geh und hilf diesem Menschen zu heilen, bringt die Dinge zu einer Versöhnung.

Henry Thoreau lag im Sterben und seine alte Tante kam, um ihn zu sehen. Sie sagte: „Henry, bist du mit Gott versöhnt?" Und Henry öffnete die Augen und sagte: „Ich erinnere mich gar nicht, daß ich je Krach mit ihm hatte. Ich habe nie mit ihm gestritten."

Aber das können nur wenige Menschen von sich sagen. Henry Thoreau war sehr heilig.

Jeden Tag hast du Streit. Denk daran, egal mit wem du streitest, du streitest mit Gott, da nichts außer ihm existiert. Dein Leben ist ein einziger Streit. Und all die Streitereien sammeln sich in dir an, sie vergiften dein System, dein Wesen. Und eines Tages willst du dann beten, und das Gebet sieht so falsch aus auf deinen Lippen. Es kommt nicht, es paßt nicht. Es ist dir nicht möglich, unvermittelt zu beten; du wirst dich darauf vorbereiten müssen.

Jesus sagt, die erste Vorbereitung ist: Versöhne dich zuerst mit deinem Bruder. „Mit deinem Bruder" bedeutet mit allen Menschen, Tieren, Vögeln. Die ganze Existenz ist dein Bruder, denn wir kommen aus derselben Quelle, von einem Vater oder einer Mutter.

Diese ganze Vielheit kommt aus Einheit. Also bedenke, Gott

kann nur in den Geschöpfen geliebt werden; du wirst niemals Gott treffen, du wirst immer nur auf Menschen treffen. Wenn du einmal damit angefangen hast, Gott im Menschen zu lieben, dann kannst du noch tiefer gehen, du kannst Gott in den Tieren lieben. Und dann noch tiefer – du kannst Gott in den Bäumen lieben; dann noch tiefer – du kannst Gott in den Bergen, in den Felsen lieben. Und wenn du gelernt hast, Gott in all seinen Formen zu lieben, erst dann ist deine Liebe in Gebet verwandelt.

Für mich sind diese drei Worte sehr bedeutsam: Sex, Liebe und Gebet. Sex ist eine Versöhnung zwischen deinem Körper und anderen Körpern. Laß es mich wiederholen: Sex ist eine Versöhnung zwischen deinem Körper und anderen Körpern. Deshalb ist Sex so befriedigend, deshalb bringt er dir so viel Erregung, so viel Reiz, so viel Entspannung, so viel Ruhe. Aber Sex ist die niedrigste Form der Versöhnung. Wenn du keine höhere kennst, dann ist das in Ordnung. Aber damit lebst du in deinem Haus, ohne zu wissen, daß es noch viele andere Räume hat. Du lebst nur in einer dunklen Zelle und glaubst, das sei alles – und dabei gibt es so viele schöne Räume in deinem Haus. Aber du bleibst ein Bettler, denn du bleibst im Körper. Der Körper ist nur die Vorhalle, die Vorhalle deines Palastes.

Aber Sex gibt dir Freude, denn es ist eine Versöhnung zwischen zwei stofflichen Körpern. Zwei Körper vibrieren zu einer Melodie; es ist ein Gesang, ein körperlicher Gesang. Poesie entsteht zwischen den Energien der beiden Körper; sie tanzen miteinander Hand in Hand, sie umarmen einander, verlieren sich ineinander. Für einige Momente geschieht Ekstase, dann vergeht sie, denn Körper können nicht miteinander verschmelzen – dafür sind sie zu massiv.

Das zweite ist Liebe. Liebe ist Versöhnung zwischen zwei Persönlichkeiten, zwei psychologischen Energien. Liebe ist höher, tiefer, größer. Wenn du eine Person lieben kannst, wirst du erleben, wie der Sex Schritt für Schritt zwischen euch verschwindet. Westliche

Menschen haben große Angst vor diesem Phänomen. Jeden Tag kommt das eine oder andere Liebespaar zu mir und fragt: „Was geschieht nur mit uns? Wir sind liebevoller geworden, aber warum verschwindet der Sex?" Sie haben nämlich gelernt, daß Sex und Liebe gleichbedeutend sind. Das ist nicht richtig. Und sie haben gelernt, je mehr man eine Person liebt, desto stärker ist man in Sex verwickelt. Genau das Gegenteil ist der Fall.

Wenn du einen Menschen mehr liebst, wird der Sex zu verschwinden beginnen, denn du erfährst eine höhere Form von Versöhnung. Wen kümmert da das Niedrigere? Das Höhere ist befriedigender, bringt größere Zufriedenheit und eine länger anhaltende Freude.

Und das dritte Stadium der Liebesenergie ist das Gebet. Es ist die Versöhnung deiner Seele mit der Seele der Existenz. Das ist die höchste Form der Versöhnung, darüber hinaus gibt es nichts. Wenn das geschieht, dann verschwindet auch die sogenannte Liebe – genauso wie der Sex in der Liebe verschwindet.

Und damit verurteile ich den Sex nicht, nichts ist falsch daran, er ist vollkommen schön, gesund, wo er hingehört; aber wenn die höhere Energie kommt, dann beginnt die niedrigere zu verschwinden. Es besteht keine Notwendigkeit mehr, ihre Arbeit ist getan.

Es ist wie mit einem Kind, das im Bauch der Mutter neun Monate lang gewachsen ist; jetzt ist es bereit, den Bauch zu verlassen. Diese neun Monate... wunderschön. Es wird der Mutter sein ganzes Leben lang dankbar sein dafür; diese Schuld kann es nie zurückzahlen. Aber jetzt ist es bereit, den Bauch zu verlassen. Der kann es nicht länger halten; das Kind fängt an größer zu werden als der Bauch.

Genauso geschieht es. Wenn du wirklich tief in den Sex gehst, dann kommt ein Moment, in dem deine Liebe größer ist, als der Sex halten kann. Dann beginnst du überzufließen, du gehst höher und bald bist du aus dem Sex heraus. Eines Tages geschieht das gleiche noch einmal: wenn die Liebe zu groß ist, beginnst du überzufließen ins Gebet, und dann verschwindet die Liebe.

Über Jesus wird ein sehr sehr schönes Gleichnis erzählt, meditiere darüber. Es ist eine merkwürdige Episode.

Jesus fragt Petrus dreimal: „Liebst du mich?" und Petrus bejaht das mit zunehmendem Ernst. Was ist die Bedeutung dieser scheinbar sinnlosen Wiederholung? Warum dreimal? Einmal ist doch genug. Du fragst jemanden: „Liebst du mich?" und er sagt ja oder nein, und damit ist die Sache erledigt. Warum es dreimal wiederholen?

Als erstes, drei ist das Symbol für die drei Ebenen: Sex, Liebe, Gebet. Tatsächlich sind die drei Fragen im Original nicht identisch, aber Englisch ist eine arme Sprache – arm im Vergleich zu jeder alten Sprache, denn Englisch ist wissenschaftlicher, mathematischer. Die alten Sprachen waren nicht wissenschaftlich, nicht mathematisch. Das war ihre Schönheit, sie waren poetisch. Also gab es viele Bedeutungen für ein einziges Wort, und es gab auch viele Worte mit gleicher Bedeutung; die alten Sprachen waren flüssiger, es gab mehr Möglichkeiten. Man kann nicht sagen, daß die drei Fragen im Original identisch waren, sie sind es nicht.

Jesus hat zwei verschiedene Worte für Liebe benutzt. In seiner ursprünglichen Frage benutzt Christus das Wort *agapao*, was einen Zustand von Liebe bedeutet, nicht eine Beziehung. Wenn Jesus fragt: „Liebst du mich?" sagt er: „Bist du in Gebet mit mir?" Er fragt nach dem Höchsten. Der Unterschied muß verstanden werden.

Eine Beziehung ist eine niedrigere Stufe. Die höchste Stufe der Liebe ist überhaupt keine Beziehung, es ist einfach ein Zustand des Seins. Genauso wie Bäume grün sind, liebt ein Liebender. Sie sind nicht grün für eine bestimmte Person; es ist nicht so, daß, wenn du kommst, sie grün werden. Die Blume verbreitet ihren Duft, egal ob jemand kommt oder nicht, ob es jemand würdigt oder nicht. Die Blume verbreitet nicht erst dann ihren Duft, wenn ein großer

Dichter vorbeikommt... „Dieser Mann wird es schätzen, dieser Mann ist in der Lage zu verstehen, wer ich bin." Und sie schließt auch nicht ihre Tore, wenn sie sieht, daß ein dummer, idiotischer Mensch des Weges kommt, unsensibel und stumpf, ein Politiker oder etwas ähnliches. Sie verschließt sich nicht: „Was soll's, warum Perlen vor die Säue werfen?" Nein, die Blume verbreitet ihren Duft; es ist ein Zustand, keine Beziehung.

Als Jesus zum ersten Mal fragt: „Liebst du mich, Petrus?" benutzt er das Wort agapao; es bedeutet: „Bist du in einem Zustand der Liebe mit mir?" Jesus meint: „Ist deine Liebe zu mir zur Liebe zum Ganzen geworden? Bin ich zum Tor für das Ganze, für das Göttliche geworden? Liebst du mich nicht nur als Person, sondern als Stellvertreter Gottes? Siehst du meinen Vater in mir? Kannst du Gott selbst in mir sehen?" Das ist die Bedeutung von *agapao*; es schließt Gebet ein, Mitgefühl.

Mitgefühl (engl. compassion) ist ein schönes Wort. Es kommt von derselben Wurzel wie das Wort Leidenschaft (engl. passion). Wann wird Leidenschaft zu Mitgefühl? Leidenschaft ist eine Beziehung, sie ist ein Begehren danach, sich zu beziehen, sie deutet auf einen Mangel hin; sie schafft Abhängigkeit, Fesseln, und alle Arten von Elend folgen ihr auf dem Fuße. Mitgefühl ist dieselbe Energie, aber es ist nicht mehr der Wunsch damit verbunden, sich zu beziehen. Nicht, daß Mitgefühl sich nicht bezieht, aber das Begehren ist vorüber.

Mitgefühl ist ein Zustand, in dem du allein und zugleich vollkommen glücklich, absolut glücklich sein kannst; du kannst mit Menschen glücklich sein, und du kannst alleine glücklich sein – dann hast du den Zustand des Mitgefühls erreicht. Aber wenn du alleine nicht glücklich sein kannst, wenn du nur mit jemandem zusammen glücklich sein kannst, dann ist es Leidenschaft, dann bist du abhängig. Und natürlich wirst du dann ärgerlich sein auf die

Person, ohne die du nicht glücklich sein kannst. Du wirst böse sein – deshalb sind Liebende ärgerlich miteinander, ständig ärgerlich – denn niemand kann die Abhängigkeit ertragen.

Freiheit ist der höchste Wert der menschlichen Seele; deshalb haßt du alles, was deine Freiheit vermindert, was eine Beschränkung um dich herum schafft. Deshalb hassen sich Liebende zugleich auch immer. Und die Psychologen haben herausgefunden, daß eine Liebesbeziehung nicht einfach eine Liebesbeziehung ist. Jetzt nennen sie es „Liebe-Haß Beziehung", denn Haß ist auch immer da, warum es also nur Liebe nennen?

Zwischen Freund und Feind ist kein großer Unterschied. Mit dem Freund ist deine Beziehung Liebeshaß, und mit dem Feind ist deine Beziehung Haßliebe. Das ist der einzige Unterschied, nur ein Unterschied in der Gewichtung. Obenauf die Liebe und dahinter versteckt sich der Haß: das ist Freundschaft. Obenauf der Haß und dahinter versteckt sich die Liebe: das ist Feindschaft. Beobachte es, schau es dir an.

Mitgefühl bedeutet, du bist über die Notwendigkeit hinausgegangen von jemandem abhängig zu sein. Jetzt kannst du teilen. Jetzt kannst du teilen, denn du bist nicht bedürftig. Du kannst nur teilen, wenn du nicht brauchst, du kannst nur geben.

Bettler können keine Geber sein; wenn du dich danach sehnst, daß dir jemand Liebe geben soll, wie kannst du dann geben? Du kannst höchstens so tun als ob. Und genau das gleiche ist der Fall auf der anderen Seite. Auch der andere tut so, als ob er oder sie dich liebt, damit du ihn liebst. Beide betrügen sich gegenseitig, deshalb können die Flitterwochen nicht sehr lange dauern. Wie lange könnt ihr euch täuschen, wie lange? Je intelligenter du bist, desto kürzer dauern die Flitterwochen. Wenn du wirklich intelligent bist, dann ist die erste Nacht genug, du bist am Ende. Du wirst es ganz und gar durchschauen, daß du ein Bettler bist und sie ein Bettler ist und daß beide Bettler darum betteln, vom anderen erfüllt zu werden. Und dabei haben sie nichts, sie tun nur so als ob – leere Versprechungen. Diese Versprechungen werden nur gemacht, um etwas zu bekommen. Aber niemand hat etwas, also kann niemand etwas bekommen; und früher oder später beginnt man, die Vortäuschungen zu durchschauen. Dann ist die Ehefrau ärgerlich, denn sie wurde betrogen, und der Ehemann ist auch ärgerlich, denn er wurde betrogen. Und niemand hat wirklich betrogen.

Bettler können keine Geber sein, und du kannst nur teilen, wenn du hast. Mitgefühl kann man teilen, denn man fließt über davon, wie eine Wolke voller Regenwasser, bereit sich zu ergießen.

Also zuerst fragt Jesus: „Liebst du mich?" Er benutzt das Wort *agapao*. *Agapao* ist Mitgefühl, *agapao* ist bewußte Liebe, Liebe durch Verstehen, nicht Liebe durch Verstrickung, Liebe durch Wachheit, nicht ein unbewußtes Gefallen finden, weil dir die Figur der Frau gefällt oder weil dir die Nase des Mannes gefällt oder dir gefällt die Haarfarbe oder die Augen. Das alles sind alberne Dinge; wie kann Liebe durch diese Dinge geschehen?

Liebe ist nicht Gefallen finden, sie ist verstehen. Sie ist nicht emotional. Wenn sie von ungeheurer Intelligenz ist, wenn sie Mitgefühl hat, dann – in dieser Intensität des Mitgefühls – geschieht *agapao*.

In seiner Antwort benutzt Petrus das Wort *philo*. Petrus sagt: „Ja Herr, ich liebe dich." Aber er benutzt ein anderes Wort, nicht *agapao* sondern *philo*; das gleiche Wort, das in „Philosophie" oder „Philantrop" vorkommt. *Philo* hat die Qualität persönlicher Zuneigung, es bedeutet Beziehung, nicht einen Zustand. *Philo* ist nicht bewußte, sondern unbewußte Liebe. Man steigt auf in *agapao*, und man fällt in *philo*. Deshalb sagen wir: sich verlieben. (engl. to fall in love, wörtlich: in Liebe fallen). Du stolperst hinein, du gehst darin unter, du fällst dadurch in eine dunkle Grube. *Philo* ist unbewußt, es erwächst nicht aus Wachheit, Bewußtheit, Verstehen, Beobachtung;

es kommt nicht aus einer integren Seele, nicht aus Individualität. Vielmehr entspringt es versteckten Impulsen, Instinkten, Verblendung – es ist Lust.

Noch einmal stellt Jesus die Frage und gebraucht wieder das Wort *agapao*. Der Meister hört nicht auf, auf ihn einzuhämmern. Petrus aber hat es nicht verstanden, und dabei war es so einfach.

Aber auch du gehst am Weg vorbei, vergiß das nicht.

Petrus ist es nicht bewußt, daß Jesus ein bestimmtes Wort benutzt und er mit einem anderen antwortet; es ist einfach ein unbewußter Vorgang. Jesus muß noch einmal fragen. Noch einmal benutzt er das Wort *agapao*, so daß Petrus es hören kann, vielleicht hört er es jetzt. Aber Petrus' Antwort ist wieder auf der persönlichen Ebene; tatsächlich wird er ein bißchen ärgerlich. Er muß wohl denken: „Was glaubt Jesus denn von mir, daß ich dumm bin oder was? Ich habe doch gesagt, ich liebe dich und jetzt stellt er mir schon wieder dieselbe Frage." Er muß ein bißchen ärgerlich geworden sein. Aber wieder benutzt er das Wort *philo*. In Ärger wirst du sogar noch unbewußter. Jetzt kann er schon gar nicht hören, was Jesus sagt, er kann nicht sehen, wer Jesus ist. Daß die Frage noch einmal gestellt wurde, hat ihn verstört. Und wieder verpaßt er die Gelegenheit.

Bei dritten Mal akzeptiert Jesus Petrus' Mangel an Bewußtheit und benutzt selbst das Wort *philo*. Warum? Weil Jesus sieht, daß Petrus diesen Zustand nicht verstehen kann, er hat nie auch nur einen Geschmack davon gehabt, es geht über ihn hinaus.

Wenn der Meister sieht, daß du nicht zu ihm kommen kannst, dann muß er zu dir kommen. Wenn er dich immer wieder ruft, laut ruft, und du kommst nicht, dann steigt er in deine Dunkelheit hinab, um deine Hand zu halten und dich von dort aus zu begleiten.

Beim dritten Mal, bedient Jesus sich des Wortes *philo* und Petrus, verletzt von dessen Beharrlichkeit, beteuert seine Liebe noch ernsthafter; er muß noch ärgerlicher geworden sein. „Warum hört Jesus nicht auf zu fragen, wenn ich schon längst geantwortet habe? Bezweifelt er meine Liebe?" All diese Fragen müssen in ihm aufgetaucht sein. Und wieder verpaßt er es.

Sogar das Wort *philo* – Jesus ist seinem Verständnis so nahe gekommen, und doch... Jetzt ist er ärgerlich, und Jesus steht ihm zur Seite, hält ihm die Hand, aber Petrus kann nicht sehen. Er erklärt weiterhin: „Ich liebe dich", aber diese Erklärung ist seine egoistische Erklärung. Christus sagt milde: „Geh und hüte meine Schafe."

„Es hat keinen Sinn", sagt Jesus, „ich muß auf ein anderes Mal warten. Jetzt ist nichts zu machen." Manchmal muß der Meister über Jahre hin warten. Und der Schüler will einerseits, daß es geschieht, und andererseits schafft er alle Arten von Hindernissen und Blockaden. Aber auch das ist natürlich, denn wie könntest du mehr von einem unbewußten Verstand erwarten. Von einem Verstand, der nicht erfahren hat, was Bewußtsein wirklich bedeutet, der in einem dunklen Verlies lebt und noch nie das Licht gesehen hat? Und dabei redest du ständig von Liebe und Licht. Voll Mitgefühl sagt Jesus: „In Ordnung Petrus, also geh und hüte meine Schafe. Vergiß es einfach. Jetzt ist gerade nicht die richtige Zeit. Ich hätte dich gar nicht erst fragen sollen, ich werde warten müssen."

Maurice Nicoll, einer der Schüler von Georg Gurdjieff, und einer der bedeutendsten Schüler, sagt: „Sowie wir aufhören, uns selbst zu erfinden, hören wir auch auf, andere Menschen zu erfinden. Wir beginnen, eine gemeinsame Existenz zu fühlen, die ohne Leidenschaft ist und die einfach ist, was sie ist, ohne weitere Definition."

Wenn du damit Schluß machst, dich zu erfinden – dein Ego ist deine Erfindung – wenn du aufhörst, eine falsche, eine Pseudo-Persönlichkeit um dich herum zu schaffen, wenn du einfach beginnst zu sein, was auch immer du bist, wenn du anfängst, dich in die Existenz hinein zu entspannen...

„Sowie wir aufhören, uns selbst zu erfinden, hören wir auch auf, andere Menschen zu erfinden." Beides geht Hand in Hand. Wenn du dich selber erfindest, erfindest du auch andere. Immer wieder erschaffst du ein sehr schönes Bild von dir, und gleichermaßen erschaffst du dir Bilder von anderen Menschen. Weder ist die Vorstellung von dir selbst wahr, noch ist deine Vorstellung von anderen Menschen wahr. So lebst du in einer Art Illusion und immer wieder bist du frustriert, denn nichts geschieht entsprechend deiner Vorstellung. Es kann nicht geschehen, deine Vorstellung ist nur deine Erfindung, sie ist nicht die Wahrheit.

Maurice Nicoll hat recht. Er sagt, wenn wir aufhören, uns zu erfinden, hören wir auch auf, andere zu erfinden, und dann gibt es plötzlich einen gemeinsamen Boden, eine gemeinsame Existenz. Die Leidenschaft verschwindet, und sobald die Leidenschaft verschwindet, zeigt sich Mitgefühl.

Die Bedeutung des Wortes „Mitgefühl" ist, daß man eine so intensive Leidenschaft hat, daß die Leidenschaft selbst in dieser Intensität verbrennt. Sie ist so heftig, daß sie sich selbst verbrennt und in Feuer auflöst – im Feuer ihrer eigenen Intensität. Dann erscheint eine vollkommen andere Art von Liebe: Mitgefühl. Unaufhörlich strömt es von dir aus, in kleinen Wellen Tag und Nacht, jahrein, jahraus. Und wer auch immer bereit ist teilzunehmen, kann teilnehmen; und wer immer bereit ist zu empfangen und es in sich aufzunehmen, kann es aufnehmen und davon erfüllt werden.

Dann fließt es für alle, für alle Dinge. Im Feuer der Leidenschaft wird das Mitgefühl geboren. Aus Leidenschaft heraus wird das Mitgefühl geboren. Sex kann nicht Liebe umfassen, Liebe kann nicht Gebet umfassen. Aber Liebe existiert im Sex, wie ein Kind im Mutterschoß oder ein Vogel im Ei existiert – das Ei schützt ihn eine Zeitlang, dann ist es ihm im Weg. Dann muß das Ei zerbrochen werden, dann kommt der Vogel heraus und fliegt in den Himmel.

Sex ist ein Ei, in dem der Vogel der Liebe wächst. Dann ist der Vogel selbst – die Liebe – ein anderes Ei, in dem Gebet wächst. Und wenn das Gebet bis zum Äußersten gewachsen ist, dann ist nur Gott, du bist nicht mehr. Dann bist du, wo auch immer du bist, im Tempel. Dann bist du, wer auch immer du bist, in äußerster Seligkeit. Das ist die Bedeutung von „Himmel", das ist die Bedeutung von „Königreich Gottes."

Deshalb sagt Jesus: „Zuerst geh und versöhne dich mit deinem Bruder, versöhne dich mit der Schöpfung".

Ihr habt gehört, daß gesagt worden ist:
Du sollst nicht die Ehe brechen.
Ich aber sage euch:
Wer eine Frau auch nur lüstern ansieht,
hat in seinem Herzen schon Ehebruch begangen.

Die Frage ist nicht, ob ich eine Tat begangen habe, die Frage ist, ob ich sie gedacht habe. Das ist der Unterschied zwischen Verbrechen und Sünde. Verbrechen ist eine Tat, die du begangen hast, Sünde ist jenes Verbrechen, das du lediglich gedacht hast. Verbrechen ist jene Sünde, die in der Welt der Dinge begangen wurde; du hast es getan, du hast es der Welt gezeigt. Sünde ist jenes Verbrechen, das du in dir selbst nährst.

Jesus sagt: „Wenn deine Gedanken voll von Lust sind, hast du bereits Ehebruch begangen." Das Gesetz Moses besagt: Du sollst nicht die Ehe brechen! Das ist eins der zehn Gebote. Aber es hält dich nur von der Tat ab und sagt nichts über deine Gedanken. Es schreibt dir nur vor, wie du mit Menschen umgehen sollst, und es sagt nichts darüber, was in deinen Träumen vorgeht.

Jesus sagt: das wird dich nicht transformieren; an der Oberfläche kannst du vollkommen moralisch sein und tief drinnen trägst du all die Schlangen und all die Skorpione und all das Gift der ganzen Welt. Das wirkliche Problem ist in dir. Was meint er? Meint er: schau nicht eine schöne Frau an!? Das ist nicht möglich. Das kann er nicht meinen, denn wenn er sagt: „Schau auf die Lilien auf dem Felde...", wie kann er dann sagen: schau nicht auf eine schöne Frau! Wenn Lilien schön sind, warum dann nicht auch eine schöne Frau oder ein schöner Mann? Wenn Lilien Gott und seine Schönheit repräsentieren, dann repräsentiert der Mann Gott auf einer höheren Ebene; die Frau repräsentiert das schönste Phänomen der Erde. Das kann Jesus nicht meinen. Also was sagt er? Versuche es zu verstehen.

Du siehst eine schöne Frau. Wenn du ihre Schönheit genießt, ihre Gestalt, die Art, wie sie geht, die Anmut, die sie umgibt – du bist einfach erregt von großer Ehrfurcht, du bist begeistert von Gottes Schönheit in ihr – da ist keine Lust. Lust kommt erst dazu, wenn du eine schöne Frau siehst und sofort anfängst zu denken: „Wie kann ich sie besitzen?"

Der Gedanke ist der Übeltäter, das Begehren ist der Übeltäter. Sobald der Gedanke auftaucht: „Wie kann ich sie besitzen? Wie kann ich sie kriegen? Wie kann ich sie einem anderen wegschnappen?", bist du häßlich geworden.

Gewalt kommt ins Spiel. Weißt du, woher das Wort Gewalt (engl. violence) kommt? Es kommt von der gleichen Wurzel wie das Wort Vergewaltigung. (engl. violation). In dem Moment, in dem du an Besitz denkst, hast du ein subtiles Gesetz Gottes vergewaltigt. Es ist eine Entheiligung. Die Schönheit war immens, aber du hast sie in den Schmutz gezogen: du hast begonnen darüber nachzudenken, wie du sie benutzen könntest. Es ist so, wie wenn du eine Blume siehst und du beginnst zu denken: „Wie kann ich sie pflücken?" „Wie kann ich sie stehlen?", oder „Wie kann ich sie an mich bringen und sie auf dem Markt verkaufen." Das ist Verletzung, das ist Schändung, deshalb ist es Gewalt.

Wenn Lust aufsteigt – die Begierde zu besitzen und auszubeuten – dann ist die Schönheit verloren. Dann hast du die Frau bereits häßlich gemacht in deinem Herzen. Es war so rein, es war so schön, es war solch eine Pracht zu sehen. Jetzt hast du alles zerstört; statt zu genießen, statt hingerissen zu sein, statt dich darüber zu freuen, machst du dir Sorgen: was gilt es jetzt zu tun? – denn sie gehört einem anderen, sie ist die Ehefrau eines anderen Mannes. Jetzt bist du beunruhigt. Und du beginnst zu denken: „Wie kann ich sie ihm nur ausspannen, was gilt es zu tun?" Damit gehst du völlig an der Sache vorbei. Durch ihre Schönheit wurde ein Tor geöffnet. Du bist daran vorbeigegangen; du hast es dir verdorben. Das ist Ehebruch.

Jesus sagt nicht: „Werde unsensibel für Schönheit." Das kann er nicht sagen – ich verbürge mich dafür, das kann er nicht sagen – ungeachtet dessen, was das Christentum die Menschheit gelehrt hat. Er ist ein Mann von ungeheurer Feinfühligkeit, von großer Liebe. Wie könnte er der Schönheit gegenüber unempfindlich sein. Er sagt einfach: „Begehre nicht, erfreue dich."

Und es gibt keine Notwendigkeit, sich dadurch an etwas zu erfreuen, daß man es besitzt. Tatsächlich, wie kannst du dich an etwas erfreuen, sobald du es besitzt. Durch genau dieses Besitzen wird die Schönheit zerstört. Du hast es vergiftet, du hast es verdorben. Das ist Ehebruch.

Wenn dich dein rechtes Auge zum Bösen verführt,
dann reiß es aus und wirf es weg!
Denn es ist besser für dich, daß eines deiner Glieder verlorengeht,
als daß dein ganzer Leib in die Hölle geworfen wird.

Diese Worte sind von neurotischen Menschen durch die Jahrhunderte hindurch mißverstanden worden. Es hat Leute gegeben, die haben sich die Sexualorgane abgeschnitten – christliche Heilige.

Es hat Leute gegeben, die haben sich dieser Aussage folgend die Augen ausgerissen. Der Mensch scheint so dumm zu sein. Aber diese Leute wurden gepriesen und geachtet; sie wurden als Heilige verehrt. Das waren einfach Neurotiker, hysterische, äußerst dumme Menschen. Das ist nicht der Sinn. Es ist einfach eine Art zu sagen, daß der Teil für das Ganze geopfert werden soll. Das Ganze kann nicht für den Teil geopfert werden – das ist alles. Es ist einfach eine Art zu sagen, daß wenn du erkennst, daß irgendein Teil deines Wesens zwischen dir und dem Ganzen Störung schafft, muß er geopfert werden. Und, soweit ich weiß, ist jeder Teil, der vorgibt das Ganze zu sein, eine Störung. Nur dein Verstand täuscht vor: „Ich bin das Ganze, ich genüge mir selbst."

Der Verstand ist der einzige, der diesen Anspruch erhebt. Er gibt dir die Idee von Trennung, von Ego.

Jesus sagt: „Opfere den Teil. Wenn es dein Kopf ist, opfere den Kopf." Es bedeutet nicht, schneide den Kopf ab! Es bedeutet einfach, knie nieder, gib deinen Kopf auf. Es ist dein Verstand, dein Gedankenapparat, der dir Schwierigkeiten bereitet, opfere ihn; er ist nichts wert. Für das Ganze muß alles geopfert werden; nur dann bist du ganz.

Ihr habt gehört, daß gesagt worden ist:
Auge für Auge und Zahn für Zahn.
Ich aber sage euch:
Leistet dem, der euch etwas Böses antut,
keinen Widerstand,
sondern wenn dich einer auf die rechte Wange schlägt,
dann halte ihm auch die linke hin.

Der größte Ausspruch Jesu: „Leistet dem, der euch etwas Böses antut, keinen Widerstand."

Und es wurde von alters her gesagt:

Auge für Auge und Zahn für Zahn.

Das ist die Idee des Gesetzes, der Gerechtigkeit. Jesus bringt die Liebe. Er sagt: „Leistet dem, der euch etwas Böses antut, keinen Widerstand." Warum? Das klingt wie eine sehr seltsame Aussage – „Leistet dem, der euch etwas Böses antut, keinen Widerstand." Dann wird das Böse wachsen, wenn niemand ihm Widerstand leistet. Die Bedeutung ist völlig anders; es betrifft die innere Alchemie. Es ist dieselbe Bedeutung wie im Gebet Jesu, wenn er bittet: „Gib uns unser täglich Brot."

Die Hindus, Mohammedaner und andere haben über das christliche Gebet gelacht – es sieht so kindisch aus. „Gib uns unser täglich Brot." Konnte sich Jesus nicht etwas anderes einfallen lassen, als um das tägliche Brot zu bitten? Aber diese Menschen wissen nicht, was er meint mit „täglich Brot".

Jesus sagt: „Genau wie dein Körper von Luft, Speise, Wasser lebt, bekommt auch deine Seele täglich eine bestimmte Nahrung von Gott." Das ist dein täglich Brot, deine tägliche Nahrung. Jeden Tag erhältst du eine bestimmte Menge spiritueller Energie. Nun kannst du mit dieser Energie zerstörerisch oder kreativ sein. Wenn du zerstörst, dann mißbrauchst du sie; das ist Gewalt, Vergewaltigung, Entweihung. Wenn du sie auf kreative Art nutzt, dann wird das dein Pfad zu Gott werden. Sie wird in dir wachsen zu höheren Gipfeln, Höhen. Sie wird dir Fülle bringen, ein *Pleroma*.

Die Energie Gottes, die sich unaufhörlich über dich ergießt, ist es, was er „täglich Brot" nennt. Wenn diese Energie nicht richtig genutzt wird, sondern in sinnlosen und zerstörerischen Aktivitäten verschwendet wird, dann... Gott hört nicht auf zu geben und du hörst nicht auf wegzuwerfen, ohne zu wissen, was du wegwirfst.

Es geschah... eine Sufi-Parabel.
Ein Mann kam frühmorgens bei seinem Morgenspaziergang an einen Fluß, da stolperte er über einen Sack. Er öffnete den Sack, er war voller Steine. Er saß am Flußufer und warf spielerisch einen Stein nach dem anderen ins Wasser. Er freute sich am Platschen der Steine. Langsam wurde es heller und die Sonne ging auf. Ein letzter Stein war noch übrig geblieben. Er sah ihn sich an, denn jetzt war es Licht geworden und begann, sich die Haare zu raufen und zu weinen und zu klagen. Einige Leute versammelten sich und fragten ihn: „Was ist denn geschehen?"
Er sagte: „Das hier ist ein Diamant, und ich habe Tausende weggeworfen. Eine ganze Stunde lang habe ich sie in diesen Fluß geworfen, ohne zu wissen, was ich da wegwarf. Ich war der Meinung, das seien alles nur Steine. Und nur einer ist mir geblieben."

Aber ich sage, er hatte sogar Glück – wenigstens wurde er aufmerksam, als noch ein letzter Diamant übrig war. Millionen von Menschen werden nicht aufmerksam, nicht einmal im Endstadium; sie werfen alles weg. Sie leben und sterben, und lernen nie das „täglich Brot" kennen, den Diamanten, der täglich zu dir herunter kommt. Es handelt sich um deine Energie. Du kannst sie in Ärger ausdrücken, es ist dieselbe Energie. Du kannst sie in Liebe ausdrücken, es ist dieselbe Energie. Du hast die Wahl. Deshalb sagt Jesus: „Leistet dem, der euch etwas Böses antut, keinen Widerstand" – denn wenn du damit anfängst, dem Bösen zu widerstehen, dann wird deine ganze Energie in Widerstand gehen. Es gibt viel Böses. Das ist keine moralische Lehre, es ist eine alchemische Lehre.

Ihr habt gehört, daß gesagt worden ist:
Auge für Auge und Zahn für Zahn.
Ich aber sage euch: Leistet dem, der euch etwas Böses antut,

keinen Widerstand,
sondern wenn dich einer auf die rechte Wange schlägt,
dann halte ihm auch die linke hin.

Aber vergeude nicht deine Energie. Wenn dich jemand schlagen will, hat er dich bereits geschlagen, dann halte ihm auch die andere Backe hin. Danke ihm und sage: „Danke Herr. Und wenn du mich wieder einmal brauchen solltest, ich bin bereit." Und geh deines Weges. Vergeude nicht deine Energie, denn diese Energie ist so wertvoll. Vergeude sie nicht in Vergeltung, Reaktion, Streit und Ärger. Du wirfst Diamanten weg.

Wir leben ständig in einer inneren Atmosphäre von Dagegensein, Jammern, Verurteilen, Nein-sagen. Indem wir Nein sagen, verpassen wir, was wir direkt vor der Nase haben. Dieses ständige Dagegensein... „Das ist nicht recht! Das ist nicht gut! Die Dinge sollten so sein, die Dinge sollten anders sein!" Viel Energie wird durch dieses Dagegensein abgezogen und wir beginnen, die Dinge in unsere Vorstellung von Ordnung zu zwängen, und das Leben ist kurz, es verfliegt – und nichts wird jemals wieder in unsere Ordnung gebracht. Wir ertränken uns einfach in Aktivität.

Jesus sagt: „Sei wachsam". Deine Energie ist wertvoll und nur eine beschränkte Menge davon steht dir zur Verfügung. Mehr davon wird dir zur Verfügung stehen, wenn du diese Menge nutzt. Jesus sagt: „Denen, die haben, wird gegeben werden" – seine Aussagen sind die schönsten, die je gemacht wurden – „und denen, die nicht haben, wird selbst das genommen werden, was sie haben." Sehr paradox, aber vollkommen wahr.

Wenn du deine Energie nicht verschwendest, dann wirst du mehr davon bekommen. Je mehr du sie bewahrst, je mehr du hast, desto mehr wird dir gegeben, denn du erweist dich als ihrer würdig. Je weniger du davon hast, desto weniger wird dir gegeben. Und wenn du gar nichts hast, dann wird dir selbst das genommen, was du hast.

Du bist einfach eine leeres Gehäuse, eine negative Leere – nicht die Leere, von der Buddha spricht. Du wirst ein leeres Gehäuse, ohne Bedeutung... „eine Geschichte, von einem Idioten erzählt, voll von Lärm und Tollheit, aber ohne Sinn." Durch diesen ständigen falschen Gebrauch unserer Energie schaffen wir ein Gefängnis um uns herum. Dennoch sind die Tore des Gefängnisses immer offen, denn es gibt keinen Gefängniswärter, außer dir selbst.

Du bist das Gefängnis und der Gefangene und auch der Gefängniswärter. Wir brauchen nur unsere dummen gewohnheitsmäßigen Standpunkte zu opfern und die gleiche Energie, die das Gefängnis schafft, wird unsere Freiheit, unsere Erlösung.

Nikolaus von Cues behauptet, daß rechtes Leben nur eines voraussetzt – er nannte es „gelerntes Nichtwissen". Lerne, wieder unschuldig zu sein, lerne „Nichtwissen", pflegte er zu sagen. Werde wie ein Kind. Leiste keinen Widerstand, kämpfe nicht. Erfreue dich an der Energie, die sich über dich ergießt. Werde ganz und gar ursprünglich. Lerne, wieder unschuldig zu sein. Halte nicht an deiner langweiligen und toten Vergangenheit, dem Wissen, dem Verstand fest. „Gelerntes Nichtwissen" bedeutet wissende Unwissenheit.

Es gibt eine Art von Unwissenheit, die weiß, und es gibt eine Art von Wissen, das unwissend ist. Das Wissen des Pandit, das Wissen des Priesters, ist nur Wissen dem Namen nach; es weiß nichts.

Und die Unwissenheit eines Jesus oder eines Buddha... Als Bodhidharma von Kaiser Wu gefragt wurde: „Wer bist du?", da sagte er schlicht: „Ich weiß es nicht." Diese Unwissenheit, diese Unschuld weiß. Hör auf, dir Sicherheiten zu schaffen. Hör auf, mit Menschen zu streiten. Hör auf zu kämpfen. Und Jesus sagt ganz ausdrücklich: „Leistet dem, der euch etwas Böses antut, keinen Widerstand", denn dein Verstand wird sagen: „Aber wenn einem Böses angetan wird, dann muß man Widerstand leisten. Böses darf

nicht zugelassen werden, Böses muß bekämpft und vernichtet werden." Niemandem ist es je gelungen, das Böse zu vernichten. Das Böse ist ewig. Du wirst vernichtet werden, wenn du es bekämpfst. Es kann nicht vernichtet werden.
Achte auf diesen Irrtum, diese trügerische Vorstellung.

Ihr habt gehört, daß gesagt worden ist:
Du sollst deinen Nächsten lieben und deinen Feind hassen.
Ich aber sage euch:
Liebt eure Feinde und betet für die, die euch verfolgen,...

Diese Botschaft ist sehr klar und deutlich. Jesus sagt: Nicht ein einziges Jota Energie darf für irgend etwas verschwendet werden. Die gesamte Energie muß bewahrt werden. Wenn die Energie einen bestimmten Grad erreicht, dann geschieht die Transformation ganz von selbst. Das ist die Wissenschaft der Alchemie.

Du erhitzt Wasser, du bringst Hitzeenergie ins Wasser. Dann werden einhundert Grad erreicht und das Wasser verdampft. Neunundneunzig Grad... es war heiß, aber immer noch Wasser. Neunundneunzig Komma neun Grad... es war sehr, sehr heiß, aber immer noch Wasser. Einhundert Grad... und der Sprung.

Genauso geschieht es in der inneren Welt. Diese Worte sind keine moralischen Maximen. Diese Worte beschreiben innere Transformation. Wenn du deine innere Energie bewahrst und sie nicht überall vergeudest... Ein Hund beginnt zu bellen, und du beginnst zu bellen. Du sagst: „Ich muß dem, der Böses tut, Widerstand leisten; ich muß diesem Hund eine Lektion erteilen." Du kannst dem Hund eine Lektion erteilen; es ist nicht bekannt, daß die Hunde jemals die Lektion gelernt hätten – sie bellen weiter. Es gibt viele, die wie du den Hunden Lektionen erteilen. Hunde sind sehr dickköpfig, sie bellen einfach weiter. Du hast dich einfach verschwendet.

Und während du Hunde anbellst, verlierst du die Fähigkeit, zu Gott zu beten, denn Bellen und Beten können nicht gemeinsam existieren. Streit, Haß, Wut und Liebe können nicht gemeinsam existieren. Das ist eine einfache innere Ökonomie.

... damit ihr Söhne eures Vaters im Himmel werdet.

Wenn du ein Kind Gottes sein willst, dann mußt du folgendes tun: Du mußt deine Energie bewahren. Und er gibt dir jeden Tag Energie. Wenn ein Mensch nur immerfort seine Energie bewahrt, dann ist nichts weiter nötig. Jesus gibt diesen Schlüssel, diesen großartigen Schlüssel. Er kann das letzte Tor öffnen.

... Denn er läßt die Sonne aufgehen über Bösen und Guten; und er läßt regnen über Gerechte und Ungerechte.

Und Jesus sagt: „Beschäftige dich nicht mit den Gerechten oder den Ungerechten. Schau auf Gott. Seine Wolken kommen und regnen auf beide, die Gerechten und die Ungerechten. Seine Sonne kommt und spendet Licht und Leben den Guten, wie den Bösen". Also warum machst du dir Sorgen? Gott gibt ständig allen Energie.

Werdet bitte keine Weltverbesserer. Merke dir, wenn du dich selbst verbessern willst, dann werde kein Weltverbesserer, denn du kannst nur das eine oder das andere tun. Wenn du ein Weltverbesserer wirst, dann beginnst du, andere Menschen zu verändern. Werde kein Weltverbesserer.

Wenn du verändert werden willst, dann bewahre deine Energie. Und das Wunder ist, wenn du verändert bist, wenn du transformiert bist, dann werden viele durch dich transformiert werden. Allein deine katalytische Präsenz ist genug, dein Dasein...und viele werden von etwas Unbekanntem ergriffen werden. Nur deine Berührung und etwas wird in ihnen zu vibrieren beginnen. Nicht, daß du viel tun müßtest.

Nur wenn dein Licht brennt, werden die Menschen auf dich zukommen; im Dunkeln tastend werden sie anfangen, sich in deine Richtung zu bewegen. Und wenn sie näher und näher und näher kommen, wird eines Tages ihre unerleuchtete Lampe erleuchtet werden durch die eine, die schon erleuchtet ist. Die Flamme springt vom einen auf den anderen über. Nur Nähe ist nötig. Sei in der Nähe eines Meisters. Sei um jemanden herum, der angekommen ist, und geh näher und näher, ohne Widerstand, ohne Kampf, ohne Schutz. Sei verletzlich. Und alles weitere kommt von selbst.

... damit ihr Söhne eures Vaters im Himmel werdet.
Denn er läßt seine Sonne aufgehen über Bösen und Guten;
und er läßt regnen über Gerechte und Ungerechte.

Wer bist du schon, um über Gut und Böse besorgt zu sein? Wer bist du schon, um dir Sorgen zu machen, wie die Welt beschaffen sein sollte? Das ist wieder nur ein Ego-Trip.

Wenn ihr nämlich nur die liebt, die euch lieben,
welchen Lohn könnt ihr dafür erwarten?
Tun das nicht auch die Zöllner?

Die Puritaner, die Zöllner, die Moralisten, die Pedanten – sie alle tun das gleiche. Wenn Menschen sie lieben, dann lieben sie diese Menschen. Daran ist nichts Besonderes, darüber gibt es nicht viel zu sagen. Wenn Menschen dich lieben, liebst du sie, wenn jemand dich anlächelt, dann lächelst du. Aber das ist nicht der Punkt. Wenn jemand dich schlägt, und du lächelst... Und jemand ist voller Haß auf dich und deine Liebe hört nicht auf zu fließen... das ist das

Wunder. Das ist Zauber. Und nur dieser Zauber kann euch zu Kindern Gottes machen. Nichts anderes wird helfen.

Ihr sollt also vollkommen sein,
wie es auch euer himmlischer Vater ist.

Auch das ist eines der grundlegendsten Worte Jesu:

Ihr sollt also vollkommen sein,...

Besinne dich, du kannst nur deshalb vollkommen sein, weil du von innen her vollkommen bist. Du kommst von Gott, wie könntest du unvollkommen sein? Du gehörst Gott, wie könntest du unvollkommen sein. Im Innersten bist du Gott, denn Gott ist in dir und du bist in Gott. Aber du hast dir keine Gelegenheit gegeben, in dich hineinzuschauen. Du bist so sehr beschäftigt, in Besitz genommen von Äußerem – dieses gilt es zu tun, jenes gilt es zu tun; ein wenig Gutes zum Weltgeschehen beitragen, Gerechtigkeit für die Welt, diese Reform und jene. Du bist so sehr mit dem Äußeren beschäftigt, deshalb hast du nie in deinen tief-inneren Schrein schauen können. Und dort ist Gott. Gott wohnt in dir.

Ja, du kannst vollkommen sein, weil du vollkommen bist. Nur das Vollkommene kann vollkommen sein.

Vollkommenheit muß also nicht erst geschaffen werden, sie muß nur entdeckt werden. Sie ist schon da, vielleicht versteckt, vielleicht verschleiert, aber sie ist da. Lüfte den Schleier, und du wirst sie finden. Du brauchst sie nicht zu erfinden, du brauchst sie nur zu entdecken. Aber vielleicht ist auch „entdecken" nicht das richtige Wort. Laß mich sagen... wieder-entdecke sie.

Genug für heute.

*Du besitzt nur
was du dir
geschaffen hast*

Das Leben scheint sinnlos zu sein. Warum?

Das Leben *ist*... es sei denn, *du* gibst ihm einen Sinn. Es gibt keinen dem Leben innewohnenden Sinn. Er muß geschaffen werden, er muß hineingelegt werden, er muß hervorgerufen werden. Wenn du auf einen gebrauchsfertigen Sinn wartest, dann wirst du ihn nicht finden und das Leben wird dir sinnlos vorkommen. Das Leben ist ein unbeschriebenes Blatt, es ist nur eine Möglichkeit. Du kannst sowohl Sinn als auch Sinnlosigkeit schaffen; du kannst Freiheit schaffen, und du kannst Gefangenschaft schaffen. Alles hängt von dir ab. Deine Freiheit ist grenzenlos.

Der Mensch hat Angst vor dieser Freiheit, denn sie erwächst ihm zu einer großen Verantwortung. Du möchtest, daß jemand dir Sinn gibt, damit du nicht verantwortlich bist. Dann wird dir der Sinn gegeben. Sich den Sinn selbst zu schaffen bedeutet, wenn du in die Irre gehst, bist nur du verantwortlich und sonst niemand. Das erzeugt Angst.

Deshalb hat der Mensch sich immer Götter geschaffen, die dem Leben Sinn geben. Was genau ist die bildliche Vorstellung von einem Gott? Es ist jemand, auf den man schaut, auf den man aufschaut, jemand, der einen Sinn gibt, jemand, der dir Erlösung, Seligkeit, *moksha* gibt. Man will etwas bekommen, deshalb gehen die Leute in die Kirche, in den Tempel, in die Moschee – nur um zu beten: „Gib uns Sinn."

Dieses Gebet ist wirkungslos. Das richtige Gebet ist, etwas zu tun, um Sinn zu schaffen. Die Existenz hilft dir dabei, sie arbeitet mit dir zusammen – was du auch tun magst, Gott ist immer da und zur Zusammenarbeit bereit. Selbst wenn du dich gegen ihn stellst, arbeitet er mit dir zusammen. Das ist die Bedeutung des Jesuswortes: „Wenn die Wolken regnen, dann regnen sie auf Gerechte, wie auf Ungerechte; auf Gute, wie auf Böse. Wenn die Sonnenstrahlen auf die Erde fallen, dann fallen sie auf alles, ohne Bedingungen; auf den Sünder und auf den Heiligen, sie machen keinen Unterschied."

Wenn du lediglich darauf wartest, daß irgendein Sinn in dein Leben kommt – dann wartest du wie ein Bettler mit seiner Bettelschale. Dann wirst du ihn niemals finden. Und weil du wartest, wirst du immer nur Sinnlosigkeit fühlen. Du hast eine Idee vom Sinn und schaffst ihn dir nicht, und dann vergleichst du dein Leben mit dieser Idee, und das Leben entspricht nie den Erwartungen... großes Elend! Beides erzeugst du selbst. Zum einen die Idee: „Ich brauche nur zu warten und ich werde es bekommen; ich muß nicht selbst kreativ sein." Und zum anderen trägst du diese großartige Idee: „Das Leben sollte so und nicht anders sein, nur dann ist es Leben, nur dann hat es Bedeutung." Und dann vergleichst du es mit deinem Leben. Du wirst nirgendwo die Poesie finden, die dir Bedeutung gibt, solange du sie nicht selbst in dein Leben bringst, solange du sie nicht erschaffst.

Sannyas bedeutet eine kreative Annäherung an Gott. Dein Gebet sollte nicht einfach nur impotent sein. Es sollte zeigen, daß du es wirklich auf diese Weise willst. Du solltest alles tun, was du nur tun kannst – jeder Stein sollte herumgedreht werden, nur dann tritt Gottes Hilfe in Aktion, steigt herab, transformiert dich. Gott kommt auf jeden Fall, aber nur wenn du alles getan hast, was du tun konntest, niemals vorher.

Und das Problem ist sehr sehr groß geworden, speziell für den modernen Verstand. In der Vergangenheit hat der Mensch immer mit einem Geber-Gott gelebt. Er thronte im Himmel, und alles war in Ordnung auf Erden. Die Menschen lebten sehr lethargisch, unkreativ, einfach abhängig von Gott, betend und preisend und in dem Glauben, sie hätten alles getan, was sie tun konnten: beten und lobpreisen.

Jetzt ist das nicht mehr möglich – nicht nach Friedrich Nietzsche. Jener Gott ist tot.

Laßt mich euch eine kurze Parabel von Nietzsche erzählen:

Ihr habt bestimmt von dem Verrückten gehört, der am hellichten Tag eine Laterne anzündete, damit auf den Marktplatz lief und unaufhörlich schrie: „Ich suche Gott! Ich suche Gott!" Da gerade viele Menschen dort herumstanden, die nicht an Gott glaubten, war das Anlaß für großes Gelächter.

„Ist er etwa verschwunden?", fragte einer. „Hat er Angst vor uns? Hat er sich versteckt?", fragte ein anderer. „Hat er sich verlaufen? Ist er vielleicht verreist oder ausgewandert?", fragte ein Dritter. So riefen die Menschen durcheinander und lachten. Da sprang der Verrückte in ihre Mitte und durchbohrte sie mit seinen Blicken.

„Wohin ist Gott gegangen?" schrie er, „ich werde es euch sagen: wir haben ihn getötet, ihr und ich. Wir alle sind seine Mörder. Und jetzt fallen wir unaufhörlich ins Nichts. Spürt ihr nicht den Atem des leeren Raumes? Ist es nicht kälter geworden? Ist nicht mehr Nacht um uns, und noch mehr Nacht? Müssen nicht sogar am Morgen Laternen angezündet werden? Hören wir nicht den Lärm der Totengräber, die ein Grab für Gott schaufeln und ihn beerdigen? Riechen wir noch nichts von Gottes Verwesung? Auch Götter verwesen. Gott ist tot. Gott bleibt tot. Und wir haben ihn getötet."

Hier brach der Verrückte ab und blickte wieder seine Zuhörer an. Und auch sie schwiegen und starrten ihn überrascht an. Schließlich schleuderte er seine Laterne zu Boden, worauf sie zerbrach und das Licht erlosch.

„Ich komme zu früh", sprach er zu ihnen, „meine Zeit ist noch nicht gekommen. Das ungeheure Ereignis ist noch unterwegs, wandert noch immer. Es ist noch nicht bis zu den Ohren der Menschen gedrungen. Blitz und Donner benötigen Zeit, das Licht der Sterne benötigt Zeit, Taten benötigen Zeit, selbst nachdem sie schon vollbracht sind – bevor man sie sehen und hören kann. Diese Tat ist immer noch weiter von ihnen entfernt, als die am weitesten entfernten Sterne, und sie haben sie selbst begangen."

Was Nietzsches Verrückter gesagt hat: „Ich bin ein wenig zu früh, vielleicht ist die richtige Zeit für mich noch nicht gekommen." Die Menschen können es nicht verstehen... diese Zeit ist jetzt gekommen, hundert Jahre später. Die ganze Welt ist voll vom Geruch des verwesenden Gottes. Aber so geschieht es immer.

Diese Parabel ist von ungeheurer Bedeutung. Jedes Zeitalter muß sich seinen Gott schaffen; fremde Götter helfen nicht. Die wurden von anderen Menschen für deren eigene Ziele und Zwecke geschaffen; sie sind unbrauchbar geworden. Mit der Zeit werden Götter unbrauchbar.

Und immer wenn ein Gott unbrauchbar wird und stirbt, verwest und verschwindet, folgt eine große Leere, große Sinnlosigkeit auf ihn; denn dieser Gott hatte den Menschen einen ganz bestimmten Sinn gegeben, dieser Gott war ihr Sinn. Jetzt ist er nicht mehr da. Plötzlich seid ihr allein gelassen – allein in einer dunklen Nacht, allein in einer kalten Nacht.

Gott stellte eine Art Wärme dar; der Himmel war nicht weit weg, er war sehr nahe. Du konntest beinahe seine Füße berühren. Gott kümmerte sich immerfort um dich, er hatte dich ständig im Auge. Du warst ein kleines Kind und er war dein Vater oder deine Mutter. Jetzt existiert dieser Gott nicht mehr. Jetzt ist es schwierig geworden, zum Himmel zu blicken und zu beten, wie Jesus das tat.

Jesus nannte Gott „mein Vater". Sein Wort dafür ist „abba", was noch viel liebevoller und zärtlicher, näher ist, etwa so wie „Papa". Vater ist ein bißchen kalt. Er nannte Gott „abba". So kannst du ihn nicht nennen; hast du es versucht? Schau einmal hinauf zum Himmel und sage einfach: „Papa" – wie dumm das aussieht.

Ich habe gehört...
Sherwood Anderson beschreibt sein eigenes Erwachen in diese spirituelle Leere. Er erzählt, wie er eines Nachts eine mondbeschienene Straße entlang ging, „als ich auf einmal das seltsame und mir selbst lächerlich erscheinende Bedürfnis hatte, mich vor etwas Nicht-Menschlichem zu erniedrigen. Und so trat ich in die Mitte der mondbeschienenen Straße und kniete im Staub nieder. Da ich keinen Gott hatte – die Götter waren uns genommen worden, vom uns umgebenden Leben"... so wie den heutigen Menschen ein persönlicher Gott genommen ist... von einer inneren Kraft, die der Mensch selber zwar nicht versteht, aber den Intellekt nennt... „da lächelte ich über das Bild, das ich in meinen eigenen Augen abgab, als ich da auf der Straße niederkniete."

Stell dir eine Straße im Mondschein vor, eine stille Nacht, eine kühle Brise, und plötzlich wird Anderson von dem Drang besessen zu beten. Aber er sagt: „Ein Bedürfnis, mich zu erniedrigen..."

Wenn es keinen Gott gibt, wie kannst du da beten? Wenn es keinen Gott gibt, scheint es völlig logisch, zu sagen: „Ein Bedürfnis, mich zu erniedrigen...", sich dem Nichts hingeben, sich dem leeren Himmel unterwerfen, einfach „mich demütigen."

Behalte das Wort „erniedrigen" in Erinnerung. Niemand, der je gebetet hat, sagt, daß Beten ein sich Erniedrigen ist. Betende sagen, es ist ein Gott preisen, Gott erhöhen. Jetzt, wo es Gott nicht mehr gibt und du nicht zu Gott beten kannst, was machst du da auf der staubigen Straße kniend? Vielleicht ist es schön, vielleicht scheint der Mond, vielleicht ist es still, ... ja und? Aber du erniedrigst dich im Staub.

„So lächelte ich über das Bild, das ich in meinen eigenen Augen abgab", sagt er, „als ich mich da auf der Straße niederkniete..." Niemand sonst war da, aber in seinen eigenen Augen sieht er die

Lächerlichkeit, die Absurdität. „Es gab keinen Gott im Himmel, keinen Gott in mir, keine Überzeugung in mir, daß ich die Kraft hätte, an einen Gott zu glauben. Und so kniete ich nur schweigend im Staub und keine Worte kamen auf meine Lippen.

Das ist die Situation. Du kannst nicht rufen: „Abba"- dieses Wort kommt dir nicht über die Lippen. Und selbst wenn es kommt, wird es falsch sein, und du wirst über all die Lächerlichkeit lachen.

Jedes Zeitalter muß sich einen neuen Gott schaffen. Nicht etwa, daß Gott stirbt, aber die konkrete Vorstellung von Gott stirbt.

Jetzt befindet sich der Mensch in einem Vakuum, einem existentiellen Vakuum; die alten Götter sind abgeschafft, und wir haben keine neuen Götter geschaffen; der alte Tempel ist eine Ruine, und wir haben keine neuen Tempel erbaut. Jede Zeit muß aufs neue suchen und Gott auf eigene Art wiederentdecken – deshalb scheint das Leben sinnlos zu sein.

Und jetzt kann der alte Gott nicht wiederbelebt werden, dem alten Gott kann nicht einfach Atem eingehaucht werden. Das ist es was die Kirchen und Priester versuchen, einem toten Gott Leben einhauchen. Es ist nicht möglich; der Mensch ist erwachsener geworden. Der Mensch braucht einen erwachseneren Gott. Der Mensch braucht einen Gott, der seine Bedürfnisse im Jetzt stillen kann.

Damals vor fünftausend Jahren stillte Krishna die Bedürfnisse einiger Menschen. Vor zweitausend Jahren stillte Jesus die Bedürfnisse einiger Menschen. Der Gott Moses war zur Zeit Jesu nicht mehr zweckdienlich, und der Gott Jesu kann für euch heute nicht mehr zweckdienlich sein. Die Dinge ändern sich; aber der Mensch kann ohne Gott nicht leben.

Mit „Gott" meine ich „Sinn". Du kannst das Wort vergessen, das Wort „Gott" spielt keine Rolle. Der Mensch kann ohne Sinn nicht leben. Er muß das Gefühl haben, daß das, was er tut, Bedeutung hat, daß das, was auch immer er tut, einen Beitrag leistet zur

Summe der Freude und zur Schönheit des Lebens. Möglicherweise ist seine Bemühung klein, sind seine Hände winzig, aber trotzdem ist er nicht bedeutungslos für die Existenz, er fühlt, er wird gebraucht. Er erfüllt ein bestimmtes Bedürfnis, das bringt Sinn in sein Leben. Wenn du ein Bedürfnis erfüllst, ist der Sinn gegeben; und mit dem Sinn kommt die Freude. Wenn du gar nicht gebraucht wirst, kannst du einfach verschwinden und nichts wird sich ändern in der Welt. Du kannst ganz leicht ersetzt werden, weggeworfen werden, und irgend jemand anderer wird deine Arbeit verrichten. Du bist nur eine Funktion, jeder kann sie erfüllen – auf diese Weise entsteht ein existentielles Vakuum. Dann wirst du Schmerz in deinem Herzen fühlen. Warum dann weiterleben? Wozu? Was hat das alles für einen Sinn? Dann scheint alles sinnlos zu sein, und das macht die Leute verrückt.

Ich verstehe deine Frage. Du fragst: *Das Leben scheint so sinnlos zu sein. Warum?* Es scheint deshalb so sinnlos zu sein, weil du es bisher noch nicht in deine Hand genommen hast. Du hast noch nichts geschaffen, das ihm Bedeutung geben könnte.

T. S. Eliot sagt, daß der Mensch hohl ist. Ja, das ist wahr, der Mensch ist hohl, aber genauso ist ein Bambus hohl. Aber wenn der Bambus zur Flöte wird, entsteht Sinn. Und so kann auch der Mensch zur Flöte werden. Aber Ihr seid keine Flöten, ihr seid einfach hohler Bambus. Über den modernen Menschen sagt Eliot:

„Gestalt ohne Form, Schatten ohne Farbe,
gelähmte Kraft, Gebärde ohne Bewegung..."

Das ist seine Beschreibung... „gelähmte Kraft, Gebärde ohne Bewegung..." So muß Anderson sich selbst erlebt haben, als er auf der staubigen Straße kniete. Er muß eine sehr lächerliche Figur abgegeben haben.

„Gestalt ohne Form, Schatten ohne Farbe,
gelähmte Kraft, Gebärde ohne Bewegung..."

Dann scheint dein Leben wie totes Land zu sein, eine Wüste wo kein Fluß fließt, kein Baum wächst, kein Vogel singt... nichts geschieht. Es ist ein Alptraum. Man geht weiter und weiter und nichts geschieht. Und eines Tages fällt man zu Boden und verschwindet in den Staub – Staub zu Staub.

Leo Tolstoi pflegte seine Freunde zu fragen – er war überaus interessiert an ihren Träumen – er fragte Maxim Gorki. Die beiden saßen zusammen und plauderten über Dinge, da fragte er plötzlich: „Kannst du mir einen deiner Träume erzählen, den du nicht vergessen hast; einen, der einen besonderen Platz einnimmt in deinem Traumleben?"

Und Gorki sagte: „Ja, es gibt da einen Traum, den kann ich nicht vergessen. Und ich habe ihn nicht nur einmal geträumt, sondern wieder und wieder auf dieselbe Art. Also hat er sich so stark in mein Bewußtsein eingeprägt." Tolstoi war sehr interessiert und sagte: „Erzähle ihn mir, erzähle ihn mir jetzt gleich."

Und Gorki begann zu erzählen: „In diesem Traum sehe ich eine weite Wüste ohne Bäume, ohne Menschen, ohne Tiere, vollkommen ausgestorben, Sand, Sand und Sand. Die Sonne brennt so heiß wie Feuer. Und ich sehe mich gehen, aber nirgendwohin. Es gibt nichts, kein Ziel. Nicht nur das; das Seltsame ist, ich sehe nur meine Füße und meine Schuhe. Sonst kann ich nichts sehen. Ich strenge mich an und es wird sehr sehr verrückt. Ich kann mein Gesicht nicht sehen, ich kann meinen Körper nicht sehen, ich kann meine Hände nicht sehen – nur zwei Füße, bekleidet mit ledernen Schuhen. Das Geräusch, das sie machen, kann ich hören. Diese beiden Füße gehen weiter und immer weiter in der Wüste, nirgendwohin. Sie scheinen für Jahrhunderte so weiterzugehen. Nichts passiert, nur diese beiden Füße ohne den Körper, ohne Seele, ohne Gesicht. Wo gehen sie hin? Und warum gehen sie überhaupt? Und was ist der Sinn dieses

Gehens? Warum können sie nicht innehalten? Alle diese Fragen tauchen auf, und eine große Furcht erfaßt meine Seele. Und immer erwache ich aus diesem Traum zitternd und in Schweiß gebadet.

Der Traum ist symbolisch. Dieser Traum zeigt, was aus dem modernen Menschen geworden ist. Solange du nicht dein Gesicht schaffst, wirst du kein Gesicht finden. Du kommst ohne Gesicht auf die Welt. Solange du dir nicht deine Seele schaffst, hast du keine. Du kannst nur das haben, was du dir schaffst.

Ein Buddha hat eine Seele, ein Jesus hat eine Seele – du hast keine. Halte es nicht für selbstverständlich. Das ist einer der Hauptgründe für das größte Elend der Menschheit, daß jeder denkt, er hätte bereits eine Seele. Wie kannst du eine Seele haben, wenn du dir keine geschaffen hast? Du kannst nur das besitzen, was du geschaffen hast. Die Religion sollte diese Kreativität sein – sich eine Seele zu schaffen, ein Gesicht zu schaffen, aus dem Nichts ein Wesen zu schaffen. Das bringt Freude, das bringt große Begeisterung mit sich. Dann ist das Leben reizvoll, lebendig, fließend, spannend. Dann pulsiert das Leben, dann ist es ein Abenteuer; es ist nicht monoton, kein Alptraum. Dann beginnen Bäume in deiner Wüste zu wachsen, Vögel beginnen zu singen in deinem toten Land, Blumen kommen, Wolken kommen, und die Leere ist nicht mehr leer; sie ist voller Leben.

Laß es mich wiederholen: Der Sinn muß geschaffen werden.

Osho, manchmal habe ich das Gefühl, daß du die Bibel nicht richtig zitierst.

Das ist möglich. Ich bin kein Gelehrter, und wenn ich sie manchmal richtig zitiere, dann ist das ein Wunder. Es muß durch Zufall geschehen. Ich bin auch kein Christ. Es beschäftigt mich nicht, was genau in diesem Buch aufgeschrieben ist; mich beschäftigt vielmehr, was im innersten Wesen Jesu geschah. Es ist auch mir geschehen, also weiß ich, was es ist.

Wenn ich etwas sage, so sage ich es nicht gemäß der Bibel, sondern gemäß des Christusbewußtseins. Und wenn du das eine oder andere Mal entdeckst, daß ich etwas sage, was gar nicht in der Bibel steht, dann kannst du es zumindest deiner eigenen Bibel hinzufügen; und es wird vollkommen wahr sein. Das ist möglich... denn ich bin ein Betrunkener. Ich spreche aus meiner Trunkenheit heraus. Wenn du von einem Gelehrtenstandpunkt zuhörst, dann wirst du vielleicht beunruhigt, verwirrt sein; und vieles wird dir entgehen.

Du wirst dich immer wieder daran erinnern müssen, daß ich möglicherweise nicht buchstabengetreu bin, daß ich jedoch dem Geiste nach getreu bin. Aber dir wurde beigebracht, was in der Bibel steht, du wurdest gezwungen, es zu lernen. Es wurde in deinen Kopf gepaukt und wenn du immer etwas hörst, das sich davon unterscheidet, dann bist du verständlicherweise verwirrt.

Jemand anderer hat gefragt: „Es scheint, daß Christus nicht dein Typ ist. Er scheint viel von einem Moralisten zu haben. Und die Sutren, über die du gesprochen hast, haben eine ganz andere Bedeutung, als die, die du ihnen gibst."

Auch das wird dir oftmals so vorkommen, aber es ist nur scheinbar so, es stimmt nicht. Tatsächlich kennst du Jesus nicht so, wie er war. Du kennst Jesus so, wie ihn das Christentum darstellt. Du kennst einen Jesus entsprechend der christlichen Interpretation, und du glaubst, daß es so ist. Diese moralischen Deutungen sind christliche Deutungen. Jesus verdient eine bessere Behandlung. Er muß der Welt wieder in seiner Originalität gezeigt werden.

Jesus war einer der amoralischsten Menschen. Deshalb waren die Juden so sehr gegen ihn. Die Juden zu seiner Zeit waren sehr moralisch, sehr gesetzestreu. Ihr Ärger über Jesus kam im Grunde daher, daß er nicht gesetzestreu war und daß er den Menschen gefährliche Erkenntnisse brachte. Er rief eine Art Gesetzlosigkeit ins Leben.

Die Juden waren schon immer ein gesetzestreues Volk, deshalb waren alle großen Revolutionäre der Welt Juden. Das ist kein Zufall. Wenn eine Gesellschaft sehr gesetzestreu ist, dann bringt sie als Reaktion darauf den Revolutionär hervor.

Jesus ist ein großer Revolutionär. Auch Karl Marx ist Jude und ein großer Revolutionär. Auch Sigmund Freud ist Jude und ein großer Revolutionär, und ebenso Albert Einstein. Diese vier Menschen haben die Geschichte der Menschheit wie niemand zuvor beeinflußt. Warum? Die Juden sind so gesetzestreu, so rechtschaffen, daß früher oder später jemand geboren wird, der dagegen rebelliert. Nur in einer gesetzestreuen Gesellschaft kann der Rebell geboren werden. Ihr werdet überrascht sein, auch hier sind mehr als die Hälfte der Leute Juden, was seltsam ist. Es steht in keinem Verhältnis. Immer wieder bringt Vivek die Nachricht: „Auch dieser Sannyasin ist Jude. Auch jener Sannyasin ist Jude." Manchmal habe ich den Verdacht, vielleicht bin auch ich ein Jude; wenn alle Juden sind, dann muß auch ich ein Jude sein. In Indien gibt es keine Juden. Vielleicht ist das hier der einzige Platz, an dem Juden zu finden sind. Und es sind so viele, daß es fast ein jüdischer Ort ist, ein Jerusalem. Aber warum? Die Gesellschaft ist zu gesetzestreu, zu traditionell, deshalb beginnt jeder, der einige Intelligenz besitzt, zu rebellieren. Er wird entfliehen, er wird neue Wege finden zu leben. Deshalb sind so viele Juden hier.

Die Juden waren wütend, denn Jesus war amoralisch; nicht unmoralisch, sondern amoralisch. Mit „amoralisch" meine ich, seine Moral war inwendig, sie kam nicht von außen. Seine Moral war spontan. Er lebte von Moment zu Moment, er hatte keinen Plan, hatte keinen vorgefertigten Entwurf für das Leben. Er war ein bewußtes Wesen, und jeden Moment entschied er aufs neue. Er trug keine Rückschlüsse aus der Vergangenheit mit sich herum, er war einfach da in der jeweiligen Situation und ließ die Situation entscheiden. Seine Antwort auf die Situation war immer frisch. Deshalb gibt es so viele Widersprüche in der Bibel – es muß sie geben.

Ein Mensch, der von Moment zu Moment lebt, trägt viele Widersprüche in sich, er kann nicht konsequent sein – nur Tote können konsequent sein.

Ein Mensch, der wirklich jeden Moment lebendig ist, wird sich ununterbrochen ändern, denn das Leben ändert sich, also ändert auch er sich. Niemals ist er in Disharmonie mit dem Leben, er ist immer in Einklang. Und das Leben ist inkonsequent, also ist auch er inkonsequent. Ein wirklich großer Mensch ist so unermeßlich, er schließt auch Widersprüche ein.

Jesus umfaßt große Widersprüche. Einer der Logiker der französischen Revolution, Voltaire, schrie beinahe wie ein Wahnsinniger: „Nieder mit diesem Schurken!" und mit „diesem Schurken" meinte er Jesus. Warum? Warum sollte Voltaire, ein Mann mit einer wirklich rationalen Basis, Logik, Philosophie, warum sollte er Jesus einen Schurken nennen? „Nieder mit diesem Schurken!" Weil Jesus so widersprüchlich ist; tatsächlich, kannst du Jesus nicht folgen, ohne verrückt zu werden.

Du kannst auch mir nicht folgen, ohne verrückt zu werden; deshalb sage ich: Folge mir nicht! Verstehe mich einfach.

Und das gleiche sage ich über Jesus: verstehe ihn; es gibt keine Notwendigkeit, ihm nachzufolgen. Wenn du ihm folgst, ist das gegen Jesus, denn er selbst folgte nie jemandem. Wenn du Jesus folgst, dann trägst du einen vorgefertigten Plan für dein Leben im Kopf, und du wirst immer von deinem Plan ausgehen: was gilt es zu tun? Und Jesus trug niemals Rückschlüsse mit sich herum. Er lebte ein offenes Leben. Wenn ich auf die Worte Jesu eingehe, dann wirst du häufig das Gefühl haben, daß ich nicht das Gleiche sage, was dir beigebracht worden ist.

Meine Situation ist etwa so:
Ein neuer Priester war während seiner ersten Messe vor Angst so gehemmt, daß er nicht einmal sprechen konnte.
Nach der Messe fragte er den Monsignore, wie er gewesen sei, und der Monsignore sagte, daß es „gut" war, nur in der nächsten Woche solle er Wodka oder Gin in sein Wasserglas gießen, das werde ihm helfen, sich zu entspannen.
Am nächsten Sonntag goß der Priester also Wodka in sein Glas und wirklich, er hielt eine stürmische Predigt.
Nach der Messe fragte er wieder den Monsignore, wie er gewesen sei. Und der Monsignore sagte, „gut", aber da seien ein paar Dinge, die es klarzustellen gelte.
„Erstens, es gibt zehn Gebote, nicht zwölf. Zweitens, es gibt zwölf Apostel, nicht zehn. Drittens, David erschlug Goliath mit einer Schleuder, er schlug ihm nicht mit dem Kieferknochen eines Esels den Kopf ab. Von Jesus sprechen wir nicht als der selige J.C. Und nächsten Sonntag ist ein Wettkampf in Karamalziehen in St. Peter und nicht ein Wettkampf in Peter-Ziehen in St. Karamel. Sechstens, Vater, Sohn und Heiliger Geist bezeichnet man nicht als „Großer Papa", „Junior" und „Gespenst!"

Ich bin ein Betrunkener... zu viel Wodka in mir. Also, wenn ich manchmal ein bißchen abweiche, vergib mir.

Wie kann mein verurteilender, selbstgerechter, schuldverursachender, furchtsamer Verstand verändert werden? Er kotzt mich an. Ich habe ihn vollständig satt.

Die Frage ist von Nirvat. Erstens, er muß nicht verändert werden, er muß nur aufgegeben werden – nicht verändert. Du veränderst keine Krankheit, du wirst sie los. Du veränderst nicht etwas, das falsch ist in deinem Innern, du wirst es einfach los.

Der Verstand braucht keine Veränderung. Sieh einfach die Tatsache, daß er ein krebsartiges Geschwür in dir ist und dann gib ihn auf. In der Tat, wenn du verstehst, daß er ein Krebsgeschwür ist, wirst du ihn aufgeben.

Genau das Erkennen wird das Loslassen werden. Willst du ihn immer noch verändern? Du willst ihn behalten – ein bißchen schöner bemalt, poliert, eine Änderung hier und dort, ein wenig Tünche und Renovierung? Dann hast du ihn nicht wirklich satt. Du bist immer noch vernarrt in ihn; du möchtest ihn behalten, vielleicht etwas umgestaltet, eine modifizierte Art, aber seinen Fortbestand willst du wahren. Und das genau ist der springende Punkt, der Kern des Problems.

Du solltest die Verbindung zu deinem Verstand unterbrechen, das ist Veränderung, das ist Revolution – die Unterbrechung...

Wenn du dir sehr intensiv all des Unsinns, all der Ärgernisse bewußt wirst, die der Verstand dir angetan hat – dann fragst du nicht, wie er umzuwandeln ist, wie er zu reformieren ist, wie du ihn ein bißchen zivilisierter und zahmer machen kannst, wie du ihn ein wenig gebildeter machen kannst, wie er dazu gebracht werden kann, daß du bequem mit ihm zusammenlebst, gemütlich, wie du seine Ecken ein klein wenig abschleifen und sie glätten kannst? Dann ist es immer noch dieselbe Sache. Vielleicht erscheint die Krankheit in einer subtileren Form, aber die subtile Form ist gefährlicher als die grobe Form, denn das Subtile geht tiefer als das Grobe. Du fragst: *Wie kann mein verurteilender, selbstgerechter, schuldverursachender, furchtsamer Verstand verändert werden?*

Es besteht keine Notwendigkeit, deinen Verstand zu behalten. Er ist von keinerlei Wert. Laß ihn los, und dann wird der universale Verstand in dir tätig werden.

Wegen deines Verstandes kann der universelle Verstand nicht funktionieren, weil du dich immer einmischst. Du erlaubst dem kosmischen Verstand nicht, in dir zu funktionieren. Du bist das Hindernis, die Schranke, die Barriere. Nun darf man das Hindernis nicht verbessern, das Hindernis muß beseitigt werden, vollständig beseitigt.

Du sagst: *Es kotzt mich an. Ich habe ihn vollständig satt.*

Nicht vollständig, Nirvat. Wenn du ihn vollständig satt hättest, dann würdest du nicht einmal diese Frage stellen. Wer zwingt dich, diesen Verstand zu behalten? Du hast ihn nicht vollständig satt. Da muß noch eine subtile Verliebtheit bestehen. Du hoffst immer noch gegen alle Hoffnung, daß möglicherweise noch etwas Besseres aus ihm kommen wird. „Es ist so ein schöner Verstand – möglicherweise ist etwas nicht ganz in Ordnung an ihm, aber das kann gerichtet werden.

Einige Riegel und Schrauben sind locker, sie können angezogen werden. Etwas fehlt, das kann von außen hinzugefügt werden. Einiges funktioniert noch nicht, es kann gereinigt und repariert werden." Aber das wird nur eine Überholung sein, du wirst einen kultivierteren Verstand haben. Es macht keinen Unterschied. Der Verstand wird da sein, und der Verstand schafft die Barriere zwischen dir und Gott.

Denn dein Verstand bringt mit sich, daß der kosmische Verstand nicht ungehindert tätig sein kann. Du stehst da, wählst, entscheidest, ziehst Schlüsse – entsprechend deinen Vorstellungen,

Ideologien, Gedanken, Schriften, Erfahrungen. Gott kommt zu dir, aber dein Verstand färbt die ganze Sache so sehr, daß du gar nicht erkennen kannst, was da zu dir kommt.

Öffne das Fenster, laß kein Hindernis im Weg sein, keinen Vorhang. Schau direkt in das Leben, ohne daß dein Verstand dazwischen kommt. Selbst wenn das nur für einen einzigen Moment geschieht, wirst du solch eine große Einsicht haben. Es kann geschehen, es ist mir geschehen, es ist Jesus geschehen, es ist Buddha geschehen, es kann auch dir geschehen. Denn ihr alle tragt den Samen, der wesentliche Same dafür ist in euch.

Sei also nicht in Eile. Wenn du den Verstand noch nicht vollständig satt hast, werde ihn ein wenig mehr satt. Aber es braucht ein Loslassen.

Nartan hat eine schöne Anekdote geschickt:
Ein Bergsteiger war auf halbem Weg in einer steilen Wand, als er plötzlich ausrutschte und ins Tal hinunterstürzte. Nachdem er einige Meter gefallen war, gelang es ihm glücklicherweise, sich an einem kleinen Baum festzuhalten, der aus einer Felsspalte in der senkrechten Wand herauswuchs. Während er sich daran klammerte, um sein nacktes Leben zu retten, schaute er zum Himmel hinauf und sagte: „Herr, bitte rette mich."
Eine Donnerstimme antwortete: „Las los und habe Vertrauen!"
Der Mann, sich weiterhin festklammernd, dachte einen Moment lang nach und schaute dann wieder zum Himmel und sagte: „Ist da oben noch jemand anderes?"
Das ist die Situation. Ich sage dir: Laß den Verstand los. In genau diesem Loslassen ist der Segen. Aber du hast Angst loszulassen. Du bist so sehr identifiziert damit, du glaubst, er ist du! Das ist das Problem. Und wenn du sagst: „Ich habe ihn satt", wer ist dann dieser „Ich bin"? Es ist wieder ein Teil desselben Verstandes.

Und der Verstand ist sehr schlau darin, Spiele zu spielen. Er teilt sich auf und fährt fort zu spielen. Derjenige, der sagt: „Ich habe ihn satt", ist nichts als ein Teil des Verstandes, und das ist sein Spiel: er spaltet sich auf, und dann spielt er Verstecken. Derjenige, den du satt hast, und derjenige der es satt hat – beide sind dasselbe. Das Objekt und das Subjekt sind beide dasselbe.

Sieh es! Schau es dir genau an und du wirst in der Lage sein es zu sehen, denn es ist so. Ich stelle es nur fest. Wenn du es siehst, wirst du anfangen zu lachen. Wenn du diesem Verstand zuhörst, der sagt: „Ich habe den Verstand satt", stärkst du wieder nur den Verstand von einer anderen Seite. Sie ergänzen einander; sie sind keine Feinde, sie vervollständigen sich.

Sei einfach wahllos. Wähle nicht. Wahl bringt den Verstand ins Spiel. Deshalb haben die alten Schriften und alle alten Meister immer nur von einer Sache gesprochen: Sei Zeuge. Beobachte lediglich, was geschieht. Frage dich: „Wer hat den Verstand satt?" und du wirst sehen, es ist der Verstand, der gerade ein neues Spiel hervorbringt – so betrügt er dich wieder auf einer subtileren und tieferen Ebene. Und er kann immer weiter gehen. Beobachte nur. Treffe keine Entscheidung, ergreife nicht Partei. Fahre fort zu beobachten. Beobachten ist ein bißchen mühsam, denn der Verstand sagt: „Tu etwas! Entweder sei dafür oder sei dagegen, aber tu etwas! Hör auf nur still dazusitzen und zu beobachten!" – denn dem Verstand wird angst und bange, wenn du nur beobachtest.

Meine Empfehlung für dich, Nirvat, ist, daß du drei Monate nur beobachtest, ohne zu entscheiden, daß etwas mit dem Verstand zu geschehen hat. Hör nicht auf zu beobachten. Auf jeder subtilen Stufe fahre fort zu beobachten. Und in diesen drei Monaten wirst du eines Tages den ersten Schimmer von Nicht-Verstand erleben. Mag sein, nur für einen Moment, aber das wird der Wendepunkt in deinem Leben werden. Von diesem Moment an werden mehr und mehr solche Momente zu dir kommen. Und bald wirst du sehen, ohne daß du etwas mit dem Verstand tust – hat er begonnen zurückzuweichen. Er geht weit weg; er macht immer noch Lärm, aber es ist sehr weit weg; du wirst nicht gestört davon. Eines Tages ist er plötzlich weg; du bleibst allein zurück. Und wenn du alleine zurückbleibst, bist du in Gott.

Du warst immer in Gott. Aufgrund der Einmischung des Verstandes war es dir nicht möglich, in dein eigenes Selbst zu schauen.

Wann und wo geschah Jesus die Erleuchtung? Diese Frage beschäftigt mich seit Jahren. Einige Male hast du darum herum gesprochen, aber das hat es nur noch geheimnisvoller gemacht, also bitte kläre mich auf. Wann und wo geschah Jesus die Erleuchtung? Wurde er erleuchtet geboren? Es wird gesagt, daß irgendwelche drei Weisen aus dem Osten kamen, um Darshan von dem Baby zu haben? Oder geschah die Erleuchtung, als Jesus inkognito und anonym in Tibet und Indien herumreiste und er buddhistische Klöster besuchte? Oder geschah Jesus die Erleuchtung, als er von Johannes dem Täufer im Jordan initiiert wurde? Oder geschah Jesus die Erleuchtung, als er am Kreuz sagte: „Herr, dein Königreich komme, dein Wille geschehe?"

Es gibt drei Stufen der Erleuchtung. Die erste ist, wenn der erste flüchtige Einblick geschieht. Ich nenne das Mini-Satori. Wenn zum ersten Mal für einen einzigen Moment der Verstand untätig ist – da ist eine Öffnung, kein Gedanke zwischen dir und der Existenz. Du und die Existenz... du und die Existenz... für einen

Moment... und das Treffen und das Verschmelzen und die Kommunion und der Orgasmus... aber nur für einen Moment. Und von diesem Moment an wird der Same in deinem Herzen sein und wachsen.

Die zweite Stufe nenne ich Satori: Es geschieht, wenn du in der Lage bist, diese Öffnung so lange zu halten, wie du willst. Viele Stunden lang, viele Tage lang kannst du in diesem Zwischenraum bleiben, in diesem vollkommenen Alleinsein, in Gott, mit Gott, als Gott. Aber eine kleine Anstrengung ist von deiner Seite noch nötig. Wenn du aufhörst dich anzustrengen, verschwindet das Satori.

Das erste Satori, das Mini-Satori, geschah beinahe wie ein Unfall – du hattest es nicht einmal erwartet. Wie kannst du es auch erwarten? Du kanntest es davor ja gar nicht, du hattest es noch nie gekostet. Wie also kannst du es erwarten? Es kam einfach aus heiterem Himmel. Ja, du hast viele Dinge getan – beten, meditieren, tanzen, singen – aber das alles geschah wie ein Tappen im Dunkeln, du tapptest im Dunkeln.

Und es wird nicht geschehen, wenn du nicht herumsuchst. Es geschieht nur denen, die im Dunkeln herumtappen, wirklichen Suchern; sie suchen immer weiter herum, fühlen sich nie ermattet, nie erschöpft und sie verlieren nie die Hoffnung. Millionen Mal sind ihre Bemühungen vereitelt worden und nichts geschieht, aber sie machen immer weiter. Ihre Leidenschaft für Gott ist so gewaltig. Sie können alle Arten von Niederlagen und Enttäuschungen hinnehmen, aber ihre Suche geht weiter. Ohne zu wanken, tasten sie sich weiter. Die Dunkelheit ist groß, sie scheint fast endlos zu sein, aber ihre Hoffnung ist größer als die Dunkelheit. Das ist die Bedeutung von Vertrauen. Sie tasten sich mit Hilfe ihres Vertrauens vorwärts.

Vertrauen bedeutet, auf das zu hoffen, was beinahe unmöglich aussieht. Vertrauen bedeutet, gegen alle Hoffnung zu hoffen. Vertrauen bedeutet einen Versuch, das zu sehen, was du noch nicht gesehen hast, und du kannst nicht einmal sicher sein, ob es existiert oder nicht. Eine große Leidenschaft ist notwendig, um so viel Vertrauen zu haben. Einen Sucher, der in Vertrauen lebt und der nicht aufhört, sich weiterzutasten, den wird nichts abhalten. Kein Mißerfolg setzt sich in ihm fest, seine Reise geht weiter. Er ist ein Pilger.

Dann, eines Tages, kommt es, wie aus heiterem Himmel; du hast es nicht erwartet. Unerwartet kommt es nahe heran und umgibt dich. Einen Moment lang kannst du es gar nicht glauben... wie könntest du es auch glauben? Während Millionen von Leben ist man umhergeirrt, und es ist nicht geschehen. Beim ersten Mal sieht es beinahe so aus wie eine Einbildung, wie ein Traum. Aber es ist da, und es ist so wirklich, daß alles, was du vorher als wirklich gekannt hast, verblaßt, alles wird matt. Es ist so real, daß es eine Gewißheit in sich trägt. Es ist in sich offensichtlich, du kannst es nicht anzweifeln. Das ist das Kriterium dafür, ob das Mini-Satori geschehen ist oder nicht: Du kannst es nicht bezweifeln. Du kannst es versuchen, aber du kannst es nicht bezweifeln. Es ist so sicher, daß in dem Moment kein Zweifel besteht. Es ist einfach da. Es ist wie: die Sonne ist aufgegangen... wie könntest du das bezweifeln.

Auf der zweiten Stufe wird das Suchen dann bewußter. Jetzt kennst du es, jetzt weißt du, daß es geschehen ist. Jetzt weißt du, daß es sogar dir geschehen ist. Jetzt gibt es eine große Sicherheit. Jetzt ist kein Glaube nötig, jetzt genügt die Erfahrung. Jetzt ist es nicht mehr nötig, daran zu glauben; jetzt durchdringt seine Gewißheit dein ganzes Wesen, du bist voll davon. Jetzt suchst du bewußter, deine Anstrengungen gehen in die richtige Richtung. Jetzt weißt du, wie es geschah, wann es geschah, in welcher Verfassung es möglich wurde. Du hast getanzt? Und was geschah dann, als es geschah? Auf welche Art und Weise wurde der Kontakt möglich? Nach und nach geschieht es immer wieder, und du kannst es verstehen, es ausfindig machen, kannst es abschätzen, wie es geschieht, in welcher Verfassung. In welcher Stimmung fällst du in Einklang damit, so daß es geschieht? Jetzt werden die Dinge klarer, jetzt ist es nicht nur ein Warten in der Dunkelheit. Du kannst anfangen loszugehen, du hast eine Richtung.

Immer noch zauderst du, manchmal fällst du noch hin , manchmal verschwindet es sogar für Monate. Aber nie wieder kann Zweifel in dir erstehen. Der Zweifel ist für immer mit dem ersten Satori beseitigt worden. Dann wird es immer öfter kommen. Und früher oder später wirst du in der Lage sein, es auf Wunsch herbeizuführen. Wann immer du willst, kannst du die Verfassung in dir herstellen, die es hervorbringt. Du kannst dich entspannen, wenn es in Entspannung kommt. Du kannst tanzen, wenn es im Tanz kommt. Du kannst unter den offenen Himmel gehen, wenn es dort kommt. Du kannst eine Rose betrachten, wenn es dabei kommt. Du kannst an einen Fluß gehen und dich treiben lassen, wenn es im Fluß geschieht.

Auf diese Weise wurden sämtliche Methoden entdeckt. Sie wurden entdeckt, als Menschen herausfanden, daß es in bestimmten Situationen, wenn man gewisse Vorkehrungen trifft, geschieht. So entstanden die Methoden. Nach und nach erlangst du die Gewißheit darüber, daß du jeden Moment dazu in der Lage sein wirst, wenn du es willst, da du deinen Fokus darauf richten kannst. Du kannst deine ganze Bewußtheit darauf richten, du kannst dein Wesen darauf lenken. Jetzt wirst du in der Lage sein zu sehen, daß es immer da ist; nur dein Kontakt ist nötig. Es ist fast, wie mit deinem Radio oder deinem Fernseher; es ist immer da, Töne ziehen immer vorbei; du mußt das Radio nur auf eine bestimmte Station einstellen – und das Lied und die Nachrichten.

Das ist die zweite Stufe. Aber immer noch braucht es deine Mithilfe, dich einzustimmen. Du bist nicht ununterbrochen von selbst eingestimmt, du mußt es herstellen. An manchen Tagen ist es einfach, an anderen ist es schwierig. Wenn du schlechter Laune bist, ist es schwierig, wenn du wütend bist, ist es sehr schwierig. Wenn du liebevoll bist, ist es leichter. Am frühen Morgen ist es ein einfacher, am Abend ist es schwieriger. Allein auf einem Berg ist es einfacher, auf dem Marktplatz ist es schwieriger. So beginnst du, immer näher heranzukommen, aber Anstrengung ist immer noch nötig.

Denn geschieht das Dritte. Wenn du einmal fähig bist, es zu finden, jeden Moment, wann immer du willst – nicht ein einziger Moment geht verloren – es unmittelbar und ganz genau auszumachen, dann geschieht das Dritte. Es wird zu einer natürlichen Qualität. Das nenne ich *Samadhi*.

Satori eins, *satori* zwei, *satori* drei... Das erste *satori* muß irgendwo im Osten geschehen sein, in Tibet oder in Indien. Jesus lebte mit buddhistischen Meistern. Das erste *satori* muß hier irgendwo geschehen sein; denn die Juden haben sich niemals mit *samadhi* beschäftigt. Jesus bringt etwas sehr Fremdes in die jüdische Welt; er führt Buddha in die jüdische Welt ein.

Vielleicht ist es irgendwo in Nalanda geschehen, wo er viele Jahre lang lebte. Aber er reiste umher, er war in Ägypten, er war in Indien, in Tibet. Deshalb kann niemand mit Sicherheit sagen, wo es geschah. Aber mit größerer Wahrscheinlichkeit geschah es in Indien; Indien ist das Land in dem die Jahrhunderte hindurch *satori* mehr als irgendwo sonst geschehen ist, und das aus einem ganz bestimmten Grund, denn so viele Menschen haben hier meditiert. Ihre Meditation hat äußerst starke Plätze geschaffen, sehr reiche Plätze. Aber es gibt keine Aufzeichnungen darüber; also sage ich nichts Historisches.

Aber nun zum Zweiten: es ist sicher, daß es im Jordan geschah mit Johannes dem Täufer, als er Jesus auf seinen Pfad initiierte – den Pfad der Essener. Johannes der Täufer war ein großer Meister, ein sehr revolutionärer Prophet. Das zweite *satori* muß dort geschehen sein. Es ist dargestellt in Form einer weißen Taube, die auf

Jesus herabsteigt. Die weiße Taube war schon immer das Symbol für Frieden, Stille; das ist das Symbol für *satori* – das Unbekannte steigt herab. Das zweite *satori* muß dort geschehen sein. Und Johannes der Täufer sagte: „Meine Arbeit ist getan. Der Mann ist gekommen, der an meiner Statt übernehmen wird. Jetzt kann ich entsagen und in die Berge gehen. Ich habe auf diesen Mann gewartet."

Und das dritte *satori* geschah am Kreuz – die letzte Anstrengung des Ego – sehr klein, aber immer noch. Jesus muß den Wunsch gehabt haben, daß die Dinge auf eine bestimmte Art sein sollten. Tief in seinem Innern, in einer unbewußten Ecke seines Wesens, muß er gehofft haben, daß Gott ihn rettet.

Und Gott tut es niemals so, wie du es erwartest. „Der Mensch denkt und Gott lenkt". Auf diese Art lehrt er dich, dich aufzugeben, so lehrt er dich, die Dinge nicht auf deine Art zu wollen, keinen privaten Willen zu haben.

Und die letzte Lektion geschah am Kreuz, im letzten Augenblick; Jesus schrie auf, im Ringen mit dem Tode: „Warum hast du mich verlassen? Warum bist du von mir gewichen? Was habe ich Falsches getan?" Aber er war ein Mann von großer Einsicht, ein Mensch mit dem zweiten *satori*. Unmittelbar muß ihm klar geworden sein, daß dies falsch war: „Das bedeutet, daß ich noch ein eigenes Wünschen habe, einen eigenen Willen. Das bedeutet, daß ich noch nicht vollkommen in Gott bin. Meine Hingabe ist erst neunundneunzig Prozent." Und eine neunundneunzig prozentige Hingabe ist eine Nicht-Hingabe, denn Hingabe ist einhundert Prozent. Ein Kreis ist nur dann ein Kreis, wenn er vollständig geschlossen ist. Du kannst einen halben Kreis nicht einen Kreis nennen, denn „Kreis" bedeutet: vollständig. Es gibt keine halben Kreise. Es gibt keine annähernde Wahrheit. Die annähernde Wahrheit ist immer noch eine Lüge; entweder ist etwas wahr oder es ist nicht wahr. Es gibt nicht so etwas wie eine Fast-Wahrheit und es gibt nicht so etwas wie Fast-

Hingabe. In diesem Moment begriff er: „Dein Reich komme. Wer bin ich schon, mich einzumischen? Dein Wille geschehe..." und das dritte *satori*, *samadhi*. In diesem Moment verschwand Jesus. Und ich bezeichne diesen Moment als seine Auferstehung.

Das ist der Moment, in dem Buddha sagt: *Gate, gate, paramgate, parasamgate, bodhi svaha*. „Gegangen, gegangen, hinübergegangen, vollends hinübergegangen. Erwacht. Halleluja." Das ist der Moment absoluten Segens, Jesus wurde Gott. Der Sohn wurde zum Vater in diesem Moment; alle Unterscheidung verschwand. Die letzte Hürde löste sich auf. Jesus war zu Hause angekommen.

Was geschieht in und mit einer Beziehung zwischen zwei Partnern, wenn ihre Egos von ihnen abfallen?

Dann geschieht Beziehung. Davor ist es nur ein leeres Wort. Beziehung kann nicht geschehen, bevor die Egos verschwunden sind. Ihr glaubt nur, daß es eine Beziehung ist. Es ist Konflikt, es ist Feindschaft, es ist Eifersucht, es ist Aggression, es ist Dominanz, es ist Besitz und vieles mehr – aber nicht Beziehung. Wie könnt ihr eine Beziehung eingehen, mit zwei Egos im Spiel? Wenn zwei Egos im Spiel sind, dann sind da vier Personen.

In jedem Bett findet ihr vier Menschen die miteinander schlafen. Es ist sehr selten, ein Doppelbett zu finden, denn dann wird es von vier Personen überfüllt. Die Frau ist da und ihr Ego, und der Mann ist da und sein Ego; der Ehemann versteckt sich hinter seinem Ego, die Ehefrau versteckt sich hinter ihrem Ego, und diese beiden Egos machen Liebe miteinander. Der wirkliche Kontakt geschieht nie.

Das Wort „Beziehung" ist schön. Die ursprüngliche Bedeutung der Wurzel, von der das Wort „sich beziehen", abstammt, ist spontan aufeinander eingehen. Beziehung bedeutet, spontan eingehen auf den anderen. Wenn du irgendeine Vorstellung hast von deiner Frau oder von deinem Mann, dann kannst du nicht spontan auf ihn eingehen und dich folglich nicht auf die Wahrheit dieser Person beziehen. Und wir alle tragen ständig Vorstellungen mit uns herum.

Als erstes haben wir ein Bild von uns, das ist unser Ego, ein Bild, wer bin ich. Und dann haben wir das Bild des anderen – wer sie oder wer er ist. Der Ehemann bezieht sich nicht auf die Frau, die er vor sich hat; er bezieht sich auf die Frau, von der er glaubt, daß er sie vor sich hat. Jetzt sind da also nicht vier, sondern sechs Personen und es werden immer mehr. Nun bist du da, das ist eine Sache, dein Ego ist da, das ist eine andere Sache. Und jetzt beziehst du dich nicht auf die Frau, die da ist, du beziehst dich auf die Idee von „deiner" Frau. „Meine Frau ist so und so oder sollte so und so sein", und sie hat die gleichen Vorstellungen – also sechs Personen. Es ist wirklich ein Wunder, wie die Menschen es immerfort schaffen. Es ist sehr kompliziert. Beziehung ist nicht möglich, zu viele Menschen sind dazwischen.

Fortwährend reagierst du auf das Bild, nicht auf die Person und deshalb gibt es keine Beziehung. Wenn kein Bild im Spiel ist, dann geschieht Beziehung.

Sieh das! Und sieh es unmittelbar, ohne daß ein Gedanke dazwischenkommt. Mach dir keinerlei Bild von der Person, die du liebst. Wenn du mich liebst, habe kein Bild von mir. Es gibt gar keine Notwendigkeit. Sieh einfach in mich hinein, so wie ich bin. Das Bild wird dir nicht erlauben zu sehen, wer ich bin. Mach dir kein Bild von der Person, die du liebst; die Person ist genug. Die Wahrheit der Person ist genug, was auch immer es ist. Und mach dir auch kein Bild von dir selbst; sei einfach wahr, authentisch, so wie du bist. Und

Beziehung wird geschehen. Dann wird es ein aufeinander Eingehen geben. Dann werden zwei Wirklichkeiten aufeinander eingehen. Und wenn Wirklichkeiten aufeinander eingehen, dann entsteht große Harmonie, Melodie, Freude. Da ist große Schönheit.

Habe kein Bild von mir, habe kein Bild von deinem Mann, habe kein Bild von deinem Sohn, habe kein Bild von Jesus, habe keine Vorstellung von Gott. Wenn du all deine Vorstellungen gehenlassen kannst, wirst du in eine völlig andere Dimension eintreten – die losgelöste Realität, das andere Ufer. Nähere dich der Wahrheit bilderlos, gedankenlos, nackt, leer, unverhüllt. Und die Antwort wird ganz von selbst aus deinem Wesen kommen.

Du fragst mich: *Was geschieht in und mit einer Beziehung zwischen zwei Partnern, wenn ihre Egos von ihnen abfallen?*

Dann geschieht Liebe, dann geschieht Ekstase. Dann wird diese Beziehung geheiligt, dann wird sie ein Schrein. Und durch dieses Tor kannst du zu Gott gelangen. Du mußt mehr und mehr in diesen Zustand hineinwachsen, in dem das „Ich" gar nicht vorhanden ist.

Das ist das Ziel aller Liebe, und das ist das Elend aller Liebenden. Denn sie wollen, daß es geschieht, und es geschieht nicht. Dann gibt es großes Elend, dann fühlen sie sich betrogen, dann fühlen sie sich frustriert. Dann beginnen sie daran zu denken, den Partner zu wechseln. Jeden Tag kommt irgendein Paar zu mir und sagt: „Wir würden gerne den Partner wechseln. Genug ist genug. Wir haben es satt." Aber was wirst du tun?

Du wirst das gleiche mit dem nächsten Partner tun. Es wird keinen großen Unterschied machen. Vielleicht für einige Tage, die Phantasie, die Romanze, die Flitterwochen, und dann wieder... Und sie wissen es, denn sie haben es vorher schon genau so gemacht. Und sie nicken mit ihren Köpfen in Übereinstimmung und sagen: „Ja, es ist wahr. Das habe ich schon mit vielen Frauen gemacht. Aber was soll ich tun? Ich bin wieder festgefahren."

Statt den Partner zu wechseln, statt deine Frau oder deinen Mann loszuwerden , werde dein Ego los. Indem du dieses Ego losläßt, beginnt eine neue Qualität in deinem Leben Gestalt anzunehmen, ein neues Licht, eine neue Vision. Und die Dinge finden ihren Platz in dieser Vision. In diesem Licht verschwindet alles alte Elend, die Konflikte und die Seelenqual. Dieselbe Energie, die den Konflikt schuf, beginnt deine Freude zu schaffen.

Das ist es, was Jesus meint, wenn er sagt: „Vergeude deine Energie nicht in Kampf, in Wut, in Widersprechen."

Veetmohas Mutter ist gekommen, eine schöne alte Frau. Sie hat mich gehört – ich denke erst einmal, gestern. Und eine Sache hat sie überrascht. Sie sagte zu Veetmoha: „Was ist nur los? Mir gefällt, was Osho sagt, aber niemand widerspricht ihm. Was immer er sagt, die Leute hören ihm zu. Niemand widerspricht, was ist der Grund dafür?"

Ihre Frage ist sehr verständlich. Sie wird Vorträge erlebt haben, wo einer spricht, ein anderer widerspricht, erhebt eine Frage, und es entsteht Streit, Auseinandersetzung und Debatten. Sie muß so etwas auch hier erwartet haben. Hier sieht sie, wie die Leute nur still sitzen, in tiefem Schweigen und zuhören. Das ist der einzige Zugang hier. Widersprechen muß aufhören, Zuhören muß sich entwickeln. Argumentieren muß aufhören, eine wortlose Kommunikation muß entstehen.

Das ist der Unterschied zwischen einem gewöhnlichen Treffen und dem Zusammensein des Meisters mit seinen Schülern.

Die Schüler sind nicht mit ihrem Ego da, um Einwände zu finden und zu argumentieren. Sie sind da, um sich aufzulösen, sie sind da, um mit dem Meister in Einklang zu fallen.

Dabei ist es nicht wichtig, was er sagt, es ist keine Frage von Übereinstimmen oder nicht Übereinstimmen. Das ist unerheblich. Was ich täglich zu euch sage, ist nur ein Vorwand, der euch erlaubt hier mit mir zu sein. Es wird schwierig für euch werden, mit mir zu sein, wenn ich schweigend dasitze. Euer Verstand will beschäftigt werden; dein Verstand ist beschäftigt, dein Herz öffnet sich. Und das, worauf es ankommt, geschieht in deinem Herzen, nicht im Verstand.

Sobald der Verstand anfängt zu widersprechen, verschließt sich das Herz. Dann wirst du zu sehr im Kopf stecken bleiben.

Ja, ich gebe euch ein Spielzeug für den Kopf; dies alles ist Spielzeug. Dein Kopf spielt mit diesen Dingen, und die wirkliche Arbeit geschieht ganz woanders. Sie geschieht im Herzen. Wenn du Einwände machst, wird es schwierig. Dann kann sich dein Herz nicht öffnen. Und vergiß nicht, laß es mich wiederholen, es ist keine Frage der Übereinstimmung mit mir oder der Nicht-Übereinstimmung; das ist unwesentlich.

Es besteht keine Notwendigkeit mit mir übereinzustimmen und keine Notwendigkeit nicht übereinzustimmen.

Du kannst einfach nur hiersein, ohne übereinzustimmen, ohne nicht übereinzustimmen, und es wird etwas in dir zu wachsen beginnen. Und das ist das Eigentliche.

Was ich sage, ist nur ein Vorwand.

Was ich bin, darum geht es.

Warum haben die Eltern Jesu ihr Kind Jesus genannt?

Ich weiß es nicht. Ich weiß nicht einmal, warum meine Eltern mich Rajneesh genannt haben. Ich habe sie nie gefragt. Aber ich habe eine Geschichte gehört. Das wird dir vielleicht ein bißchen helfen.

Ich habe gehört...
Es geschah in Bethlehem. Das Kind war gerade geboren worden, und die drei Weisen machten ihre Aufwartung. Sie verneigten sich nacheinander und überreichten ihre Geschenke.
Der erste sagte: „Wahrlich ein Erlöser" und ging hinaus.
Der zweite: „Er wird die ganze Welt beeinflussen."
Der dritte, überwältigt von Bewegtheit und Staunen, legte sein Geschenk dem Säugling schweigend zu den Füßen und ging. Als er aus der Stalltür trat, stieß er sich den Kopf an dem niedrigen Balken und rief aus: „Jesus!"
Maria lächelte und sagte: „Das gefällt mir! Und wir wollten ihn schon Fred nennen."

Genug für heute.

Bete zu deinem Vater im Verborgenen

Matthäus 6

Jesus sagte zu seinen Jüngern:

⁵ *Wenn ihr betet, macht es nicht wie die Heuchler. Sie stellen sich beim Gebet gerade in die Synagogen und an die Straßenecken, damit sie von den Leuten gesehen werden.*

⁶ *Du aber geh in deine Kammer, wenn du betest,*
und schließ die Türe zu;
dann bete zu deinem Vater, der im Verborgenen ist.

⁷ *Wenn ihr betet, sollt ihr nicht plappern wie die Heuchler,*
die meinen, sie werden nur erhört, wenn sie viele Worte machen.

⁸ *Macht es nicht wie sie;*
denn euer Vater weiß was ihr braucht, noch ehe ihr ihn bittet.

⁹ *So sollt ihr beten:*
Vater im Himmel, Geheiligt sei dein Name.

¹⁰ *Dein Reich komme.*
Dein Wille geschehe, wie im Himmel, so auf Erden.

¹¹ *Unser täglich Brot gib uns heute.*

¹² *Und vergib uns unsere Schuld,*
wie auch wir vergeben unseren Schuldigern.

¹³ *Und führe uns nicht in Versuchung,*
sondern erlöse uns von dem Bösen.
Denn dein ist das Reich, und die Kraft, und die Herrlichkeit,
in Ewigkeit. Amen.

Matthäus 7

⁵ *Gebt das Heilige nicht den Hunden,*
und werft eure Perlen nicht den Schweinen vor,
denn sie könnten sie mit ihren Füßen zertreten
und sich umwenden und euch zerreißen.
⁷ *Bittet, dann wird euch gegeben;*
sucht, dann werdet ihr finden;
klopft an, dann wird euch geöffnet.
⁸ *Denn wer bittet, der empfängt;*
wer sucht, der findet;
und wer anklopft, dem wird geöffnet.
¹² *Alles was ihr also von anderen erwartet, das tut auch ihnen!*
Darin besteht das Gesetz und die Propheten.
¹³ *Geht durch das enge Tor!*
Denn das Tor ist weit, das ins Verderben führt,
und der Weg dahin ist breit, und viele gehen auf ihm.
¹⁴ *Aber das Tor, das zum Leben führt, ist eng,*
und der Weg dahin ist schmal, und nur wenige finden ihn.

DER MENSCH IST VERSTAND. DAS WORT MENSCH (engl. man) stammt von der Sanskrit Wurzel „man" und das bedeutet Verstand. Wenn du verstehst, wie der Verstand funktioniert, wirst du die Wirklichkeit des Menschen verstehen und auch seine Möglichkeit. Wenn du den inneren Mechanismus des Verstandes verstehst, wirst du die Vergangenheit des Menschen verstehen, seine Gegenwart und auch seine Zukunft.

Der Mensch an sich ist nicht ein Sein, sondern ein Durchgangsstadium. Der Mensch an sich ist deshalb kein Sein, da der Mensch ein ununterbrochenes Werden ist. Es gibt keinen Zustand der Ruhe im Menschsein. Ruhe ist unter dem Menschen oder über dem Menschen. Darunter ist Natur, darüber ist Gott. Der Mensch ist genau in der Mitte – ein Bindeglied, eine Leiter. Du kannst keine Ruhe finden auf einer Leiter, du kannst nicht verweilen auf der Leiter. Die Leiter kann nicht dein Wohnsitz werden.

Menschsein muß übertroffen werden, Menschsein muß transzendiert werden. Menschsein ist eine Reise zwischen deinen beiden Unendlichkeiten. Die eine Unendlichkeit ist deine Natur, die andere ist dein verborgener Gott. Und der Mensch ist genau zwischen den beiden, ein Fährboot. Benutze es, aber sei nicht darauf beschränkt. Benutze es, aber sei nicht darauf festgelegt. Vergiß nie, daß du darüber hinaus zu gehen hast.

Die ganze Botschaft Jesu lautet: Wie kann man über den Menschen hinausgehen? Deshalb sagt er immer wieder: „Ich bin der Sohn des Menschen und der Sohn Gottes". Er läßt nicht ab davon, auf diesem Widerspruch zu bestehen, denn er will, daß es vollkommen klar ist, daß der Mensch beides ist: einerseits Teil der Natur, andererseits Teil Gottes. Das ist die Bedeutung des Wortes „Sohn". Sohn bedeutet, Teil des Vaters.

Und da der Mensch diesen zwei Wirklichkeiten angehört, – diesen zwei von einander getrennten Wirklichkeiten, – gibt es Angst im Menschen, gibt es Spannung im Menschen, gibt es einen steten Konflikt im Menschen. Denn die beiden Naturen hören nicht auf zu kämpfen. Deshalb ist es dem Menschen nicht möglich in Frieden zu leben.

Entweder mußt du vollkommen unbewußt werden, wie ein Trunkenbold, wenn er so viel Alkohol zu sich genommen hat, daß all seine Bewußtheit verloren gegangen ist – dann ist Frieden. Oder du mußt so bewußt werden, daß all die Ecken und Winkel deines Wesens voller Licht sind – du wirst ein Buddha oder ein Christus – dann ist Frieden.

Entweder fall tiefer als der Mensch oder geh über den Menschen hinaus. Halte nicht unablässig am Menschsein fest, weil du damit am Kranksein festhältst. Genau das ist der Mensch: ein Unwohlsein, eine unaufhörliche Spannung, sein oder nicht sein, dies sein oder jenes sein; ein unaufhörlicher Kampf zwischen dem Körper und der Seele, dem Niederen und dem Höheren, Unbewußtheit und Bewußtheit.

Den Menschen als einen Konflikt zu verstehen, den Menschen als stete Spannung zu verstehen, wird unermeßlich hilfreich sein, denn dann hörst du auf, am Menschsein als solchem festzuhalten. Im Gegenteil, du beginnst vielmehr zu denken: wie kann ich darüber hinausgehen, wie transzendieren, wie es übertreffen?

Friedrich Nietzsche hat recht, wenn er sagt, daß der Mensch das einzige Tier ist, das versucht, sich selbst zu übertreffen; das einzige Tier, das sich selbst übertreffen kann.

Das ist das größte Wunder der Welt: sich selbst zu übertreffen. Aber es ist geschehen. Es ist geschehen in Christus, in Buddha, in Krishna. Es kann in dir geschehen! Du bist eine große Verheißung, ein vielversprechendes Objekt, ein Abenteuer.

Aber beginne bloß nicht von dir zu glauben, du wärest bereits angekommen. Dann hängst du irgendwo dazwischen fest und ein

Teil von dir wird dahin und der andere wird dorthin gezerrt, – du wirst in Stücke gerissen. Und du wirst in Angst bleiben, und dein Leben wird nichts sein, als ein ewig langer, fortwährender Alptraum.

Bevor wir mit den Sutren beginnen, ein paar Dinge über den Verstand, denn der Mensch ist Verstand.

Das erste Stadium des Verstandes können wir den „Vorverstand" nennen. Er existiert in sehr kleinen Kindern; sehr ursprünglich, tierhaft. Daher die Schönheit der Kinder und die Unschuld und die Grazie, denn die Angst, welche wir Mensch nennen, ist noch nicht entwickelt.

Das Kind ruht in sich. Das Kind ist noch kein Wanderer, es hat noch nicht sein Haus auf der Suche nach einem anderen Zuhause verlassen. Die Pilgerreise hat noch nicht begonnen. Das Kind ruht in sich, völlig in sich und ist glücklich, genau so zu sein, wie es ist. Deshalb sind seine Augen frei von Angst, und es ist umgeben von einer gewissen Grazie. Aber diese Grazie wird sich verlieren. Diese Grazie kann nicht für immer bleiben, da sie unbewußt ist, da sie nicht verdient wurde, da sie ein Geschenk der Natur ist, und das Kind ist sich ihrer nicht bewußt. Es kann sie nicht festhalten. Wie kannst du an etwas festhalten, dessen du dir nicht bewußt bist? Es muß verloren werden. Der einzige Weg, diese Grazie zu gewinnen ist, sie zu verlieren. Das Kind wird in Korruption gehen müssen, in Perversion. Das Kind wird in die Verschlagenheit des Verstandes gehen müssen, und dann wird es verstehen, daß es etwas verloren hat – etwas immens Wertvolles.

Aber man kann es erst wissen, wenn es verloren ist. Es gibt keinen anderen Weg, es zu erkennen. Dann beginnt die Suche.

Religion ist nichts anderes, als die Suche nach der verlorenen Kindheit. Jeder trägt die Erinnerung daran in sich, die sehr lebendige Erinnerung daran, irgendwo tief in sich. Vielleicht nicht sehr bewußt, aber etwas arbeitet in unbewußten Schichten. Etwas ging verloren, etwas wurde vergessen, da war etwas, das nicht mehr ist, etwas fehlt, man vermißt etwas, und man beginnt, danach zu suchen.

Die erste Stufe ist der Vorverstand. Dabei gibt es keine Verantwortung, denn das Kind weiß nichts von Pflicht, das Kind weiß nichts von Werten, nichts von Tugenden. Das Kind weiß nichts von Heiligkeit, und deshalb ist es sich auch der Sünde nicht bewußt. Es existiert vor der Unterscheidung, es existiert bevor diese beiden Pfade von Sünde und Heiligkeit auseinandergehen, sich trennen und in verschiedene Richtungen gehen. Es lebt in einer Art ursprünglicher Einheit. Das kann nicht lange dauern, es wird vergehen, aber noch ist es nicht vergangen. Das ist der Stand des Kindes im Alter von ungefähr drei Jahren.

Zwischen drei und vier verliert das Kind seine Unschuld, verliert seine Jungfräulichkeit, verliert die Natur und wird Teil der zivilisierten Welt, – wird wirklich Mensch.

Dieser Vorverstand ist instinktiv. Er ist sehr intelligent, aber diese Intelligenz ist nicht intellektuell, die Intelligenz ist rein instinktiv. Das Kind funktioniert auf sehr intelligente, aber nicht intellektuelle Weise. Die Intelligenz, die ein Kind zeigt, ist natürlich; es hat sie nicht erlernt. Sie ist Teil der Weisheit seines Körpers, sie ist ererbt. Das Kind hat keine Vorstellung von gut und schlecht, deshalb kennt es keinen Konflikt. Seine Wünsche sind rein. Was immer es begehrt, begehrt es leidenschaftlich, total. Kein Problem entsteht in seinem Verstand, ob dieses Begehren richtig oder falsch ist.

Wann immer das Kind eine bestimmte Laune hat, hat es sie total – aber seine Launen sind vorübergehend. Es hat keine Identität, es ist unvorhersehbar. Gerade ist es liebevoll, im nächsten Moment ist es wütend. Und du kannst zu ihm nicht sagen: „Du bist widersprüchlich". Es ist ganz inkonsequent, denn es ist immer wahr, dem Moment entsprechend. Nicht, daß es etwas bewußt tut, es ist einfach natürlich.

Also, Unschuld ist da, aber sie geht nicht sehr tief. Unschuld ist da, aber sie trägt keine Meditation in sich. Sie ist seicht, flüchtig, vorübergehend, unverbindlich.

Das Kind ist mehr wie ein Tier als wie ein Mensch. Es ist das Verbindungsglied zwischen dem Menschen und dem Tier.

Das Kind durchlebt all die Stufen, die der Mensch im Laufe der Zeiten durchlebt hat. Die Wissenschaftler sagen, daß das Kind während der neun Monate im Mutterleib Millionen von Jahren der Evolution durchlebt. Es beginnt als Fisch – so wie das Leben auf der Erde begann – und dann, nach und nach, wächst es. Innerhalb von Tagen durchlebt es Tausende, Millionen von Jahren; in neun Monaten hat es die gesamte Evolution durchlebt.

Aber sogar, wenn das Kind geboren ist, ist es noch nicht Mensch – zumindest nicht zivilisiert – es ist primitiv, Höhlenmensch. Das Kind lebt in einem inneren Chaos. Es hat noch keine Idee, was es tun wird. Es hat keine Zukunft, es trägt keine Vergangenheit, es lebt völlig in der Gegenwart. Aber da es völlig in der Gegenwart und unbewußt lebt, kann sein Leben keine Disziplin, keine Ordnung haben. Es ist chaotisch, es ist anarchistisch.

Das ist die erste Stufe des Menschen, die erste Stufe des Verstandes. Und denke daran, obwohl du sie früher oder später verlieren wirst, bleibt sie wie eine untere Schicht in dir. Du kannst sie nur dann völlig verlieren, wenn die Meditation tief gegangen ist, wenn Meditation dein Wesen verwandelt hat. Ansonsten bleibt sie bestehen, und du kannst jeden Moment hineinfallen; in jeder Streßsituation, in jeder Anspannung kannst du wieder kindisch werden.

Zum Beispiel, dein Haus steht in Flammen, und vielleicht beginnst du zu weinen wie ein Kind. Und du bist nicht ein Mensch, der üblicherweise weint – niemand mag dich je weinen gesehen haben. Und dein Haus steht in Flammen, und plötzlich vergißt du, daß du ein erwachsener Mann bist. Du wirst wie ein kleines Kind, du beginnst zu weinen, hast Tränen in den Augen, du bist völlig verloren, hilflos. Was ist geschehen? Dieser Vorverstand hat dich zurückgeholt. Er war immer da. Du hast eine zweite Schicht darauf wachsen lassen, obendrauf, aber tief drinnen war er da. Wenn die zweite Schicht nicht funktioniert, in tiefer Hilflosigkeit, fällst Du in die erste Schicht. Das geschieht jeden Tag.

In Wut wirst du noch kindischer. Auch in Liebe wirst du noch kindischer. Hör einem Gespräch zwischen zwei Liebenden zu, du wirst es sehr kindisch finden. Entsinne dich deiner eigenen Erinnerungen, als du zum ersten Mal verliebt warst; wie du dich verhalten hast, was du zu deiner Geliebten oder deinem Liebhaber gesagt hast, und du wirst Kindlichkeit finden. Oder denke wie es ist, wenn dich jemand provoziert und du wütend wirst: du beginnst Dinge zu tun, die sehr unlogisch sind, unintelligent, undiszipliniert, chaotisch. Später bereust du es, denn wenn später die zweite Schicht zurückkommt, bereut die zweite Schicht, was die erste Schicht getan hat. Wenn der zivilisierte Verstand zurückkommt, seinen Platz wieder einnimmt, bereut er. Er sagt: „Das war nicht gut von mir. Das zu tun war nicht gut."

Die erste Schicht verschwindet niemals ganz, ehe du nicht ein Christus oder ein Buddha geworden bist. Sie bleibt bestehen. Beobachte es. Die erste Schicht ist sehr chaotisch. Die zweite Schicht ist kollektiv. Den zweiten Verstand nenne ich den „kollektiven Verstand". Jetzt wird die Gruppe, die Familie, die Gesellschaft, die Nation wichtiger als du.

Ein Kind ist sehr selbst-orientiert, es denkt nur an sich. Es kümmert sich um sonst nichts, es ist höchst „selbstisch".

Der zweite Verstand beginnt, an andere zu denken, beginnt, seine eigenen Interessen zu opfern, wird mehr kollektiv, wird mehr Teil der Gesellschaft, einer Sippe, eines Stammes, beginnt, zivilisiert zu werden. Zivilisation bedeutet, Teil einer Gesellschaft zu werden,

Teil von vielen Menschen zu werden, verantwortlich zu werden, nicht weiterhin ein selbstsüchtiges Leben zu leben. Zivilisation bedeutet, sich für andere zu opfern.

Dieser zweite Verstand ist weit verbreitet. Außer in sehr seltenen Fällen, wird der erste Verstand früher oder später ein Ende haben. Einige Schwachsinnige, Idioten, für sie hört die erste Schicht nie auf, sie bleibt vorherrschend. Sie lernen nicht, wie man sozial ist, sie bleiben primitiv.

Ansonsten, normalerweise entwickelt sich die zweite Schicht – die Schulerziehung, die Familienerziehung, die Lehrer, die Gesellschaft, die Erfahrungen, die Beobachtungen... und das Kind beginnt zu lernen, daß es keine Insel ist, sondern Teil eines Organismus – der Gesellschaft, der Kirche, der Nation.

Dieser zweite, kollektive Verstand hat eine bestimmte Identität. Der erste Verstand kennt keine Identität. Wenn du ein Kind fragst: „Wer bist du?" kann es nicht antworten. Es weiß nicht, wer es ist. Aber ein Erwachsener kann sagen: „Ja, ich bin Katholik, ich bin Kommunist, ich bin Hindu, ich bin Inder, ich bin Deutscher, ich bin Italiener." Was sagt er? Er sagt: „Ich gehöre zu der Gruppe, die man Hindu nennt oder Christen oder Mohammedaner. Ich gehöre zu dieser Nation, zu dieser Geographie – Indien, Deutschland, Italien". Oder: „Ich gehöre zu dieser Ideologie – Kommunismus, Katholizismus, Faschismus." Er sagt: „Ich bin, wozu ich gehöre." Damit hat er eine Identität. Er kann sagen: „Ich bin ein Doktor oder ein Ingenieur oder ein Geschäftsmann". Damit sagt er auch: „Das ist es, was ich tue. Das ist meine Funktion in der Gesellschaft." Wenn du jemanden fragst „Wer bist du?", dann antwortet er, indem er dir zeigt, wohin er gehört, wem er gehört, welche Funktion er in der Gesellschaft bekleidet.

Nun, das ist nicht viel an Selbsterkenntnis. Wenn das Selbsterkenntnis ist, dann weiß jeder, wer er ist. Aber für die Zwecke der

Nützlichkeit ist es genug, und viele Menschen bleiben da stehen. Wenn du an dieser Stelle stehen bleibst, wirst du niemals wissen, wer du bist. Dann hast du dir eine falsche Identität zugelegt. Nur ein paar Etiketten und du denkst: „Das bin ich".

Das bist nicht du. Du existiert auf einer weit höheren Ebene oder in tieferer Tiefe. Diese Etiketten, die du für dich angesammelt hast, sind gut, um als ein Mitglied der Gesellschaft zu funktionieren, aber sie zeigen nichts von deiner Realität. Die innere Wirklichkeit bleibt davon unberührt.

Aber dies ist die zweite Stufe, auf der nahezu jeder stehen bleibt. Die Gesellschaft will nicht, daß du darüber hinausgehst. Die Schule, das College, die Universität – es ist ihre Bemühung, daß du nicht kindisch bleiben sollst, daß du zivilisiert werden sollst, und damit endet ihre Bemühung. Damit ist die Arbeit der Gesellschaft beendet. Die Gesellschaft hat dich zu einem Mitglied der Masse gemacht, hat dich zu einer Art Sklaven gemacht, hat dir eine bestimmte Gefangenschaft gegeben, hat dir alles genommen, was gefährlich war in dir – das Chaos, die Freiheit, die Verantwortungslosigkeit. Sie hat dich pflichtbewußt, verantwortlich gemacht, hat dir Werte gegeben – was gut ist und was nicht gut ist; hat dich eingeordnet, kategorisiert. Da hört die Gesellschaft auf. Jetzt lebe schweigend, geh ins Büro, komm nach Hause, kümmere dich um deine Kinder, deine Eltern und so weiter und so fort – eines Tages, stirb! Dein Leben ist vollendet. Das ist eine sehr falsche Vollendung: ein Routineleben.

Friedrich Nietzsche hat dieses Stadium „das Kamel" genannt, das Lasttier. Dies ist das Kamelstadium. Diese Menschen hören nicht auf, große Lasten und Bürden zu tragen, ohne irgendeinen Grund. Und sie bewegen sich in einer Wüste, wie ein Kamel in der Wüste. Du kannst diese Kamele überall sehen – trocken, stumpf, tot; immerfort tragend, große Lasten tragend. Diese Lasten erdrücken sie, töten sie, aber sie tragen – vielleicht nur aus Gewohnheit. Denn gestern haben sie getragen und vorgestern haben sie auch getragen; es ist Teil ihrer Routine geworden, ist Teil ihrer Definition geworden. Ihre Bürden, ihre Angst, ihre Traurigkeit, ihr Elend wurde Teil ihrer Definition, ihrer Identität. Diese Kamele wirst du überall finden, und diese Wüste gibt es auf der ganzen Welt.

Das Kind muß sich von der ersten zur zweiten Stufe entwickeln, aber niemand sollte da stehenbleiben. Ein Kamel zu sein, ist nicht das Ziel. Mehr ist nötig, etwas Existentielleres ist nötig.

Ja, du wirst angesehen sein, wenn du ein gutes Kamel bist und große Lasten trägst. Man wird dich respektieren, alle werden sie dir Ehre erweisen. Das ist eine Art wechselseitiges Einverständnis. Wenn eine Person so große Lasten trägt, muß ihm eine Belohnung zuteil werden – und das ist der Respekt. Das Wort „Respekt" ist schön, es bedeutet, noch einmal hinschauen: re-spect (lat.). Wenn eine Person eine große Ladung Verantwortung, Pflicht, Familie, Gesellschaft trägt, schauen die Menschen zu ihm auf und sagen: „Schau, was für ein großer Mensch!" Re-spekt; sie schauen wieder und wieder und sie sagen: „Schau, wieviel Last er trägt. Was für ein Opfer. Er hat sein ganzes Sein geopfert."

Selbstverständlich, wenn du dich für die Religion opferst, wird die Religion dich ehren, wird dich einen Heiligen nennen. Wenn du dich für dein Vaterland opferst, wird dir das Vaterland Respekt erweisen. Wenn du dich für sonst etwas opferst, werden sie dir Respekt erweisen. Man kann fortfahren, solchen Respekt zu sammeln und man kann fortfahren zu sterben, ohne je gelebt zu haben. Sei auf der Hut vor dieser Situation!

Auf dieser Stufe gibt es eine kollektive Verantwortlichkeit. Der kollektive Verstand ist tätig, du hast noch keine persönliche Verantwortlichkeit. Das Kind trägt keine Verantwortung. Das zweite Stadium kennt Verantwortung, aber sie ist kollektiv. Du fühlst dich nicht persönlich verantwortlich für etwas, du fühlst dich nur deshalb verantwortlich, weil du Teil einer bestimmten Gemeinschaft bist.

In einem indischen Dorf kannst du dieses Stadium – das Kamel – sehr ausgeprägt finden. Ein Brahmane hat keine eigenständige Verantwortung. Seine ganze Verantwortung besteht darin, daß er ein Brahmane ist, er hat sich wie ein Brahmane zu verhalten. In indischen Dörfern wirst du keine Individualität finden, du wirst nur Kollektivität finden. Der Brahmane, der Shudra, der Kshatriya, sie alle funktionieren entsprechend ihrer Gemeinschaft, entsprechend den Regeln. Niemand hat irgendeine Verantwortung eigenständig zu denken, denken steht außer Frage. Die Regeln sind von alters her gegeben durch alle Zeiten hindurch, sie sind festgehalten in den Schriften. Alles ist festgelegt, es gibt keine Notwendigkeit abzuwägen, zu spekulieren, zu philosophieren, nachzusinnen, zu meditieren. Alle Probleme sind gelöst, – Manu, der indische Moses, hat sie gelöst.

Dort hat Jesus die Juden vorgefunden – auf der zweiten Stufe. Moses hatte die Vorarbeit geleistet, er hatte den primitiven Verstand auf einen zivilisierten Stand gebracht. Jetzt war Jesus nötig, um eine weitere Revolution hervorzubringen, eine weitere Transformation. Menschen existieren nur als Zahnräder, Teile eines großen Mechanismus. Die einzige Frage war, leistungsfähig zu funktionieren.

Das ist nicht genug, um ein freudiges Leben zu führen. Leistungsfähig zu sein ist nicht genug, da Leistungsfähigkeit dich zwar zu einem guten Mechanismus macht, aber dir keine neue Seele gibt. Sie gibt dir keine Feste, keine Ekstase.

Aber der zweite Verstand hat auch einige schöne Eigenschaften, die du in Erinnerung behalten solltest; sie werden dir helfen, den dritten zu verstehen.

Der zweite Verstand ist nicht angespannt; er kennt keine Besorgtheit. Der indische Dörfler oder die Menschen des Ostens sind eher friedlich, still. Sie bewegen sich mit einer gewissen Leichtigkeit, Würde. Selbst wenn sie fast verhungern – hungrig, krank – haben sie Geduld, ein tiefes Hinnehmen. Sie rebellieren nicht. Rebellion hat für sie keine Anziehung, sie leben in Hinnahme. Sie haben nicht Individualität genug, um zu rebellieren. Die Inder fühlen sich sehr gut deswegen, sie glauben, Amerika ist auf dem Weg verrückt zu werden. Sie denken: „Wir sind vom Glück begünstigt." Aber das ist nicht meine Beobachtung.

Amerika ist in Schwierigkeiten. Amerika lebt in großer Qual, aber diese Qual ist höher als der sogenannte indische Frieden. Diese Qual kann kreativer sein, diese Qual kann ein höheres Stadium des Verstandes und der Bewußtheit in die Welt bringen, als dieser kuhähnliche Frieden. Dieser Frieden ist nicht sehr kreativ. Ja, er ist gut auf eine Art, man lebt sein Leben ohne große Seelenqualen. Aber nichts erwächst aus so einem Leben. Immer nur friedlich, und dieser Frieden ist niemals kreativ – nicht kreativ in etwas Äußerem, nicht kreativ in etwas Innerem. Dieser Friede scheint sehr impotent zu sein. Aber in diesem zweiten Stadium gibt es Frieden, Gehorsam, Geduld und es gibt das Gefühl einer Zugehörigkeit zur Gemeinschaft, zur Kirche. Niemand fühlt sich allein.

In Amerika sind die Menschen sehr allein. Selbst in der Menge sind sie allein. In Indien sind die Menschen, wenn sie alleine sind, nicht allein. Sie wissen, daß sie dazugehören; sie wissen, daß sie irgendwo eine bestimmte Aufgabe haben; sie wissen, daß sie gebraucht werden. Sie wissen, daß sie nicht wählen müssen, alles ist im voraus festgelegt. Ein Brahmane wird als Brahmane geboren. Er wird von der Gesellschaft geachtet, er wird der Priester. Er muß nicht dafür arbeiten, es ist schon vom Schicksal entschieden, von Gott.

Wenn du nichts entscheiden mußt, fühlst du natürlicherweise keine Besorgtheit. Entscheidung bringt Besorgtheit. Du mußt etwas entscheiden, dann ist das Problem da, diesen Weg zu gehen oder jenen. Und es gibt tausend Wege und so viele Alternativen. Du wirst zitternd wählen, denn wer weiß, ob du richtig oder falsch wählst? Der einzige Weg, es zu wissen, ist zu wählen. Doch dann ist es bereits zu spät. Wenn du nach zehn Jahren erfährst, daß es die falsche Wahl war, dann wird es zu schwierig sein, zurückzugehen und noch einmal zu wählen, denn dann sind die zehn Jahre vergangen, dahin, den Bach hinunter.

Es gibt eine Art Zugehörigkeit im zweiten Stadium des Verstandes. Du brauchst nichts zu wählen, alles ist schon festgelegt, schon entschieden; es ist eine Art Fatalismus. Alles, was geschieht, muß akzeptiert werden, denn es kann nicht anders sein. Wenn es nicht anders sein kann, warum sich Sorgen machen? Das ist der Grund, warum es in Indien weniger psychische Zusammenbrüche gibt als in Amerika. Aber denk daran, es ist kein guter Zustand. Und ich sage nicht, daß ein psychischer Zusammenbruch eine großartige Sache ist, und ich sage nicht, daß angespannt und besorgt zu sein etwas Wertvolles ist. Aber ich sage, daß lediglich nicht besorgt zu sein und nicht angespannt zu sein auch keine Errungenschaft ist.

Dieses Stadium – das zweite Stadium – ist eine Art Patriarchat. Der Vater ist sehr wichtig. Die Vaterfiguren sind sehr wichtig. Man stellt sich Gott als Vater vor.

Es gibt einen Unterschied zwischen der Mutter und dem Vater. Der Vater ist fordernd, die Mutter ist nicht fordernd. Mutterliebe ist bedingungslos, Vaterliebe ist von Bedingungen abhängig. Der Vater sagt: „Tu das, dann werde ich dich lieben; wenn du es nicht machst, wirst du meine Liebe nicht bekommen." Und der Vater kann sehr wütend werden.

Dieses Stadium ist patriarchalisch. Der Vater wird wichtig, die Mutter ist unwichtig. Bedingungslose Liebe ist nicht bekannt. Die Gesellschaft schätzt dich, respektiert dich, wenn du ihr folgst.

Sobald du nur ein wenig abweichst, wird sie dir allen Respekt versagen, und die Gesellschaft ist bereit dich zu zerstören. Der jüdische Gott sagt: „Ich bin ein sehr eifersüchtiger Gott. Wenn du dich gegen mich auflehnst, werde ich dich zerstören"; und das gleiche sagt auch der Staat, sagt die Regierung, sagen die Priester, sagt der Papst. Sie alle sind sehr eifersüchtig, sie sind sehr beherrschend.

Dieses Stadium ist repressiv: es erlaubt niemandem, seine eigene Meinung zu vertreten, es erlaubt niemandem, sein eigenes Wesen zu haben. Es ist repressiv: es erlaubt niemandem eigene Impulse. Es ist diktatorisch: es lehrt dich, Ja zu sagen. Nein wird nicht akzeptiert. Das Ja wird gewaltsam, aggressiv erzwungen. Freilich kann dieses Ja nicht viel Wert haben, wenn du nämlich nicht Nein sagen kannst, ist auch dein Ja impotent. Aber das ist das Ja, das überall existiert.

Die Menschen glauben an Gott, weil man ihnen gesagt hat, daß sie an Gott glauben sollen. Die Menschen gehen in die Kirche, weil man ihnen gesagt hat, daß sie in die Kirche gehen sollen. Die Menschen tun Dinge formell, rituell.

Jesus nannte diese Menschen Heuchler.

Es ist gut, diese Dinge zu verstehen, bevor wir mit den Sutren anfangen. Dann werden die Sutren sehr sehr klar sein.

Dieses Stadium des Verstandes hat nur eine bemalte Außenseite, das Innere bleibt davon unberührt, unentwickelt. Eine Art Theismus – die Menschen glauben an Gott, die Menschen glauben an Himmel und Hölle, die Menschen glauben an Bestrafung und Belohnung – aber die Menschen glauben es nur, sie wissen es nicht. Das Ja ist da, aber es wurde erzwungen. Es wurde ihm keine Gelegenheit gegeben, sich in dir zu entfalten und zu entwickeln.

Es gibt eine gemeinschaftliche Solidarität., denn du bist niemals alleine, du bist immer mit Menschen zusammen, die Menge umgibt dich, und das fühlt sich gut an. In dem Moment, wenn du allein bist, entsteht ein Zittern.

Wenn die große Menge dich umgibt, kannst du vertrauen. So viele Menschen können nicht falsch liegen, also mußt du richtig liegen. Weil so viele Menschen auf demselben Pfad, in dieselbe Richtung gehen, gehst du auch mit ihnen.

Den dritten Verstand nenne ich den „individuellen Verstand".

Nietzsche nennt ihn „der Löwe". Es ist Unabhängigkeit, es ist sich behaupten, es ist Rebellion. Das Ego hat sich entwickelt. Das Ego hat sich herauskristallisiert. Der Mensch ist nicht mehr nur Teil einer Kirche, eines Landes, eines Stammes, einer Sippe, einer Familie. Er ist er selbst. Die wirkliche Kultur kann erst beginnen, wenn du ein Individuum geworden bist. Das Wahrnehmen deines Selbst ist ein Muß.

Und das ist die dritte Stufe des Verstandes. Die Identität besteht nicht mehr im Dazugehören. Die Identität besteht nicht mehr darin, daß du ein Hindu oder ein Mohammedaner oder ein Christ bist. Die Identität ist persönlicher; daß du ein Maler bist, daß du ein Dichter bist. Die Identität ist kreativer; sie besteht nicht darin, daß du dazugehörst, sondern darin, daß du etwas beiträgst – was du zur Welt beigetragen hast.

Langsam erwächst ein Zentrum im nebelhaften Verstand.

Im Verstand des Kindes gab es kein Zentrum. Im kollektiven Verstand gab es ein falsches Zentrum, aufgedrängt von außen. Im individuellen Verstand erwächst ein inneres Zentrum.

Die erste Stufe war eine Art Chaos, keine Ordnung. Die zweite war eine Art Patriarchat, eine vom Vater, der fordernden Gesellschaft und den Vaterfiguren aufgezwungene Ordnung.

Die Dritte ist eine Art von Bruderschaft. Eine Brüderlichkeit erwächst. Du gehörst keiner Menge an. Niemand kann dir etwas aufzwingen, und auch du willst niemandem etwas aufzwingen. Du respektierst die Freiheit anderer ebenso sehr wie du deine eigene Freiheit respektierst. Alle sind Brüder.

Im zweiten Stadium war die Grundfrage: Wer ist die Vaterfigur? Im dritten ist die Frage nicht, wer ist die Vaterfigur – es gibt keine, Gott ist tot. Das ist die Situation, in welcher Nietzsche erklärt: Gott ist tot. Gott als Vater ist tot. Das ist die Situation, in welcher Buddha sagt: es gibt keinen Gott, und Mahavir sagt: es gibt keinen Gott, und Patanjali sagt: Gott ist nur eine Hypothese – in bestimmten Stadien benötigt und dann nicht mehr.

Verantwortung erwächst und zwar eine sehr persönliche Verantwortung. Du beginnst dich für jede deiner Handlungen verantwortlich zu fühlen, denn jetzt weißt du, was richtig und was falsch ist, nicht daß jemand sagt: „Das ist richtig", sondern weil du fühlst: das ist richtig, weil du fühlst: das ist gut.

Ein größeres Verständnis, eine wacheres Bewußtsein wird nötig. Es wird mehr Freude geben, da du kristallisierter bist; aber es wird auch mehr Besorgtheit geben, denn wenn jetzt etwas fehlgeht, gehst du fehl. Und du alleine bist verantwortlich für jeden Schritt. Du kannst nicht zu einer Vaterfigur aufschauen, und du kannst die Verantwortung nicht auf jemand anderen abwälzen; kein Schicksal, kein Vater existiert, du bist allein gelassen auf der Straße mit tausenden Alternativen und du mußt eine Wahl treffen. Und jede Wahl ist entscheidend, da du nicht zurückgehen kannst in der Zeit... große Angst entsteht.

An diesem Punkt erleben die Menschen psychische Zusammenbrüche. Es ist eine höhere Stufe als die zweite, und der Westen existiert auf einer höheren Stufe als der sogenannte Osten. Aber selbstverständlich gibt es Probleme. Und diese Probleme können gelöst werden, und diese Probleme sollten gelöst werden, statt auf eine niedrigere Stufe des Verstandes zurückzuschlittern. An dieser Stelle gibt es Freiheit, also gibt es Angespanntheit. Es gibt Denken, es gibt Konzentration, abstrakte Philosophie wird geboren, die Wissenschaft wächst und „Nein" spielt keine große Rolle. Zweifel wird sehr bedeutungsvoll. Im kollektiven Verstand war der Glaube die Regel, im individuellen Verstand wird der Zweifel zur Richtschnur. Nein wird sehr grundlegend, da Rebellion ohne Nein nicht existieren kann, und das Ego kann ohne Nein nicht wachsen und reifen. Du mußt zu tausend und einem Ding Nein sagen, damit du Ja sagen kannst zu dem Einen, wozu du wirklich Ja sagen willst. Jetzt ist das Ja von Bedeutung, da der Mensch fähig ist, Nein zu sagen. Jetzt hat das Ja Stärke, Kraft.

Der Mensch, der immer Ja sagt... sein Ja hat nicht viel Wert. Aber der Mensch, der neunundneunzig mal Nein sagt und dann einmal Ja sagt, der meint es auch so. Es ist authentisch.

Das ist eine sehr kreative Krise, denn wenn du darüber hinaus gehst, begegnest du deiner Kreativität. Wenn du zurückfällst, dann fällst du nicht auf die zweite Stufe, du fällst auf die erste. Das muß verstanden werden. Wenn du von der dritten fällst, vom individuellen Verstand, wirst du unmittelbar im Wahnsinn landen, da die zweite nicht mehr offensteht. Du hast gelernt, Nein zu sagen, du hast gelernt rebellisch zu sein, du hast die Freiheit gekostet, jetzt kannst du nicht mehr auf die zweite Stufe zurückfallen. Diese Tür steht dir nicht mehr offen. Wenn du von der dritten fällst, wirst du auf die erste fallen: Du wirst wahnsinnig.

Genau das ist mit Friedrich Nietzsche geschehen. Er war ein „Löwe", aber der Löwe wurde verrückter, brüllte und brüllte und brüllte, und er konnte keinen Weg finden über die dritte Stufe hinaus. Wenn ein Mensch von der dritten Stufe fällt, fällt er auf die erste. Das merkt euch. Dann kannst du nicht mehr auf die zweite zurück, die ist für immer verschlossen. Sobald dein Nein sehr bewußt geworden ist, kannst du nicht mehr zum Glauben zurückgehen. Ein Mensch der gezweifelt hat und der gelernt hat zu zweifeln, kann nicht zum Glauben zurückgehen, das ist unmöglich. Jetzt ist Glaube nur noch List und Betrug, und du kannst dich nicht selbst betrügen. Wenn ein Mensch einmal Atheist geworden ist, wird ihm gewöhnlicher Theismus nicht mehr genügen. Dann wird er einen Menschen wie mich finden müssen. Dann wird gewöhnlicher Theismus nicht genügen – er ist darüber hinausgegangen.

Nietzsche hätte einen Menschen wie Buddha gebraucht. Und da Buddha nicht zur Verfügung stand und da der westliche Verstand bisher noch nicht in der Lage war, es den Menschen zu ermöglichen, über die dritte Stufe hinauszugehen, mußte er verrückt werden. Im Westen ist es fast eine Gewißheit, daß ein Mensch, der auf der dritten Stufe wirklich entwickelt ist, zurückschlittert in den Wahnsinn, denn die vierte Stufe ist noch nicht verfügbar im Westen.

Wenn die vierte verfügbar ist, dann ist die dritte sehr kreativ. Wenn es eine Möglichkeit gibt, das Ego aufzugeben, dann ist das Ego von unermeßlichem Wert. Aber der Wert liegt in der Hingabe! Wenn du das Ego nicht aufgeben kannst, dann wird es zur Last, einer großen Last auf dir. Sie wird unerträglich. Dann wird der Löwe nicht aufhören zu brüllen und zu brüllen, und es wird keinen anderen Weg geben, als wahnsinnig zu werden.

Das ist eine sehr kritische Stufe – die dritte; sie ist gerade in der Mitte. Zwei Stufen sind darunter und zwei Stufen sind darüber. Es ist das mittlere Glied. Wenn du fällst, dann fällst du in den Abgrund des Wahnsinns; wenn du steigst, dann steigst du auf in die Schönheit eines Christus oder eines Buddha.

Der vierte Verstand ist der „universale Verstand". Merke Dir, er sieht kollektiv aus, aber er ist nicht kollektiv. „Kollektiv" bedeutet, einer Gesellschaft anzugehören, einer bestimmten Zeit, einer bestimmten Epoche, einem bestimmten Land. „Universal" bedeutet, der ganzen Existenz anzugehören, der Existenz als solcher.

Sobald das Ego reif ist, kann es fallengelassen werden, in der Tat fällt es von selbst, wenn die vierte Tür verfügbar ist. Und das ist die Aufgabe der Religion, die vierte Tür zu öffnen. Das ist das heutige

Problem im Westen: der dritte Verstand ist aufs Höchste entwickelt und die vierte Tür ist nicht verfügbar. Der Westen braucht dringend die vierte Tür.

Carl Gustav Jung hat in seinen Memoiren gesagt, daß er durch Beobachten von Tausenden von Menschen während seines ganzen Lebens, zu einigen Schlußfolgerungen gekommen ist. Eine der Folgerungen ist, daß Menschen mit ungefähr vierzig bis fünfundvierzig Jahren einer religiösen Krise begegnen. Ihr Problem ist nicht psychologisch, ihr Problem ist religiös. Im Alter von ungefähr zweiundvierzig, fünfundvierzig Jahren beginnt ein Mensch, sich nach dem vierten Verstand umzusehen. Wenn er ihn nicht finden kann, dreht er durch. Dann ist der Hunger da, aber die Nahrung ist nicht vorhanden. Wenn er sie finden kann, erwächst große Seligkeit, großer Segen.

Es ist beinah so, wie wenn du im Alter von vierzehn Jahren sexuelle Reife erlangst. Dann beginnst du, dich nach einem Partner umzusehen – nach einer Frau, nach einem Mann. Du möchtest ein Objekt für deine Liebe im Alter von etwa vierzehn Jahren.

Im Alter von etwa zweiundvierzig Jahren gelangt etwas anderes in dir zur Reife. Du beginnst nach *samadhi* zu suchen, nach Meditation, nach etwas, das höher geht als Liebe, etwas, das höher geht als Sex; etwas, das dich zu einem ewigeren Orgasmus führen kann, zu einem totaleren Orgasmus. Wenn du es finden kannst, dann bleibt das Leben fließend. Wenn du die Tür nicht finden kannst – der Hunger ist erwacht und die Nahrung ist nicht vorhanden – was wirst du tun? Du beginnst zusammenzubrechen, deine ganze Struktur ist erschüttert. Und wenn ein Mensch zusammenbricht, dann fällt er immer auf die unterste Stufe.

Diesen vierten nenne ich den „universalen Verstand" – das Ego kann sich auflösen, da das Ego zur Reife gelangt. Merke dir, laß es mich wiederholen: das Ego kann sich nur auflösen, wenn es zur

Reife gelangt. Ich bin nicht gegen das Ego, ich bin ganz dafür – aber ich begrenze mich nicht darauf. Man muß darüber hinausgehen.

Gerade vor ein paar Tagen habe ich ein Buch von Viktor Frankl gelesen. Er sagt: „Wir müssen willens sein, die Persönlichkeit aufzugeben". Warum sollten wir gewillt sein, unsere Persönlichkeit aufzugeben; und wie kannst du die Persönlichkeit aufgeben, wenn du sie nicht hast wachsen lassen? Nur das wirklich Reife kann abgelegt werden. Was ist Persönlichkeit? Persönlichkeit ist eine *persona*, eine Maske. Sie ist notwendig.

Das Kind hat keine Maske, das ist der Grund, warum es so tierähnlich aussieht. Der kollektive Verstand hat eine Maske, aber aufgedrängt von der Umwelt; er kennt keine innere Definition seines Wesens. Der Egoist, der individuelle Verstand hat eine innere Definition, er weiß, wer er ist, er kennt eine Art Integration. Freilich, die Integration ist nicht endgültig und sie wird aufgegeben werden müssen, aber sie kann nur aufgegeben werden, wenn sie erreicht worden ist.

„Wir müssen willens sein, die Persönlichkeit aufzugeben. Gott ist nicht jemand, der Personen achtet". Das ist wahr. Gott liebt Individuen, aber nicht Personen. Und der Unterschied ist groß. Eine Person ist jemand, der sich durch sein Ego definiert. Ein Individuum ist jemand, der sein Ego aufgegeben hat und weiß, wer er ist. Eine Person ist ein Kreis mit einem Zentrum, und das Individuum ist ein Kreis ohne ein Zentrum – einfach nur Raum.

„Die Persönlichkeit ist nur eine Maske, sie ist eine theatralische Kreation, ein Bühnenrequisit. Die Sehnsucht nach Freiheit, Erlösung oder *nirvana* bedeutet einfach den Wunsch danach, von deiner sogenannten Persönlichkeit und dem Gefängnis, das es schafft, befreit zu werden. Die Schwierigkeit mit dem Selbst ist, daß es von anderen abgeleitet ist." Dein Ego ist auch von anderen abgeleitet. Für dein Ego bist du von anderen abhängig. Wenn du in den Himalaja gehst und in einer Höhle sitzt, was für ein Ego hast du da? Nach und nach wird das Ego beginnen zu verschwinden. Es braucht Unterstützung. Jemand muß es würdigen. Jemand muß zu dir sagen, daß du eine schöne Person bist. Jemand muß es fortwährend füttern. Das Ego kann nur in der Gesellschaft bestehen. Obwohl es versucht, die Gesellschaft loszuwerden, bleibt es auf subtile, unbewußte Art von der Gesellschaft abhängig.

„Die Schwierigkeit mit dem Selbst ist, daß es von anderen abgeleitet ist. Es wird konstruiert durch das Bemühen, die Erwartungen der anderen zu erfüllen. Diese anderen haben sich in unseren Herzen eingerichtet und wir nennen sie unser Selbst."

Dieses Selbst bist nicht du. Es gehört den anderen, die dich umgeben. Es existiert in dir, aber es ist im Besitz von anderen. Deshalb ist es so einfach, eine egoistische Person zu manipulieren.

Das genau ist Schmeichelei. Schmeichelei ist ein Trick, um die egoistische Person zu manipulieren. Du gehst hin und sagst ihm, daß er der großartigste Mensch auf der Welt ist, und er ist bereit, dir zu Füßen zu fallen, du manipulierst. Er weiß, daß du weißt und auch sonst ein jeder weiß, daß das einfach falsch ist. Auch er weiß, daß er nicht der großartigste Mensch auf der Welt ist, aber er möchte es glauben. Er würde es gerne glauben. Und er wird gerne alles tun, was du dir von ihm wünschst. Wenigstens eine Person auf der Welt glaubt, daß er der Größte ist. Er kann es sich nicht leisten, dich zu verlieren.

Das Ego existiert in dir, aber es ist im Besitz der anderen. Es ist die subtilste Sklaverei, die je von den Priestern und Politikern erfunden wurde. Es ist wie eine Delgado-Elektrode, in deinen Kopf eingepflanzt und durch Fernbedienung manipuliert.

Die Gesellschaft ist sehr clever. Zuerst versucht sie, dich auf der zweiten Stufe festzuhalten. Wenn du darüber hinausgehst, dann beginnt sie, dich durch Schmeichelei zu manipulieren.

Es wird dich überraschen, daß es in Indien nie eine Revolution gegeben hat. Und der Grund? Der Grund ist, daß dem Brahmanen, dem Intellektuellen, alle Zeiten hindurch, so sehr geschmeichelt wurde, daß er nie ärgerlich genug war, um gegen die Gesellschaft zu revoltieren. Und nur Intellektuelle revoltieren, nur Intellektuelle, da sie die egoistischsten Menschen sind. Sie sind die selbständigsten Menschen – die Intelligenz des Landes. Und da in Indien der Brahmane der Höchststehende war... niemand stand höher als er; selbst der Kaiser stand unter dem Brahmanen, ein Bettler-Brahmane war höherstehend als der Kaiser, und der Kaiser pflegte seine Füße zu berühren. Also gab es keine Möglichkeit für eine Revolution, denn wer würde die Revolution ausführen? Es sind diese Menschen, diese Intellektuellen, die Unannehmlichkeiten schaffen. Sie sind aber hoch geachtet, es wird ihnen geschmeichelt... es konnte keine Revolution geben, es war nicht möglich.

Dasselbe geschieht in Sowjetrußland. Während der letzten fünfzig Jahre wurden die Intellektuellen in der Sowjetgesellschaft mehr als alle anderen gepriesen. Der Akademiker, der Schriftsteller, der Dichter, der Professor – das sind die am höchsten geachteten Personen. Wer soll da Revolution machen? Die Revolution ist nicht möglich, denn der Revolutionär hat großes Interesse am konventionellen Modus der Gesellschaft, der traditionellen Gesellschaft

In Indien hat es keine Revolution gegeben, und in Rußland kann es sie nicht geben. Revolution ist nur möglich durch den Egoisten. Aber der Egoist kann sehr leicht manipuliert werden. Gib ihm einen Nobelpreis, gib ihm ein Doktorat und er ist bereit, alles zu tun. Dieser Verstand der dritten Stufe ist jetzt auf der ganzen Welt vorherrschend. Wenn er befriedigt ist, bleibst du darin stecken; wenn er nicht befriedigt ist, fällst du zurück und wirst wahnsinnig. Beides sind keine gesunden Zustände.

Man muß darüber hinausgehen und die vierte Stufe, der universale Verstand, muß geschaffen werden. Das Getrenntsein vom Kosmos muß verschwinden. Du mußt eins werden mit dem Ganzen. Tatsächlich bist du ja eins, du glaubst lediglich, daß du es nicht bist. Diese gedankliche Barriere muß aufgelöst werden. Dann gibt es Entspannung, Frieden, Gewaltlosigkeit. In Indien sagen wir: *satyam, shivam, sunderam*. Dann gibt es Wahrheit, Güte und Schönheit. Mit dem universalen Verstand erblühen diese drei Dinge: *satyam* – Wahrheit, *shivam* – Güte, *sunderam* – Schönheit. Mit dem universalen Verstand kommen diese drei Blumen in Blüte, und es herrscht große Freude. Du bist verschwunden, und all die Energie, die im Ego gebunden war, wird freigesetzt. Diese Energie wird Schönheit, Güte, Wahrheit.

Das ist das Stadium des Matriarchats. Der kollektive Verstand ist Patriarchat, der individuelle Verstand ist Brüderlichkeit und der universale Verstand ist Matriarchat.

Mutterliebe ist nicht fordernd, wie auch die Liebe des Universums zu dir. Sie fordert nichts, sie ist bedingungslos, sie ergießt sich einfach über dich. Es liegt bei dir, sie zu nehmen oder nicht zu nehmen, jedenfalls ergießt sie sich über dich. Wenn du ein Ego hast, dann sind deine Türen verschlossen, und du kannst sie nicht nehmen. Wenn das Ego verschwunden ist, dann ergießt sie sich immerfort über dich, nährt dich und erfüllt dich.

Die erste Stufe war chaotisch, die zweite war intellektuell, die dritte war intelligent. Die vierte ist emotional: sie besteht aus Liebe, kommt vom Herzen. Mit der dritten erreicht der Intellekt seinen Gipfel; mit der vierten beginnt Liebe zu fließen.

Dieses Stadium kann „Gott als Mutter" genannt werden. Wenn Gott als Vater gestorben ist, muß Gott als Mutter erstehen. Das ist eine höhere Stufe von Religion. Wenn der Vater wichtig ist, ist die Religion mehr institutional, formal – denn der Vater selbst ist formal, institutional.

Die Mutter ist natürlicher, biologischer, innerlicher. Vater ist äußerlich, Mutter ist innerlich. Der universale Verstand bringt das Matriarchat. Die Mutter wird wichtiger. Gott ist nicht mehr ein Er, sondern wird eine Sie. Über das Leben wird nicht entsprechend der Logik nachgedacht, sondern entsprechend der Liebe.

Der Dichter Friedrich Schiller hat es den „universalen Kuß" genannt. Wenn du verfügbar bist, kann die universale Mutter dich küssen, dich umarmen, kann dich wieder in ihren Mutterschoß nehmen. Das Ja kommt ins Leben zurück, aber es wird nicht mehr von der Außenwelt auferlegt, es kommt aus deinem innersten Kern. Das ist Vertrauen.

Der kollektive Verstand lebt im Glauben. Der individuelle Verstand lebt im Zweifel. Der universale Verstand lebt im Vertrauen – *shraddha*. Es ist nicht Glaube, es ist nicht so, daß jemand dich gezwungen hat zu glauben. Es ist deine eigene Einsicht, es ist deine eigene Erfahrung.

Das ist wahre Religion: sobald du Zeuge Gottes geworden bist, Zeuge von *samadhi*, von Gebet. Wenn du der Zeuge geworden bist; wenn du es nicht von irgendwo ausgeborgt hast – kein Bescheidwissen mehr, nicht mehr Glaube – es ist deine eigene existentielle Erfahrung. Auch dabei gibt es Zusammengehörigkeitsgefühl, aber es ist Zusammengehörigkeit mit dem Leben selbst, nicht mit der Gesellschaft. Auch Kreativität gibt es dabei, aber es ist nicht mehr die egoistische Kreativität. Du bist nicht mehr der Tuer, du wirst zum Instrument – Gott ist der Tuer. Dann fließt Gott durch dich hindurch. Du magst große Dichtung schaffen... tatsächlich kannst du vorher keine große Dichtung schaffen. Das Ego wird einen Schatten werfen, das Ego kann niemals durchlässig sein. Wirkliche Kreativität ist erst möglich mit dem universalen Verstand.

Du wirst das Buch von Gopi Krishna über Kundalini gelesen haben. Er sagt, wenn die Kundalini aufsteigt, entsteht große Kreativität. Das ist wahr. Aber alles was immer er als Beispiel anführt, ist nicht wahr. Er sagt, Sri Aurobindo wurde kreativ, als seine Kundalini aufstieg. Aber Sri Aurobindo hat Poesie geschaffen, die schlechthin mittelmäßig ist. Obwohl sie nicht kreativ ist, ist sie wenigstens mittelmäßig. Aber Gopi Krishna hat Poesie geschrieben, die man nicht einmal mittelmäßig nennen kann – nur Schund und Plunder. Ja, wenn du zum universalen Verstand kommst, wird große Kreativität geboren. Deine bloße Berührung wird kreativ.

Es gibt eine alte Geschichte in den buddhistischen Schriften...
Ein sehr reicher Mann hatte ein großes Vermögen angehäuft – hatte so viel Gold angehäuft, daß es keinen Platz mehr gab, um es zu horten. Aber plötzlich geschah etwas. Eines Morgens wachte er auf und sah, daß all sein Gold sich in Staub verwandelt hatte. Du kannst dir denken, daß er fast wahnsinnig wurde.
Jemand führte ihn zu Buddha – Buddha hielt sich gerade in der Stadt auf, und der Mann ging zu ihm. Und Buddha sagte: „Tu eines. Trag all dein Gold auf den Marktplatz, und wenn jemand es als Gold erkennt, dann bring diesen Mann zu mir."
Aber er sagte: „Wie soll mir das helfen?"
Buddha erwiderte: „Es wird dir helfen. Geh!"
Also nahm er all sein Gold – Tausende Ochsenkarren voll Staub, denn jetzt war es alles Staub. Der ganze Markt war gefüllt mit seinen Ochsenkarren.
Und die Menschen kamen und fragten: „Was für ein Unsinn ist das? Warum trägst du so viel Staub zum Marktplatz? Wozu?"
Aber der Mann verhielt sich ruhig.
Dann kam eine Frau. Ihr Name war Kisagautami. Und sie fragte diesen Mann: „So viel Gold? Woher konntest du so viel Gold bekommen?"
Er fragte die Frau: „Kannst du hier Gold sehen?"

Sie antwortete: „Oh ja. Diese tausende von Ochsenkarren sind angefüllt mit Gold."

Er hielt die Frau fest und fragte sie nach ihrem Geheimnis. „Wie kannst du es sehen? Denn niemand... nicht einmal ich kann sehen, daß da irgendwelches Gold ist; es ist alles Staub."

Er brachte die Frau zu Buddha und Buddha sagte: „Du hast die richtige Frau gefunden – sie wird dich die Kunst lehren. Es ist lediglich eine Frage des Sehens. Die Welt ist so, wie du sie siehst. Sie kann die Hölle sein, sie kann der Himmel sein. Gold kann Staub sein und Staub kann Gold sein. Es kommt darauf an, wie du es betrachtest. Sie ist die richtige Frau. Werde ein Schüler von Kisagautami. Sie wird dich lehren. Und an dem Tag, an dem du verstehst, richtig zu schauen, wird sich die ganze Welt in Gold verwandeln. Das ist das Geheimnis der Alchemie."

Kisagautami war eine der ungewöhnlichsten Frauen jener Zeit. Und der Mann lernte durch sie die Kunst, die ganze Welt in Gold zu verwandeln.

Wenn du dich in den universalen Verstand begibst, wirst du fähig zu Kreativität – nicht als du, sondern als Gott. Du wirst ein hohler Bambus und sein Gesang läßt sich auf dich herab, fließt durch dich hindurch. Er macht dich zu einer Flöte.

Wenn vom dritten Verstand kein Weg in den vierten führt, dann wirst du in Wahnsinn fallen. Nietzsche spricht nur von drei Stufen des Verstandes: das Kamel, der Löwe und das Kind. Vom Löwen fällt er zurück in das Kind, wird wahnsinnig.

Es gibt noch ein anderes Tor, und das ist der universale Verstand, der wirklich wieder Kindheit ist, aber eine zweite Kindheit. Diese ist nicht mehr wie die erste. Sie ist nicht chaotisch, sie hat Selbstdisziplin. Sie hat einen inneren Kosmos, eine innere Ordnung. Nicht verantwortungslos wie die erste Stufe, nicht verantwortlich wie die zweite. Eine neue Verantwortlichkeit, nicht irgendwelchen Werten gegenüber, nicht irgendeiner Gesellschaft gegenüber, sondern es entsteht eine zweite Art von Wertigkeit, du kannst sehen, was richtig ist – wie kannst du etwas anderes tun? Du siehst das Richtige, und das Richtige muß getan werden. Hier wird Wissen zur Tugend. Du handelst entsprechend deiner Bewußtheit. Dein Leben ist transformiert. Es ist voll Unschuld, Intelligenz und Liebe, alles kommt aus deinem innersten Kern, dein innerer Brunnen fließt.

Und dann die fünfte Stufe, die letzte, wenn du sogar über den universalen Verstand hinausgehst. Denn auch nur zu denken, daß es der universale Verstand ist, ist denken. Gewisse Ideen vom Individuum und vom Universum bleiben noch in dir zurück. Du bist dir noch bewußt, daß du eins bist mit dem Ganzen, aber du bist und du bist eins mit dem Ganzen. Die Einheit ist noch nicht total, sie ist nicht vollendet, sie ist nicht endgültig. Wenn die Einheit wirklich endgültig ist, dann gibt es nichts Individuelles, nichts Universales. Das ist der fünfte Verstand: Christusverstand,.

Jetzt erscheinen drei weitere Charakteristika: *sat-chit-anand*. *Sat* bedeutet Sein, *chit* bedeutet Bewußtsein, *anand* bedeutet Seligkeit. Jetzt erscheinen diese drei Qualitäten, jetzt erblühen diese neuen Blumen in deinem Wesen.

Du bist zum ersten Mal ein Sein, Werden gibt es nicht mehr. Der Mensch ist über sich selbst hinausgegangen, die Brücke ist nicht mehr. Du bist zu Hause angekommen, du bist ein Sein: *sat*. Und du bist völlig bewußt, denn es ist keine Dunkelheit zurückgeblieben: *chit*. Und du bist *anand*, denn es gibt keine Angst, keine Spannung, kein Elend. Alles das ist vergangen, der Alptraum ist zu Ende. Du bist vollkommen erwacht. In dieser Wachheit ist Buddhaschaft oder Christusbewußtsein.

Das sind die fünf Stufen. Und erinnere dich, die dritte ist die zentrale. Zwei sind darunter, zwei sind darüber. Wenn du nicht darüber hinausgehst, wirst du zurückfallen. Und du kannst nicht darüber hinausgehen, ohne die dritte zu passieren, erinnere dich daran. Das ist das Komplexe daran: wenn du versuchst, die dritte zu vermeiden, wirst du in der zweiten steckenbleiben und dabei kannst du denken, es sei die universale. Das ist sie nicht, sie ist einfach kollektiv. Wenn du die dritte zu vermeiden versuchst, kannst du sogar in der ersten bleiben, das heißt im Schwachsinn. Und manchmal sieht Schwachsinn aus wie heilig.

In Hindi haben wir zwei Worte mit demselben Stamm für beide Stufen, dieser Wortstamm ist *budh*. Die fünfte nennen wir *buddha*, die höchste Stufe, und die erste nennen wir *buddhu*, die idiotische Stufe. Manchmal sieht der Idiot aus wie ein Heiliger – er hat gewisse Ähnlichkeiten – und manchmal sieht der Heilige aus wie ein Idiot. Aber die beiden sind weit voneinander entfernt – die entferntesten Punkte der Existenz. Jesus sieht manchmal aus wie ein Idiot. Und es hat viele Idioten gegeben, die aussahen wie Jesus. Die Ähnlichkeit besteht darin, daß beide ohne Verstand sind. Der Idiot ist unterhalb des Verstandes und Christus ist oberhalb des Verstandes, aber beide sind jenseits des Verstandes. Das ist die Ähnlichkeit, aber hier endet sie auch. Abgesehen davon ist nichts ähnlich.

Merke dir, die erste Stufe ist nicht das Ziel, sie ist der Anfang. Die zweite ist sehr bequem, aber es geht nicht um Bequemlichkeit – es geht um Kreativität. Die dritte ist kreativ, aber sehr unbequem, sehr unruhig, angespannt. Und wie lange kannst du kreativ bleiben...? Da ist so viel Anspannung. Diese Spannung muß verloren gehen, deshalb die vierte Stufe. In der vierten ist alles still. Nur ein letztes Nachklingen des Ego ist geblieben, so daß man fühlt: „Ich bin eins mit dem Ganzen".

Ein Schüler von Rinzai kam zum Meister und sagte: „Ich bin eins geworden mit dem Ganzen. Was kommt als nächstes?"

Der Meister warf ihn hinaus und sagte: „Jetzt werde diese Idee los, daß du eins geworden bist mit dem Ganzen. Werde diese Idee los – sie ist die letzte Hürde."
Ein anderer Schüler sagte zu Rinzai: „Ich habe das Nichts erreicht."
Und Rinzai sagte: „Laß es fallen. Laß auch das fallen!"

Auf der vierten Stufe bleibt nur eine sehr dünne Wand, fast durchsichtig, du kannst sie nicht sehen. Auch das muß fallengelassen werden. Dann ersteht die fünfte.
Diese Sutren Jesu sind für die fünfte.

Wenn ihr betet, macht es nicht wie die Heuchler.
Sie stellen sich beim Gebet gerade in die Synagogen
und an die Straßenecken, damit sie von den Leuten gesehen werden.
Aber, das sage ich euch: Sie haben ihren Lohn bereits erhalten.

Und Jesus sagt: Sei kein Heuchler. Bete nicht, nur um den anderen zu zeigen, daß du betest. Das erzeugt den kollektiven Verstand. Du siehst immer auf die anderen – was die wohl denken über dich. Du bettelst um Achtung. Der Heuchler ist einer, der für Achtbarkeit lebt. Was immer ihm Achtung verschafft, das tut er; ob er es wirklich tun will oder nicht, das ist unwichtig. Er mag sogar dagegen sein. Er mag genau das Gegenteil tun wollen, aber er hört nicht auf, die Wünsche der Leute zu erfüllen, denn er braucht deren Respekt.
Jesus sagt:

Wenn ihr betet, macht es nicht wie die Heuchler.

Vergiß die Gesellschaft, den kollektiven Verstand wenigstens während du betest. Vergiß die Förmlichkeit wenigstens während du betest. Bete nur für Gott, nicht für sonst jemanden.

Aber, das sage ich euch:
Sie haben ihren Lohn bereits erhalten.

Und wenn du nur betest, um den anderen zu zeigen, daß du ein großer Beter bist, dann ist das dein Lohn – der Respekt, den du bekommst, wird alles sein, was du bekommst. Das hat keinen Wert.

Du aber geh in deine Kammer,
wenn du betest, und schließ die Türe zu;
dann bete zu deinem Vater, der im Verborgenen ist.

Jesus sagt: Bete im Verborgenen, bete in Alleinsein. Bete jenseits des kollektiven Verstandes. Vergiß die Gesellschaft und die Kirche und die Leute – vergiß alles. Denn nur wenn du alles vergißt, kannst du dich auf Gott besinnen, nicht anders. Im Verborgenen, in Alleinsein laß dein Gebet geschehen.

Wenn ihr betet, sollt ihr nicht plappern wie die Heuchler,
die meinen, sie werden nur erhört, wenn sie viele Worte machen.

Und Jesus sagt: Es geht nicht darum, ein förmliches Gebet zu wiederholen, die wirkliche Frage ist eine Frage des Herzens – nicht was du sagst, sondern was du meinst. Es sollte nicht förmlich sein; etwas Förmliches ist tot. Es sollte lebendig sein, authentisch, pulsierend. Es sollte dein Herz zeigen und diesen Moment, in dem du gerade bist, das sollte es präsentieren. Es sollte wahr sein und wirklich. Und Jesus sagt, sei unbesorgt, daß du viele Worte machen mußt vor Gott. Der einzige Weg, mit ihm zu sprechen, ist in Stille.

Macht es nicht wie sie;
denn euer Vater weiß was ihr braucht, noch ehe ihr ihn bittet.

Es gibt keine Notwendigkeit, überhaupt etwas zu sagen. Sich einfach in Schweigen zu verbeugen genügt. Einfach vollkommen still werden genügt. Schweigen ist die Sprache des Gebets. Aber es mag schwierig sein, direkt in das Schweigen zu gehen, denn Sprache ist alles was wir kennen.

So sagt Jesus dann:

So sollt ihr beten:

Wenn es sehr schwierig ist, still zu sein, vollkommen still zu sein, dann beginne auf diese Art. Merke dir, Jesus sagt: auf diese Art... nicht etwa: genau so.

Finde deine eigene Art, erschaffe dein eigenes Gebet. Erschaffe wenigstens dein eigenes Gebet, wenn du schon sonst nichts erschaffen kannst.

Vater im Himmel,
Geheiligt sei dein Name.
Dein Reich komme.
Dein Wille geschehe, wie im Himmel, so auf Erden.
Unser täglich Brot gib uns heute.
Und vergib uns unsere Schuld,
wie auch wir vergeben unseren Schuldigern.
Und führe uns nicht in Versuchung,
sondern erlöse uns von dem Bösen.
Denn dein ist das Reich, und die Kraft,
und die Herrlichkeit, in Ewigkeit.
Amen.

Jesus sagt: Auf diese Art... er gibt dir lediglich ein Beispiel. Er gibt dir nicht ein Gebet, vergiß das nicht. Er sagt nur, auf diese

Art... nur um dir einen Weg zu zeigen. Dann erschaffe dir dein eigenes Gebet. Das Wichtige ist, daß du hingegeben sein sollst, daß du voller Dankbarkeit, voller Lob sein sollst, daß du bereit sein sollst, zu empfangen, offen, lauschend, daß du still sein sollst, im Verborgenen, in Alleinsein. Deine Liebe muß ihm zu Füßen gelegt werden.

Auf diese Art.... finde dein eigenes Gebet, erschaffe dein eigenes Gebet. Laß es dein eigenes sein. Ein geborgtes Gebet ist ein falsches Gebet.

Gebt das Heilige nicht den Hunden,
und werft eure Perlen nicht den Schweinen vor,
denn sie könnten sie mit ihren Füßen zertreten
und sich umwenden und euch zerreißen.

Jesus sagt: Du sollst nicht auf dem Marktplatz beten, du sollst nicht beten, nur um anderen zu zeigen, daß du betest. Das ist falsch, das ist wie das Heilige den Hunden geben. Menschen, die Gebete nicht verstehen, werden dich mißverstehen, wenn du vor ihnen betest.

...und werft eure Perlen nicht den Schweinen vor,

Diese Perlen deines Herzens sollten nicht den Schweinen vorgeworfen werden.

...denn sie könnten sie mit ihren Füßen zertreten
und sich umwenden und euch zerreißen.
Bittet, dann wird euch gegeben;...

Bitte deinen Gott einfach, laß dein Gebet einfach nur für ihn sein, nur für ihn bestimmt.

Bittet, dann wird euch gegeben;
sucht, dann werdet ihr finden;
klopft an, dann wird euch geöffnet.

Gott ist immer bereit. Es ist nicht so, daß nur du ihn suchst, auch er ist auf der Suche nach dir. Klopft an und dann wird euch geöffnet... Er hat dort lange Zeit auf dich gewartet. Des Menschen Suche ist nicht einseitig. Von Gottes Seite gibt es ebensoviel Sehnsucht nach Begegnung – das ist die Bedeutung dieser Botschaft.

Bittet, dann wird euch gegeben;
sucht, dann werdet ihr finden;
klopft an, dann wird euch geöffnet.
Denn wer bittet, der empfängt;
wer sucht, der findet;
und wer anklopft, dem wird geöffnet.
Alles was ihr also von anderen erwartet,
das tut auch ihnen!
Darin besteht das Gesetz und die Propheten.

Bete im Verborgenen. Gebet sollte nur eine Zwiesprache sein zwischen dir und deinem Gott, ein Dialog. Und dann noch dein Verhalten... und Jesus hat die ganze Skizze für das religiöse Leben vervollständigt. Mit Menschen... tut ihnen nur das, was ihr auch von ihnen erwartet, das sie dir tun. Das ist alles. In Kürze, die ganze Botschaft des Gesetzes und der Propheten: Tut den anderen, was ihr von ihnen erwartet. So sollte dein Verhalten sein, und das ist genug Vorbereitung für das Beten. Und dann, schließe deine Türen, geh ins Verborgene und bete zu deinem Gott. Wenn du den Menschen nichts Schlechtes angetan hast, dann gibt es nichts, was deinen Pfad durchkreuzt. Wenn niemand wütend ist, wenn niemand gegen dich ist, wenn du niemanden verletzt hast, bist du bereit. Dein Gebet wird erhört werden. Dann laß dein Gebet dein eigenes sein, informell, authentisch.

Geht durch das enge Tor!
Denn das Tor ist weit, das ins Verderben führt,
und der Weg dahin ist breit,
und viele gehen auf ihm.
Aber das Tor, das zum Leben führt, ist eng,
und der Weg dahin ist schmal,
und nur wenige finden ihn.

Jesus sagt: Es gibt zwei Tore. Eines ist für die Masse, den kollektiven Verstand, und ein anderes ist für den universalen Verstand. Beide sind auf eine Art ähnlich – beides sind Tore. Der Unterschied ist

...denn das Tor ist weit, das ins Verderben führt,
und der Weg dahin ist breit,...

Wo die Menge sich bewegt, da ist das Tor natürlicherweise weit und der Weg ist breit. Massen bewegen sich dort.

Aber das wahre Tor ist eng, du kannst nur alleine durchgehen. Beides sind Pforten – die kollektive und die universale, sie sehen gleich aus – aber im Kollektiv bist du nur Teil der Masse, im Universalen bist du nicht Teil der Masse. Vor dem Universalen hast du eine bestimmte Form von Freiheit, Ego, Individualität, Selbstdefinition erlangt – du gehst allein.

Aber das Tor, das zum Leben führt, ist eng,
und der Weg dahin ist schmal, und nur wenige finden ihn.

Dies muß in Erinnerung gehalten werden: Du kannst dich Gott nur in absolutem Alleinsein nähern. Du kannst nicht einmal deinen Freund mitnehmen, nicht einmal deinen Geliebten. Man muß alleine gehen. Das Tor ist sehr schmal. Du kannst nicht als Hindu gehen, du kannst keine Hindus mitnehmen. Du kannst nicht als Christ gehen, du kannst nicht als Teil der christlichen Bande gehen. Du mußt als Individuum gehen. Und um Individualität zu haben, mußt du den dritten Verstand entwickeln. Nur von dem dritten kannst du in den vierten gehen. Und nur aus dem vierten, kommt der fünfte, langsam, langsam, ganz von selbst. Er wächst, er öffnet sich wie ein Lotus.

Das sind die fünf Stufen des Verstandes. Sei wachsam, beobachte.

Die erste findet sich in jedem, die zweite auch in neunundneunzig Prozent der Menschen, die dritte in sehr wenigen – drei, vier, fünf Prozent höchstens, die vierte nicht einmal in einem Prozent und die fünfte ist sehr selten.

Nur einmal wird ein Christus geboren oder ein Buddha. Aber die fünfte ist das Ziel. Halte das Ziel vor Augen und geh immer weiter, langsam, langsam, von der ersten zur zweiten, von der zweiten zur dritten, von der dritten zur vierten.

Der Mensch ist ein Werden. Mit dem Entstehen des fünften Verstandes, des Buddhaverstandes, des Christusverstandes, wird der Mensch zu einem Sein. Dann ist der Mensch nicht mehr Mensch, da der Mensch nicht mehr Verstand ist. Dann ist der Mensch Gott. Und nur das kann erfüllend sein, sonst nichts. Und gib dich niemals zufrieden mit etwas Geringerem.

Genug für heute.

Sie kreuzigten ihn

Ich konnte der Beziehung zwischen den „fünf Stufen des Verstandes" und den Worten Jesu nicht folgen. Würdest du bitte aufklären?

Mein Gott, so muß ich mich also noch einmal damit befassen. Ich dachte, ich wäre fertig mit diesen fünf Stufen des Verstandes. Aber es ist keine Überraschung; ich habe so etwas erwartet, da ich es nicht klar gemacht hatte. Ich hatte euch nur ein paar Hinweise gegeben und auch diese sehr indirekt.

Wenn du darüber meditiert hättest, dann hättest du die Beziehung gefunden; aber ihr wollt überhaupt nicht arbeiten. Ihr wollt keine Hausaufgaben machen. Laßt uns versuchen, noch einmal darauf einzugehen.

Die fünf Stufen des Verstandes waren: die erste, der Vorverstand – laßt ihn uns den primären nennen. Die zweite, der kollektive Verstand – laßt ihn uns den sozialen nennen. Die dritte, der individuale Verstand – der Ego-Verstand. Die vierte, der kosmische Verstand – der universale Verstand. Und die fünfte, der Nicht-Verstand, Christusverstand, – laßt ihn uns den transzendentalen nennen.

Das erste, was es zu verstehen gilt, ist, daß die Worte Jesu an den dritten Verstand gerichtet sind, an den individuellen Verstand, da sie nur an den dritten Verstand gerichtet werden können. Alle Schriften sind an den dritten Verstand gerichtet, da erst an diesem Punkt Verständnis möglich ist – schwierig, aber möglich.

Bis zum zweiten, dem sozialen Verstand, hast du kein Verständnis. Du ahmst nach, du bist lediglich ein Teil eines großen Mechanismus, den man Gesellschaft nennt. Du hast keine Identität. Du kannst nicht angesprochen werden, du kannst nicht provoziert werden. Niemand existiert in dir. Du bist nur ein Echo – ein Echo der Gesellschaft, der Kirche, des Staates, des Landes – ein Echo vieler Dinge, aber nur ein Echo. Du bist noch nicht wirklich. Wie kannst du das vorher verstehen? Das ist der Grund, warum ein Jesus oder ein Buddha in einer hoch entwickelten Gesellschaft geboren wird. Sie werden nicht in primitiven Gesellschaften geboren.

Buddha wurde in Bihar geboren, nicht in Bastar. Bihar war der höchste Gipfel des indischen Verstandes zu dieser Zeit. Nie wieder hat das indische Bewußtsein einen solchen Gipfel erreicht. Jesus wurde auf dem höchsten Punkt des jüdischen Bewußtseins geboren, er ist die Frucht und die Blüte der gesamten jüdischen Geschichte; er hätte nirgendwo sonst geboren werden können.

Damit ein Jesus existieren kann, bedarf es eines bestimmten geistigen Klimas; es bedarf bestimmter Menschen, die ihn verstehen können. Es bedarf bestimmter Menschen, die ihn nicht nur verstehen können, sondern die durch ihn transformiert werden können.

Also das erste ist, daß die Sutren Jesu an den dritten Verstand gerichtet sind, den individuellen Verstand, den Ego-Verstand.

Das Ego hat eine bestimmte Funktion zu erfüllen, es ist nicht bloß nutzlos. Es wird zu einem Hindernis, sobald du über die dritte Stufe hinausgehst. Aber du kannst nicht darüber hinausgehen, wenn es nicht da ist. Es ist ein Muß, es ist ein notwendiger Schritt; nur das Ego kann das Elend, in einem Ego zu sein, verstehen. Der soziale Verstand kann es nicht verstehen; das Problem hat sich noch nicht gestellt, daher ist auch die Lösung bedeutungslos.

Wenn du an einer Krankheit leidest, dann wird die Medizin, das Heilmittel bedeutsam. Wenn du nicht an der Krankheit leidest, ist das Heilmittel kein Heilmittel für dich.

Der soziale Verstand hat noch nicht an dem Ego gelitten. Deshalb ist alles, was hilft, über das Ego hinauszugehen, völlig bedeutungslos; es gibt keinen Bezugspunkt, es gibt keinen Kontext.

Jesus spricht zum dritten Verstand, behalte das in Erinnerung. Wenn du noch im zweiten Verstand bist, wird Jesus dir ein Rätsel bleiben. Wenn du nur ein Christ oder ein Jude oder ein Hindu bist, dann wirst du nicht in der Lage sein, Jesus zu verstehen.

Denke nur, die Menschen, die sich um Jesus versammelten in jenen Tagen, müssen sehr sehr individualistisch gewesen sein. Wie wäre es sonst für sie möglich gewesen, jemandem zuzuhören, der so rebellisch, so radikal war, der die ganze Gesellschaft auf den Kopf stellte, der unaufhörlich behauptete: „In den alten Zeiten wurde euch gesagt... Ich aber sage euch." Und alles was gesagt worden war, verneinte er, machte es unaufhörlich nieder, zerstörte es – freilich, um etwas Neues zu schaffen. Aber ein normaler Jude wäre nicht in der Lage gewesen, Jesus nahezukommen. Es wäre ihm zu viel gewesen. Nur ein paar Individualisten, rebellische Menschen, müssen sich um ihn versammelt haben.

Der soziale Verstand hat Jesus gekreuzigt. Die Gesellschaft, die Formalisten, die Pharisäer, die Rabbis, die Moralisten, die Puritaner, sie alle kamen zusammen, um ihn zu töten; denn er hat individuelles Bewußtsein hervorgebracht, er hat Individualität in den Menschen kreiert.

Das ist der erste Punkt, um zu verstehen, wie die Sutren sich auf die fünf Stufen des Verstandes beziehen. Erstens, sie sind an den dritten Verstand gerichtet und können nur an den dritten gerichtet werden. Der erste, der primäre, wird nicht einmal fähig sein zuzuhören. Der zweite, der soziale, kann zuhören, aber wird nicht in der Lage sein zu verstehen. Der dritte, der individuelle, kann zuhören, aber er wird nicht in der Lage sein zu folgen.

Aber wenn Verständnis – zumindest intellektuelles Verständnis – erwacht ist, öffnet sich das Tor. Nur der vierte, der universale Verstand kann folgen, nachdem das Ego fallengelassen worden ist. Nachdem das Ego benutzt und fallengelassen worden ist, nachdem die Funktion des Ego erfüllt ist – es ist nicht länger nötig, man ist darüber hinausgegangen – kann das Boot zurückgelassen werden.

Also merkt euch: Der erste Verstand kann nicht einmal zuhören;

der zweite kann zuhören, aber nicht verstehen; der dritte kann verstehen, aber kann nicht folgen; der vierte kann folgen, aber nur folgen; der fünfte kann der transzendentale Verstand werden.

So stehen die fünf Stufen des Verstandes in Bezug zueinander. Ein Zweites muß in Erinnerung gehalten werden:

Jesus sagt:

Geht durch das enge Tor!
Denn das Tor ist weit, das ins Verderben führt,
und der Weg dahin ist breit, und viele gehen auf ihm.
Aber das Tor, das zum Leben führt, ist eng,
und der Weg dahin ist schmal,
und nur wenige finden ihn.

Stell dir den dritten Verstand bildlich vor; er ist genau in der Mitte, auf halbem Weg. Zwei Stufen sind darunter, zwei darüber. Der soziale Verstand ist darunter und der universale ist darüber. Die beiden sehen einander ähnlich. Und das sind die beiden einzigen Wege, die dem universalen Verstand offenstehen; ansonsten wirst du das Gefühl haben festzustecken.

Man muß sich im Leben ununterbrochen bewegen. Es ist Bewegung, es ist Fortschritt. Wenn du das Gefühl hast festzustecken, wirst du dich elend fühlen; man muß immer weiter gehen, bis das Ziel erreicht ist.

Während sich das individuelle Ego im dritten Verstand befindet, hat es zwei Möglichkeiten: entweder es kann nach oben gehen und der universale Verstand werden, oder es kann zurückfallen und der soziale Verstand werden. Beide sehen ähnlich aus; das ist der Grund, warum Jesus sagt:

Geht durch das enge Tor!

Beides sind Pforten und beide sehen einander sehr ähnlich. Worin besteht ihre Ähnlichkeit? Der universale Verstand hat das Ego zurückgelassen, er ist in Einklang mit dem Ganzen. Der soziale Verstand hat das Ego noch nicht geschaffen, er ist mit der Gesellschaft in Einklang. Aber in beiden gibt es eine Art In-Einklang-Sein.

Der soziale Verstand hat es leicht mit der Gesellschaft, er fließt darin rhythmisch und reibungslos. Es gibt keinen Kampf, keinen Konflikt. Er paßt hinein, ist angepaßt – angepaßt an die Gesellschaft. Aber die Gesellschaft ist ein großes Gebilde; es sieht fast so aus, als wärest du an Gott angepaßt. Der soziale Verstand ist sehr normal.

Genau das tun Psychoanalytiker unaufhörlich. Immer wenn jemand zu sehr Individualist wird, sagen sie, er sei unangepaßt. Und was tun sie? Sie bringen dich zu einem Tor – dem sozialen, sie helfen dir, dich an die Gesellschaft anzupassen. Das nennen sie dann „normale Gesundheit". Das nennen sie „psychologische Gesundheit". Es reduziert Spannung, es reduziert Unbequemlichkeiten, es macht dich bequemer und sicherer, aber zu einem hohen Preis.

Auch Religion hilft dir, über Spannungen hinauszugehen, aber nicht durch das zweite Tor. Religion hilft dir, durch das dritte Tor zu gehen. Das ist der Unterschied zwischen Psychoanalyse und Religion. Auch Religion macht dich angepaßt, aber nicht an die Gesellschaft; sie macht dich angepaßt an das Ganze, an das Universum, an Gott. Das ist wirkliche Anpassung, und große Freude entspringt daraus.

An die Gesellschaft angepaßt zu sein ist ein sehr sehr kleines Übereinkommen. Du wirst weniger angespannt, aber nicht freudiger sein, merke dir das. Der vierte Verstand wird dir Freude geben, Feiern. Der zweite Verstand wird dir nur helfen, gelassener und ruhiger und gesammelter zu sein, aber er wird dir keine Ekstase geben. Laß Ekstase immer der Maßstab sein. Immer wenn du nach oben gehst, wächst deine Ekstase. Wenn du nach unten gehst, wird deine Ekstase verringert. Aber beide ähneln sich, da beide Anpassungen sind. In der einen gibst du deine Individualität auf, du wirst ein Schaf. Du beginnst, Leute nachzuahmen, du wirst Teil des Pöbels. Der Pöbel selbst mag falsch liegen, aber das ist nicht die Frage, du paßt dich an. Der Pöbel mag neurotisch sein und ist es tatsächlich: Massen sind neurotischer als Individuen.

Friedrich Nietzsche hat gesagt – und zurecht – daß Neurose ein seltener Zufall ist, soweit es Individuen betrifft. Aber soweit es den Pöbel betrifft, ist Neurose die Regel, nicht die Ausnahme.

Der Pöbel war immer neurotisch. Passe dich dem Pöbel an, und du wirst dich gut fühlen, denn jetzt bist du Teil der sozialen Neurose, du hast keine Privatneurose. Du wirst es gar nicht fühlen – jeder ist genau wie du – die Dinge fühlen sich vollkommen gut an. Deshalb sagt Jesus, beide Tore ähneln sich, beides sind Pforten. Aber es gibt einen großen Unterschied.

Und der Unterschied ist:

Geht durch das enge Tor, denn weit ist das Tor...

Wenn du zurückgehst, findest du ein weites Tor. Und der Weg dahin ist breit. Aber wenn du nach oben gehst, ist der Weg dahin schmal... sehr schmal.

Tatsächlich, mußt du alleine gehen. Du kannst niemanden mitnehmen. Wenn du zur vierten Stufe kommst, mußt du alleine gehen. Du mußt in vollkommenem Alleinsein gehen.

Deshalb müssen Zurückgezogenheit, Meditation und Gebet in Alleinsein geschehen. Du kannst nicht in den vierten Verstand gelangen, mit all deinen Freunden gehen, deiner Familie, deinen Bekannten et cetera. Du wirst alle zurücklassen müssen, du wirst dich auf einem sehr sehr schmalen Weg fortbewegen müssen. Er ist so schmal, daß er nicht einmal Menschen gemeinsam fassen kann.

Du kannst nicht einmal deine Frau, deinen Mann, deinen Sohn, deine Mutter mitnehmen, keineswegs. Du mußt allein gehen, es ist nur für einen einzelnen.

Du kannst anderen helfen, auch zu diesem Weg zu gelangen, aber sie müssen ihn auch als einzelne gehen. Merke dir, je höher du gehst, desto mehr allein bist du. Je tiefer du gehst, desto mehr bist du mit Menschen.

Es ist wie eine Pyramide. Der unterste Teil der Pyramide hat die breiteste Basis, die Basis ist am größten. Wenn du dann höher steigst, wird die Pyramide kleiner und kleiner und kleiner, und an der Spitze ist sie nur ein Punkt.

Du kannst die Stufen des Verstandes auf diese Weise visualisieren. Der primäre ist die Basis der Pyramide. Der soziale ist sehr nahe ab der Basis, ein wenig kleiner als die Basis. Der individuelle ist sehr nahe der Spitze, dem Gipfel, weit weg von der Basis, und der universale ist nur ein Punkt, die Spitze. Und wenn du sogar einen Sprung darüber hinaus getan hast, verschwindet die Pyramide... und der fünfte, der transzendentale Verstand. Er ist überhaupt nicht Teil der Pyramide.

Jesus wendet sich an den dritten Verstand und sagt, daß es diese beiden Möglichkeiten gibt. Wenn du dich der Menge anschließt, wirst du dich selber zerstören; es ist destruktiv, es ist nicht kreativ. Du wirst da nicht rausgeboren werden, es ist einfach Selbstmord. Es wird keine Wiederauferstehung dabei geben.

Geht durch das enge Tor!
Denn das Tor ist weit, das ins Verderben führt,
und der Weg dahin ist breit, und viele gehen auf ihm.

Die Mehrheit folgt diesem Weg. Das ist der Grund, warum du kein Aufblühen siehst, keine Augen erfüllt von Glanz, keine tanzenden Menschen, keine singenden Herzen, warum du keine pulsierende Lebensenergie, warum du keine strotzende Vitalität siehst. Du siehst nur behäbige, schale, abgestandene, schmutzige Tümpel, keinen Fließen mehr. Und wenn das Fließen verschwindet, verschwindet auch das Glänzen. Dann beginnst du ganz langsam zu sterben und tust nichts. Das ist Zerstörung.

Wenn du dem höheren, dem universalen Verstand folgst, denn: *Eng ist das Tor, und der Weg ist schmal...* Dieses „eng" muß immer in Erinnerung gehalten werden. Der soziale Verstand erlaubt dir, mit dem Pöbel zu sein, mit dem individuellen ist das nicht möglich. Du kannst nur mit einer kleinen Gruppe von Menschen sein. Du wirst herausgefunden haben, daß egoistische Menschen immer kleine Gruppen bilden, ihre eigenen Gesellschaften, Klubs, Logen. Sie werden sich nicht mit der Masse abgeben, sie werden ihre eigenen, wenigen Erwählten haben, die Auserwählten. Mit ihnen werden sie verkehren. Schriftsteller werden mit Schriftstellern verkehren. Dichter werden mit Dichtern verkehren. Maler werden ihre eigenen Gesellschaften haben, ihre eigenen Restaurants, in denen sie sich treffen. Sie werden ihre eigenen, gehobenen kleinen Gruppen haben, und sie werden sehr wählerisch sein, wer zugelassen wird.

Mit dem vierten Verstand bist du allein – nicht einmal ein Klub der Auserwählten. Du bist allein. Mit dem fünften bist du nicht einmal allein, sogar du bist verschwunden. Und so geschieht es; langsam verschwinden die Dinge. Zuerst die Masse, dann die kleinen Gesellschaften, Gruppen, Klubs, dann du. Und eines Tages ist nur Leere in deinen Händen. Diese Leere nennt Jesus das „Königreich Gottes", Buddha nennt es *nirvana*.

Drittens: Jesus spricht über Gebet. Gebet ist der Weg – der Weg Jesu – allein zu sein. Buddhas Weg ist Meditation, der Weg Jesu ist Gebet. Aber die wesentliche Qualität muß dieselbe sein. Jesus sagt: Seid still, Sprache ist nicht nötig.

Sprache ist im sozialen Verstand hilfreich. Im universalen ist Sprache nicht nötig. Sprache ist ein soziales Phänomen. Tiere haben keine Sprache, da sie keine Gesellschaft kennen. Der Mensch hat Sprache entwickelt, da der Mensch in der Gesellschaft lebt; der Mensch ist ein gesellschaftliches Tier.

Sobald du beginnst, über die Gesellschaft hinauszugehen, wird Sprache belanglos. Sprache gibt es, um Beziehungen zum anderen herzustellen. Und Gott ist nicht der andere, Gott ist dein innerster Kern. Da gibt es keine Notwendigkeit für irgendeine Sprache.

Also sagt Jesus:

Wenn ihr betet, macht es nicht wie die Heuchler.
Sie stellen sich beim gebet gerade in die Synagogen
und an die Straßenecken,
damit sie von den Leuten gesehen werden.
Aber, das sage ich euch:
Sie haben ihren Lohn bereits erhalten.

Bete nicht, damit die Leute sehen, daß du betest, daß du religiös bist. Bete nicht zur Schau, mach keine Vorstellung daraus. Das ist frevlerisch. Gebet sollte in Abgeschiedenheit geschehen, niemand sollte davon wissen. Es gibt auch keine Notwendigkeit. Es ist sonst niemandes Angelegenheit.

Du aber gehst in deine Kammer, wenn du betest... Was meint er mit „Kammer"? Er meint, laß alle Sprache aus deinem Verstand fallen, alle Wortemacherei. In dem Moment, in dem du das Wortemachen aus deinem Verstand entläßt, bist du in eine so eigene Welt gerückt, daß sonst niemand dorthin gelangen kann. Wenn du die Sprache fallenläßt, hast du die ganze Welt fallenlassen. Denke einmal: wenn nur für einen Moment keine Sprache in dir ist, wo bist du dann? Du bist nicht mehr da, nicht mehr in dieser Welt. Du bist in einer Welt, die vollkommen verschieden ist von dieser. Wenn es keine Sprache in dir gibt, bist du aufs Äußerste für dich. Sprache macht dich öffentlich. Nicht-Sprache macht dich privat.

Das ist es, was Jesus meint, wenn er sagt: *Du aber geh in deine Kammer, wenn du betest* – laß alle Sprache und alles Verbalisieren fallen. Kommunikation muß fallengelassen werden. Du mußt nur da sein, still, gegenwärtig, aber völlig non-verbal, nicht ein einziges Wort sagend.

Und schließ die Tür zu... Wenn die Tür zur Sprache, zum Verbalen, zum linguistischen Verstandes geschlossen ist, *dann bete zu deinem Vater, der im Verborgenen ist.* Dann sei nur tiefe Dankbarkeit. Dann verbeuge dich vor dem Unbekannten. Dann ergib dich dem Mysterium. Dann sei einfach voller Ehrfurcht, erfüllt von Staunen. Das ist Gebet. Das ist die Pforte vom Ego zum Universalen, vom dritten zum vierten.

Sprache ist das Medium, mit anderen in Beziehung zu treten, und Stille ist das Medium, mit Gott in Beziehung zu treten – denn Gott ist nicht der andere. Nur in Stille kannst du mit deinem eigenen inneren Wesen kommunizieren.

Logik ist der Weg in der Welt, Liebe ist der Weg in Gott. Gebet ist liebevolle Stille, nichts sonst. Wenn du mich fragst, was Gebet ist, dann sage ich: liebevolle Stille. Stille, aber ganz und gar voll von Liebe, überfließend von Liebe. Wenn Stille ist und keine Liebe dabei ist, dann ist es Meditation. Wenn Stille ist und sie getränkt ist von Liebe, duftend von Liebe, dann ist es Gebet, das ist der einzige Unterschied. Wenn du deine Stille mit Liebe überschütten kannst, wird sie zum Gebet. Wenn du das nicht kannst, bleibt es Meditation. Beides führt zum gleichen, also gibt es kein Problem mit höher und niedriger. Meditation ist nicht höher, und auch Gebet ist nicht höher.

Es gibt zwei Typen von Menschen auf der Erde: den „Mann" und die „Frau", den Menschen der Intelligenz und den Menschen der Liebe. Jesus gehört zum zweiten Typus. Sein Pfad ist der Pfad der Liebe. Buddhas Pfad ist der Pfad der Intelligenz. Buddha sagt: Sei einfach still und du wirst von der dritten Stufe zur vierten springen. Jesus sagt: Sei still und erfüllt von Liebe, und du wirst von der dritten Stufe in die vierte springen. Beides sind Brücken.

Wenn es dich anspricht, wenn es sich so anfühlt, daß es in dein Herz trifft, daß die Idee einfach einrastet in deinem Sein, dann ist Gebet dein Weg. Aber versuche beides. Wenn du verwirrt bist, versuche beides. Welches auch immer sich gut anfühlt, ist gut, denn beide sind gleich stark, eins so wirksam wie das andere.

Alle Worte gehören zum sozialen Verstand; Stille gehört zum universalen. Und im transzendentalen hört selbst die Stille auf. Zuerst verschwindet die Sprache, dann auch die Stille. Dann ist vollkommene Stille, wenn selbst die Stille verschwunden ist. Das ist die Bedeutung, wenn Jesus sagt: *Dein Reich komme, dein Wille geschehe, wie im Himmel, so auf Erden.* Er gibt sich hin, in tiefer Liebe, in Stille.

Und merke dir, das sind nicht Worte, die es zu wiederholen gilt. Die Christen haben Jesus mißverstanden. Es sind nicht diese Worte, die du wiederholen sollst, es sind diese Gefühle, die gelebt werden sollen, nicht die Worte wiederholen, sondern die Gefühle leben.

Dein Reich komme... Nun kann das nur ein Wort sein in dir, du kannst es wiederholen. Oder es kann ein Gefühl sein in dir – *Dein Königreich komme...* Nicht ein einziges Wort wird in deinem Innern laut, sondern es ist dein Gefühl. Deine Hände sind erhoben, um das Reich zu empfangen, du bist hingegeben, dein Herz ist offen. Du bist bereit dafür, daß Gott in dich hinabsteigt.

Siehst du den Unterschied? Wiederhole nicht die Worte. Laß es ein Gefühl sein, und dann wird es tiefer gehen, und dann wird es wirklich Gebet werden. Und das vierte über den transzendentalen Verstand:

Bittet, dann wird euch gegeben;
sucht, dann werdet ihr finden;
klopft an, dann wird euch geöffnet.
Denn wer bittet, der empfängt,
wer sucht, der findet, und wer anklopft, dem wird geöffnet.

Was meint Jesus, wenn er sagt: *Bittet, dann wird euch gegeben.*
Er meint, daß es dir in Wirklichkeit bereits gegeben ist. Du warst nicht in der Lage, es zu sehen, denn du hattest nicht darum gebeten. Das Tor ist bereits offen. Aber da du nicht angeklopft hast, ist es offen und bleibt dir gleichzeitig verschlossen.
Glaubst du, nur weil du darum bittest, wirst du es bekommen? Das ist aber nur möglich, wenn du es bereits bekommen hast; wie kannst du sonst etwas bekommen, nur indem du darum bittest? Versuch es. Du möchtest einen großen Palast; wirst du ihn durch dein Bitten bekommen? Du wirst ihn nicht einfach dadurch bekommen, daß du darum bittest, sonst wären alle Bettler Kaiser. Du hast ihn nicht, und du wirst hart arbeiten müssen, und selbst dann gibt es keine Sicherheit, daß du ihn bekommen wirst. Es mag dir gelingen, es mag dir nicht gelingen. Es gibt tausend und einen Konkurrenten. Du wirst durch deine Aggressivität hindurch müssen und du wirst alles aufs Spiel setzen müssen, was du hast. Und selbst dann ist die Wahrscheinlichkeit größer, daß du ein Verlierer sein wirst. Du möchtest Geld? Du kannst es nicht bekommen, nur indem du darum bittest. Du möchtest Ansehen, Macht, Respekt, Ehrbarkeit, Berühmtheit. Du wirst es nicht bekommen, nur indem du bittest.
Aber Jesus sagt: Gott kannst du haben, nur indem du bittest. Was meint er? Das ist eine unglaublich wichtige Aussage. Er meint

schlicht dasselbe, was auch Buddha meint, wenn er sagt, daß du es schon hast. Du mußt es nicht erlangen, es ist deine angeborene Natur. Das ist Jesus' Art und Weise, das gleiche zu sagen: Du kannst es nur deshalb durch Bitten bekommen, weil du schon bist. Das Bitten wird dich aufmerksam machen, das ist alles. Wenn du bewußt bittest, wenn du bewußt anklopfst, wenn du beginnst, bewußt zu suchen, wirst du aufmerksam werden auf das, was bereits da war, was schon immer da war, was von allem Anfang an der Fall war. Gott ist dir gegeben. Du trägst Gott in dir. Aber du hast nicht darum gebeten. Dein Begehren ist dir nicht bewußt geworden.

Also, Gott ist da, du bist da, aber es gibt keine Brücke. Indem du bittest, schaffst du die Brücke. Wenn das Bitten unermeßlich ist, enorm, total, dann wird die Brücke in einem einzigen Augenblick geschlagen werden. Das Königreich Gottes ist in dir, deshalb

Bittet, dann wird euch gegeben werden;
sucht, dann werdet ihr finden;
klopft an, dann wird euch aufgetan.

So stehen diese Sutren in Beziehung zu den fünf Stufen des Verstandes. Aber grundsätzlich richten sie sich an den dritten Verstand.

Für diejenigen, die Identität suchen, empfiehlt Norman O' Brown: „Verliere dich!" und Timothy Leary sagt: „Brich aus!" Ich aber sage euch, um sich verlieren zu können, muß man sich zuerst gefunden haben, und um ausbrechen zu können, muß man zuerst in etwas gefangen gewesen sein. Du kannst ausbrechen, wenn du *bist*, du kannst dich verlieren, wenn das Ego fertig und reif ist.

Das ist der Unterschied zwischen einem Sannyasin und einem Hippie. Ein Hippie ist einer, der versucht hat etwas loszuwerden, das er noch gar nicht erworben hat; einer, der versucht, etwas loszuwerden, das er noch nicht verdient hat, der versucht, auf etwas zu verzichten, was gar nicht da ist. Ein Sannyasin ist einer, der dahin gekommen ist, das reife Ego zu fühlen, und da er dessen Elend und die Qualen fühlt, läßt er es fallen. Beide sehen ähnlich aus. Die beiden ähneln einander, aber der Hippie geht nicht vom dritten zum vierten. Der Hippie ist noch gar nicht im dritten gewesen, er wird zum zweiten zurückfallen. Deshalb gründen Hippies ihre eigenen Cliquen, ihre eigenen Stämme, ihre eigene Gesellschaft. Sie hat fast dieselbe Struktur wie die alte Gesellschaft, die sie verlassen haben.

Wenn du in der alten Gesellschaft keine langen Haare tragen kannst, dann kannst du in einer Hippie-Gesellschaft keine kurzen Haare tragen. Die Struktur ist die gleiche. Wenn du in der alten Gesellschaft nicht monatelang, ohne ein Bad zu nehmen leben kannst, ist es dir in der Hippie-Gesellschaft nicht gestattet, jeden Tag ein Bad zu nehmen. Das ist zu konventionell. Du wirst ein bißchen asozial wirken, wenn du täglich ein Bad nimmst. Aber es wird die gleiche Gesellschaft wiederholt, die gleiche Struktur; zwar in Opposition, aber die gleiche Struktur. Der Hippie gelangt nicht über die Gesellschaft hinaus, er geht gegen eine Gesellschaft an, und schafft eine andere.

Der Sannyasin geht über die Gesellschaft hinaus. Er macht sich eben von dem Bedürfnis frei, Teil einer Gesellschaft zu sein.

Diese Sutren sind an den Egoisten gerichtet. Aber merke dir, der Egoist kann sie zwar verstehen, aber er kann ihnen nicht folgen. Um ihnen folgen zu können, mußt du beginnen, dein Ego aufzugeben. Dann kannst du folgen, dann wird der universale Verstand in dir erstehen.

Gebet ist der Weg, oder Meditation. Und wenn der universale Verstand erreicht ist, dann bleibe da nicht stehen. Noch eine Stufe. Genau dieses Bewußtsein, daß du angekommen bist, genau dieses Bewußtsein, daß du Gott erfahren hast, genau dieses Bewußtsein, daß du eins mit Gott geworden ist, muß verschwinden. Das ist die letzte Hürde, die es zurückzulassen gilt. Wenn sie einmal überwunden ist, dann bist du und das Ganze eins – so sehr eins, daß da niemand ist, der auch nur sagen könnte: „Ich bin eins mit dem Ganzen." Das ist der transzendentale Verstand. Jesus nennt es: „Das Reich Gottes."

Wo treffen sich die Liebe Christi und Buddhas Intelligenz?

In mir.

Lehrst du also, daß man die Zukunft überhaupt nicht planen sollte?

Psychologisch sollte man die Zukunft überhaupt nicht planen, aber das heißt, daß man sie praktisch nicht planen sollte. Der Unterschied ist groß und muß verstanden werden.

Wenn du eine Reise vorhast, wenn du in den Himalaja fährst, dann mußt du zum Bahnhof gehen, um deine Fahrkarte ein paar Tage im voraus zu buchen. Das ist einfach praktisch. Du kannst nicht sagen: „Wenn ich plötzlich auf die Idee komme in den Himalaja zu reisen, dann fahre ich einfach." Das könnte schwierig werden. Du bekommst vielleicht keine Fahrkarte für die Eisenbahn oder das Flugzeug. Sei nicht albern. Aber psychologisch, ja, plane nicht in die Zukunft. Was bedeutet „psychologisch"? Du bist hier, und in deinem Kopf beginnst du schon den Treck im Himalaja zu wandern und es macht Spaß – nur in deiner Phantasie. Du bist bereits dort, wo du gar nicht bist. Das ist psychologisch. Damit mußt du aufhören. Aber soweit es praktische Dinge betrifft, ist es völlig in Ordnung.

Lebe nicht psychologisch in der Vergangenheit oder in der Zukunft. Aber praktisch mußt du dich manchmal an vergangene Dinge erinnern. Du mußt dich an deinen Namen erinnern und du mußt dich an deine Frau erinnern. Du kannst nicht jeden Tag nach Hause kommen und fragen: „Wer bist Du? Laß uns einander kennenlernen." Du mußt dich an die Vergangenheit für praktische Zwecke erinnern. Aber lebe nicht darin; die Vergangenheit ist vergangen. Die Erinnerung ist da, benütze sie, immer wenn es nötig ist, aber lebe nicht in diesen Erinnerungen. Vergeude nicht die Zeit, denn wenn du in deinen Erinnerungen lebst, wer lebt dann in der Gegenwart? Dann ist die Gegenwart vergeudet. Und in der Erinnerung leben ist nur ein Traum, es ist nicht wirkliches Leben; es ist pseudo, es ist falsch.

Und lebe auch nicht in der Zukunft. Die Menschen leben in der Zukunft. Ständig planen sie, nach Kaschmir zu fahren oder in die Schweiz. Und sie leben bereits dort. Sie träumen, sie malen es sich aus, sie phantasieren, was sie dort tun werden, wie sie das Leben dort genießen werden. Und denk daran, wenn sie in der Schweiz ankommen, dann sind sie gar nicht da, denn jetzt beginnen sie schon wieder zu planen, wie sie nach Hause zurückkommen... und das Geschäft und die Familie und alles.

Sie sind niemals an dem Ort, wo sie gerade sind; unaufhörlich verpassen sie den Moment. Sie sind immer in Eile und kommen nie an. Lebe nicht in der Zukunft, lebe nicht in der Vergangenheit. Aber das heißt nicht: denke nicht an praktische Dinge.

Ein Mann war in Irland auf Urlaub. Eines Tage fuhr er eine kaum befahrene Straße entlang, als er ein hübsches junges Mädchen traf, das auf eine Mitfahrgelegenheit wartete. Also nahm er sie mit.
Nach ein paar Minuten fragte er, ob er ihre Hand halten könne.
„Sicher", kam als Antwort.
Ein wenig später fragte er sie, ob er sie küssen könne.
„Sicher", erwiderte sie.
Ein paar Meilen später fuhren sie durch ein Dorf. Das Mädchen bat ihn, vor der Drogerie anzuhalten.
„Warum?", fragte der Mann.
„Zur Sicherheit", erwiderte das Mädchen.

So viel Praktisches ist erlaubt. Mehr als das ist nicht nötig.

Du sagst, daß es manchmal gefährlich ist, jemanden anzutreiben. Du aber treibst mich sehr hart an. Gut, ich vermute, du weißt, was du tust, aber was tust du?

Tushita, das geht dich gar nichts an.

Warum weine ich jedesmal, wenn etwas Wirkliches in der Meditation geschieht? Manchmal, selbst während deines Vortrags, kommen mir Tränen in die Augen und ich zittere in stillem Schluchzen, wenn du etwas sagst, das mich als meine Wahrheit trifft. Was ist der Zusammenhang von Wahrheit und Tränen?

Die Frage ist von Michael Gottlieb. Erstens, es kann sein, Gottlieb, daß nur die Tränen echt sind an dir, alles andere ist unecht geworden. Dein Lachen, dein Gesicht, deine Gesten, deine Worte – alles mag falsch geworden sein. Es mag sein, daß nur deine Tränen noch echt sind. Deshalb kommen dir die Tränen immer wenn du etwas Wahres hörst. Sie sind in Einklang mit der Wahrheit.

Und das ist nicht nur bei dir so, das ist so bei vielen Menschen.

Tränen sind nicht allzusehr verdorben worden, besonders bei Männern. Für Frauen stimmt das nicht in gleichem Maße. Ihre Tränen sind vielleicht Fassade, ihre Tränen sind vielleicht Diplomatie, ihre Tränen können Tricks sein, Strategien. Aber bei Männern... den Männern ist es überhaupt nicht erlaubt worden zu weinen. Man hat ihnen von frühester Kindheit an gesagt, wenn du ein Mann bist, dann sind Tränen für dich nicht statthaft. Du solltest niemals weinen! Auf diese Weise sind die Tränen erhalten geblieben, nicht verdorben von der Gesellschaft, unverseucht von der Gesellschaft – wenigstens bei Männern ist das so.

Also immer wenn du etwas Wahres hörst, etwas, das in dich eindringt und zu einem Lied in deinem Herzen wird, etwas das eindringt in deine Dunkelheit wie ein Lichtstrahl, dann kommen Tränen, denn das Wahre ruft das Wahre in dir hervor.

Michael Gottliebs Name ist schön: „Gottlieb" bedeutet Gott-Liebe. Vielleicht gibt es da ein großes Verlangen nach Gott, eine große Liebe zu Gott, die sich täglich bereit macht, die dich ganz in Besitz nehmen wird. Erlaube diese Tränen, denn es besteht die Gefahr, daß du sie vielleicht unterdrückst.

Gottlieb ist Psychologe, das ist die Gefahr. Du magst anfangen zu rationalisieren, du magst anfangen Erklärungen zu finden. Du magst anfangen, diese Tränen zu unterdrücken, die unschuldig sind, so unschuldig wie Tautropfen, unverdorben durch den Verstand. Sie kommen aus dem Jenseits. Diese Tränen kommen aus deinem Herzen. Fange nicht an, sie zu erklären. Psychologen sind sehr geschickt darin, alles wegzuerklären. Lebe mit dem Geheimnis der Tränen! Wenn sie kommen, erlaube sie! Geh in dieses Schluchzen, dieses Schluchzen ist der Anfang von Gebet in dir. Fließe ganz und gar in diesen Tränen, ohne Scham. Sei nicht verlegen. Geh mit ganzem Herzen in sie hinein, und du wirst gereinigt und geläutert durch sie. Diese Tränen werden deine wahre Alchemie. Ihre Berührung verwandelt dich in Gold.

Ich habe Gottlieb beobachtet. Er ist erst seit ein paar Tagen hier, und tief im Innern hat er Angst vor Sannyas. Anfangs wollte er nur zehn Tage bleiben, dann hat er noch um ein paar Tage verlängert. Jetzt hat er wieder ein wenig verlängert, und nach und nach wird er eingefangen. Jetzt haben die Tränen zu fließen begonnen. Jetzt wird es gefährlich, Gottlieb. Aber immer noch erlaubst du ihnen nicht ihren völlig freien Fluß. Laß dich mitreißen von ihnen. Laß das Pochen deines Schluchzens bis in die Tiefe deiner Zellen und der Fasern deines Wesens gehen. Laß diese Tränen in dir und um dich herum tanzen, und dann wirst du durch diese Tränen initiiert werden. Durch diese Tränen kommst du mir nahe, und ich komme dir nahe.

Wenn du es erlaubst, dann wird etwas geschehen, etwas unermeßlich Wertvolles. Aber es hängt von dir ab, ob du es erlaubst oder ob du davonläufst, bevor es zu viel wird. Hier zu sein verlangt

Mut. Mit mir sein bedeutet Risiko. Wenn du dich entscheidest mit mir zu sein, riskierst du, dich selbst zu finden. Dieses Risiko besteht. Und um sich selbst zu finden, muß man seine gesamte Vergangenheit sterben lassen, denn das Neue kann nur kommen, wenn das Alte verschwunden ist.

Laß diese Tränen deine Vergangenheit wegtragen, laß dich von ihnen waschen. Sie bereiten dich für mich vor. Und du hast ein Herz, das in Gebet wachsen kann. Aber nur, wenn du es erlaubst. Nichts kann gegen deinen Willen getan werden. Und bis jetzt hast du gekämpft, hast dich geschützt, dich in Sicherheit gebracht. Du hältst dich ein wenig abseits, auf Distanz. Das machst du auf eigene Gefahr. Du kannst die Gelegenheit verpassen.

In deinem heutigen Diskurs hast du gesagt, daß es drei Stufen gibt: Sex, Liebe und Gebet. Aber wenn man ständig den Partner wechselt, wie kann man dann in die Tiefe gehen? Wie kann man überhaupt die höchste Stufe erreichen?

Die Frage ist von Ma Yoga Mukta. Diese Frage entsteht in vielen Menschen, und da Mukta Inderin ist, hat sie eine größere Relevanz für ihre Konditionierungen. Die Menschen glauben, daß die Liebe nur dann tief gehen kann, wenn du in eine einzige Person verliebt bist. Das ist ausgesprochener Unsinn.

Die Tiefe der Liebe hat nichts mit einer Person oder mit zwei Personen zu tun. Die Tiefe der Liebe hat sicherlich etwas damit zu tun, daß du immer in Liebe sein solltest, das bringt Tiefe. Nun, zum Beispiel, du liebst einen Mann oder eine Frau. Ein paar Tage lang ist alles wirklich phantastisch, alles ist wunderschön. Und dann beginnt es natürlich langweilig zu werden. Daran ist nichts falsch, es ist einfach der Lauf der Natur. Du wirst vertraut mit der Frau, mit ihrer Art; sie wird vertraut mit dir, mit deiner Art, deinem Lebensstil. Und wenn alles bekannt ist, beginnt das Interesse zu verblassen. Wenn alles bekannt ist und es nichts Überraschendes mehr gibt, wie kann dann die Beziehung phantastisch bleiben? Das Wunder beginnt zu verschwinden, die Dinge setzen sich, werden irdisch, werden alltäglich, gewöhnlich. So geschieht es normalerweise.

Jetzt kannst du weiterhin mit dem Mann oder der Frau zusammenleben, aufgrund der Idee, daß die Liebe nie tief gehen wird, falls du den Mann oder die Frau wechselst. Aber die Liebe geht sowieso nicht tief, sie wird mit jedem Tag schaler. Früher oder später wirst du den anderen als selbstverständlich betrachten. Die Gegenwart des anderen wird dir keine Freude bereiten, du wirst nicht mehr erregt und begeistert sein von der Gegenwart des anderen. Du kannst weiter klammern. Und Mukta hat diese Frage gestellt, weil sie versucht hat, sich an einen bestimmten Sannyasin zu klammern, heftig hat sie versucht zu klammern. Und weil sie es heftig versuchte, ist der Sannyasin entflohen. Meine Leute sind sehr sehr intelligent! Wenn du zu heftig klammerst, dann will niemand mit dir sein, denn niemand wünscht sich Gefangenschaft, niemand wünscht sich dich als Fessel. Je mehr du klammerst, desto häßlicher wird die Beziehung. Zuerst geht die Freude verloren, alle Verzauberung, aller Magnetismus, und dann beginnt sie, krank zu werden, pathologisch.

Ich nenne eine Beziehung pathologisch, wenn du klammerst nur um des Klammerns willen. Es gibt nichts anderes, woran du dich klammern könntest. Du klammerst einfach deshalb, weil du Angst hast zu verlieren, Angst, dich zu verändern, Angst, eine neue Beziehung einzugehen. Denn das Neue... wer weiß als was es sich entpuppt? Wohin es führen wird? Das Neue ist gefährlich, denn das Neue ist noch nicht vertraut. Das Alte ist vertraut, eingefahren, es gibt eine gewisse Sicherheit, Behaglichkeit, Bequemlichkeit. Wenn du anfängst, zu klammern um des Klammerns willen, dann ist das pathologisch, häßlich; es wird keinerlei Tiefe in deine Beziehung bringen. Alle Tiefe wird verschwinden.

Du brauchst dich nur umzusehen. Millionen von Ehemännern und Ehefrauen... Wo ist die Tiefe? Wo ist die Vertrautheit?

Nun, sage ich nicht, wenn du mit einer bestimmten Person zusammen bist – mit einem Mann oder einer Frau – und die Dinge noch wachsen, du deinen Partner wechseln sollst. Das sage ich nicht! Mißverstehe mich nicht. Es gibt einige wenige Menschen, die so empfindsam sind, daß sie jeden Tag etwas Neues im anderen finden können. Es gibt Menschen mit einem solchen Sinn für Ästhetik, daß sie nie das Gefühl bekommen, eine Sache sei je beendet. Ihre Sensitivität, ihre Intensität, ihre Leidenschaft bringt immer wieder neue Tiefe. Dann ist es vollkommen gut. Mein Kriterium ist: Wenn eine Beziehung in die Tiefe wächst, dann ist sie vollkommen gut. Mach weiter!

Geh bis zum Ende, wenn du kannst. Aber wenn sie nicht wächst, wenn sie sich nicht mehr vertieft, wenn die Vertrautheit nicht mehr in Blüte steht – alles hat aufgehört und du steckst einfach fest, weil du nicht weggehen und Lebewohl sagen kannst, dann zerstörst du deine Fähigkeit zu lieben. Es ist besser, sich zu verändern, weiterzugehen, den Partner zu wechseln, als die Liebe zu zerstören, denn das Ziel ist Liebe, nicht der Partner.

Du liebst einen Menschen, nicht der Person wegen; du liebst einen Menschen der Liebe wegen. Liebe ist das Ziel. Also wenn es mit dieser Person nicht geht, dann laß es mit jemand anderem geschehen, aber laß es geschehen! Laß eine Beständigkeit zu. Diese Beständigkeit, dieses ständige Fließen von Liebe wird dich tiefer hineintragen, es wird Tiefe bringen, es wird neue Dimensionen bringen, neue Erkenntnisse bringen.

Also merke dir, wenn es mit einer Person gut geht... und mit „gut" meine ich nicht dasselbe, was man normalerweise meint, wenn man sagt: „die beiden sind ein gutes Paar" oder „sehr nett". Das meine ich nicht. Solche Worte verstecken lediglich Tatsachen. „Eine nette Familie", bedeutet, keine Konflikte, keine Probleme, alles geht glatt, die Räder des Mechanismus funktionieren reibungslos, das ist alles. Aber eine wirklich schöne Beziehung ist nicht nur nett, sie ist phantastisch! Gib dich nie mit weniger zufrieden. Nur eine phantastische Beziehung kann Tiefe bringen.

Wenn es nicht so ist, sei mutig genug „Lebewohl" zu sagen, ohne Klagen, ohne Groll, ohne Ärger. Was kannst du machen? Was nicht ist, das ist nicht.

Du darfst dem anderen keine Schuldgefühle bereiten. Was kann er machen? Was immer er tun kann, das tut er, was immer du tun kannst, das tust du. Aber wenn es aus irgendeinem Grund nicht geht, wenn ihr nicht zueinander paßt, wenn ihr nicht füreinander bestimmt seid; dann hört auf es zu erzwingen. Es ist wie einen quadratischen Pfropfen in ein rundes Loch zu stopfen. Mach weiter – es kann nicht gehen. Und wenn es dir gelingt, dann hast du aller Wahrscheinlichkeit nach den Pfropfen vollständig zerstört. Dann wird er wertlos sein.

Aber der Verstand funktioniert aufgrund der Konditionierungen. Muktas Verstand hauptsächlich indisch. Die indische Konditionierung ist sehr alt. Viele tausend Jahre hat man in Indien geglaubt, daß man einer Person treu sein soll. Ich lehre euch etwas völlig anderes. Ich lehre euch: Sei der Liebe treu, nicht der Person. Sei der Liebe treu, aber begehe niemals Verrat an der Liebe, das ist alles.

Wenn manchmal Partner gewechselt werden müssen, dann müssen eben Partner gewechselt werden, aber begehe niemals Verrat an der Liebe. Die alte indische Tradition besagt: Begehe Verrat an der Liebe, aber niemals an der Person; hör nie auf, dich an eine Person zu klammern. Und wenn die Dinge seit tausenden von Jahren so waren, dann gehen sie dir ins Blut, gehen dir in Mark und Bein und du beginnst, unbewußt zu funktionieren.

Mukta, werde ein bißchen bewußter.

Meditiere über diese Anekdote:
Der Tag der Hinrichtung war gekommen und die drei Gefangenen, ein Franzose, ein Engländer und ein Deutscher, wurden aus ihren Zellen zur Guillotine gebracht. Der Franzose war der erste, der die Stufen hinaufgeführt wurde, und man fragte ihn, ob er lieber mit dem Gesicht nach oben oder nach unten auf dem Block liegen wolle. Er antwortete: „Ich habe ein volles und gutes Leben geführt, habe alle Freuden des guten Weins der feinsten französischen Weinberge genossen, hervorragenden Käse, die beste Cuisine und den wundervollen Charme der entzückendsten Mademoiselles aus Frankreich. Ich habe nichts mehr zu wünschen und nichts zu fürchten. Deshalb will ich mit dem Gesicht nach oben liegen."
Er wurde auf den Rücken gelegt, nach oben schauend, so daß er beobachten konnte, wie das Fallbeil herunterstürzte. Das Beil wurde gelöst und begann, mit zunehmender Geschwindigkeit zu fallen, bis es nur noch einen Zentimeter von seinem Hals entfernt plötzlich anhielt.
Unfähig, das zu erklären, interpretierten es die Beamten, die dabeistanden, als ein Zeichen Gottes und entließen den Gefangenen als freien Mann.
Der Engländer war der nächste, der zur Guillotine geführt werden sollte, und er wurde das gleiche gefragt. Er antwortete: „Ich habe meiner Königin überall im Empire treu gedient. In der echten

Tradition eines kultivierten Engländers habe ich geholfen, die große englische Zivilisation überall auf der ganzen Welt zu verbreiten, und ich bin nie einer Gefahr ausgewichen. Deshalb bin ich bereit, dem Tod ins Auge zu sehen und will nach oben schauen."
Er wurde auf den Rücken gelegt, das Beil wurde in Gang gesetzt und begann zu fallen. Wieder blieb die Klinge im letzten Moment nur einen Zentimeter über seiner Kehle plötzlich stecken. Das wurde wieder als Zeichen Gottes gedeutet, und der Mann war frei. Als letzter wurde der Deutsche zur Guillotine geführt und als man ihm die gleiche Frage stellte, unterbrach er sofort und sagte: „Bevor ich Eure Frage beantworte, möchte ich euch davon in Kenntnis setzen, daß ich mich weigere, unter dieser Maschine zu liegen, solange sie nicht repariert ist!"

Ein Deutscher ist ein Deutscher. Seine Konditionierung ist da... die Maschine muß zuerst repariert werden! Und genau so funktioniert auch der indische Verstand. Durch alle Zeiten hindurch wurdest du belehrt, Personen treu zu sein, was kein sehr hoher Wert ist. Der höhere Wert ist, der Liebe treu zu sein. Wenn es mit einer Person geschieht, vollkommen in Ordnung!

Ich sage nicht: „Wechsle den Partner", was ist schon der Sinn des Wechselns? Aber wenn es mit dieser Person nicht geschieht, dann laß es mit jemand anderem geschehen. Aber laß es geschehen, denn wenn du die Liebe verpaßt, dann verpaßt du alles, was schön ist im Leben. Wenn du die Liebe verpaßt, dann verpaßt du die Fähigkeit zum Beten, denn nur Liebe, die tief geht, bringt dich dem Gebet näher.

Ich glaube an nichts, aber ich glaube an Gott. Warum bist du so sehr gegen Glauben?

Weil Glaube Glaube ist und nicht Erfahrung. Der Glaube ist ein Hindernis. Wenn du an Gott glaubst, wirst du niemals um Gott wissen; das ist der Grund, warum ich gegen Glauben bin: ich bin für Gott. Gerade dein Glaube wird dir niemals erlauben, das zu wissen, was ist; denn Glaube bedeutet, noch bevor du etwas kennst, hast du bereits entschieden, was es ist. Dein entscheidungsbereiter Verstand wird sich nicht entspannen. Ein Verstand voller Schlußfolgerungen ist ein voreingenommener Verstand, und um Gott zu kennen, braucht man einen leeren Verstand, unvoreingenommen, rein, unverdorben durch irgendeinen Glauben, durch irgendeine Ideologie. Weil ich für Gott bin, bin ich gegen jede Form von Glauben. Und du sagst: *Ich glaube an nichts...*

Aber wenn du an Gott glaubst, was braucht es mehr? Das ist genug, du hast den größten Fehler schon gemacht! Jetzt ist jeder weitere Fehler sehr klein. Und wenn der große Fehler begangen ist, dann werden ihm andere Fehler auf dem Fuße folgen. Wenn du an Gott glauben kannst, ohne Gott zu kennen, ohne zu verstehen was es bedeutet, ohne auch nur je ein kleines bißchen davon erfahren zu haben, ohne auch nur einen einzigen Lichtstrahl zu sehen, wenn du an Gott glauben kannst, wenn du so trügerisch sein kannst, wenn du so listig sein kannst, dann kannst du an alles glauben. Und was ist sonst noch nötig? Du denkst, dieser Glaube ist kein großer Fehler? Es ist der größte Fehler.

Ein Ehemann kam eines Abends unerwartet nach Hause und bemerkte Männerkleidung am Fußende seines Bettes. Er fragte seine Frau, wer im Bett sei und wem die Kleider gehörten. Seine Frau sagte, die Kleider gehörten ihm selbst und sie wolle sie zur

Reinigung bringen. Als er zum Kleiderschrank ging, um seinen Mantel aufzuhängen, sah er einen Mann darin stehen, so nackt wie an dem Tag, als er zur Welt kam.
Der Ehemann: „Was machst du hier?"
Der Mann: „Haben Sie geglaubt, was ihre Frau Ihnen erzählt hat?"
Der Ehemann: „Ja."
Der Mann: „Gut, ich warte auf den Bus."

Wenn du das glauben kannst, dann kannst du alles glauben. Der nackte Mann steht im Kleiderschrank und wartet auf den Bus...

Wenn du an Gott glauben kannst, dann kannst du auch an Adolf Hitler glauben, an Josef Stalin, an Mao Tse-tung, dann kannst du an jeden Unsinn glauben, denn du hast den grundlegenden Unsinn akzeptiert.

Glaube niemals an Gott. Gott muß gewußt werden, nicht geglaubt. Gott muß gelebt werden, nicht geglaubt. Gott muß erfahren werden, nicht geglaubt. Und warum glaubst du an Gott? Wenn du ihn nicht kennst, dann muß es aus Angst sein, dann gibt es keinen anderen Grund.

Merke dir, Gott kann nur aus Liebe heraus erfahren werden und Glaube entsteht aus Angst. Und Liebe und Angst treffen sich nie; ihre Wege kreuzen sich nicht. Liebe kennt keine Angst, Angst kennt keine Liebe.

Wenn du vor jemandem Angst hast, dann kannst du diese Person nicht lieben. Darum ist es so schwierig für Kinder, ihre Eltern zu lieben, denn sie haben Angst vor den Eltern. Es ist sehr schwierig für Ehemänner ihre Frauen zu lieben, denn sie haben Angst vor ihren Frauen. Es ist sehr schwierig für Ehefrauen ihre Männer zu lieben, denn sie haben Angst vor ihren Männern.

Ganz gleich, wo die Angst herkommt, die Angst kommt durch die eine Tür und die Liebe entflieht durch die andere. Sie leben niemals zusammen, sie können nicht zusammen leben. Hast du es nie beobachtet? Wenn du einen Menschen liebst, verschwindet alle Angst. In wirklicher Liebe gibt es keine Angst.

Gott muß durch Liebe erfahren werden. Und Glaube gründet in Angst. Glaube stinkt.

Ein Verkäufer konnte einer Dame die Bremsleistung des Autos, das er ihr verkaufen wollte, nicht verständlich machen, also nahm er sie mit auf eine Probefahrt. Als er ungefähr hundertfünfzig Meter von einem Backsteingebäude entfernt war, gab er Gas und in letzter Sekunde trat er auf die Bremse.
Die Dame: „Woher kommt dieser Gestank?"
Der Verkäufer: „Brennendes Gummi, gnädige Frau."
Sie brachte das Auto nach Hause, um es ihrem Ehemann zu zeigen und nahm ihn mit auf eine Fahrt. Als sie zu dem selben Backsteingebäude kamen, gab sie Gas, trat auf die Bremse und verfehlte die Wand nur um fünf Zentimeter.
Zu ihrem Gatten schauend, sagte sie: „Riechst du das, Süßer?"
Der Ehemann: „Das kann man wohl sagen. Ich sitze mitten drin."

Aller Glaube stinkt. Laß allen Glauben fallen. Hab den Mut zu wissen. Gott ist eine Einladung zur endgültigen Reise. Laß Gott eine Suche sein, nicht ein Glaube. Laß ihn ein Fragezeichen sein in deinem Herzen, im tiefsten Kern deines Wesens. Laß dich durch die Frage beunruhigen, laß die Frage zu innerer Unruhe werden. Laß die Frage Chaos in dir schaffen, denn nur aus dem Chaos werden Sterne geboren. Und erst wenn die Suche all deine Gaubenssysteme zerstört hat und du von allen Schlußfolgerungen befreit bist, die dir von anderen gegeben waren, bist du fähig, deine Augen für die nackte Wahrheit zu öffnen. Und sie sieht dich an. Sie steht dir immer gegenüber. Sie ist direkt vor deiner Nase.

Aber da ist die große chinesische Mauer deiner Glaubenssätze, und du kannst nicht sehen, was dich von überall her umgibt.

Meine Frau und ich lieben dich beide, aber wir streiten uns oft über dich und deine Gedanken, da wir in der Interpretation deiner Ideen nicht übereinstimmen können. Was sollen wir tun?

Es gibt keine Notwendigkeit übereinzustimmen. Und wie könnt ihr schon übereinstimmen? Wenn du mir zuhörst, dann hörst du durch deine Voreingenommenheit zu. Wenn deine Frau zuhört, dann hört sie durch ihre Voreingenommenheit zu. Wenn du zuhörst, dann hörst du durch deine eigenen Anschauungen, Ideen, Konditionierungen zu. Wenn sie zuhört benutzt sie ihren eigenen Verstand. Die Interpretationen müssen verschieden sein. Nur weil ihr mir beide zuhört, heißt das noch lange nicht, daß ihr auch übereinstimmt. Du deutest, du gibst Farben, du gibst den Ideen einen anderen Dreh, deinem Verstand entsprechend. Erkenne die Tatsache, daß mit dem Verstand keine Übereinstimmung möglich ist.

Es ist nicht nötig zu streiten. Versuch lieber zu tun, was ich sage. Keine Zeitverschwendung, ich bin nicht dazu da, dich streitsamer zu machen. Ich bin nicht dazu da, dich logischer zu machen. Ich bin nicht dazu da, dich fähiger zu machen im Diskutieren, Analysieren, Interpretieren. Ich bin hier, um dir sehen zu helfen. Und das Sehen kommt, wenn du ohne den Verstand bist.

Nun, diese einfache Tatsache, daß du dich mit deiner Frau über mich zankst – und ihr liebt mich beide – sollte eine große Erfahrung werden. Ihr seid hier, tausend Menschen. Ich sage zu euch allen dasselbe, aber es wird tausend Auslegungen geben. Ihr könnt nicht miteinander übereinstimmen. Der andere schaut von einem vollkommen unterschiedlichen Blickwinkel zu, denn der Andere ist auf einen vollkommen unterschiedlichen Standpunkt festgelegt. Das ist die einzige Art und Weise, wie er oder sie es sehen kann. Und das ist auch so, wenn du nicht mit dieser Person in Beziehung stehst. Wenn du aber mit der Person in Beziehung stehst, dann gibt es größere Schwierigkeiten; besonders in der Beziehung zwischen Ehefrau und Ehemann. Ihr Zank ist ewig. Es ist ganz egal worüber, aber sie zanken. Es scheint nur eine einzige Übereinstimmung zu geben: nicht übereinzustimmen. Das ist ihre einzige Übereinstimmung, darüber sind sie einer Meinung. Das ist die stillschweigende Übereinkunft in jeder Ehe – daß sie einander nicht zustimmen.

Mulla Nasruddin streitet mit seiner Frau und die Frau widerspricht ihm ununterbrochen. Eines Tages sagte ich zu Mulla: „Jetzt streitet ihr schon dreißig Jahre und keine Lösung scheint in Sicht zu sein. Warum hörst du nicht auf damit?"
Er fragte: „Aber wie soll ich damit aufhören?"
Ich sagte: „Stimm' deiner Frau doch einfach zu! Das nächste Mal stimm' ihr zu, und schau was passiert." Er sagte: „Einverstanden."
Also das nächste Mal – vergaß er es zuerst in der Hitze des Gefechts. Eine halbe Stunde lang stritt er mit. Dann erinnerte er sich plötzlich und ging in den Garten um abzukühlen. Er beruhigte sich, sammelte sich und entschloß sich, ihr zuzustimmen.
Er ging ins Haus und sagte zu seiner Frau: „Okay, du hast recht. Ich stimme dir zu." Die Frau sah ihn voller Überraschung an und erwiderte: „Was? Aber ich habe meine Meinung geändert."

Und der Streit beginnt von neuem. Sie haben die Seiten gewechselt, aber der Streit ist derselbe.

Wenn du in Beziehung mit jemandem stehst, dann bringt die Beziehung viele Schwierigkeiten. Es gibt dauernd Streit darum, wer dominiert. Es sind nicht wirklich die Streitfragen, die dich oder deine Frau interessieren; die wirkliche Frage ist, wer dominiert wen? Jede Frage wird zu einem Machtkampf: Wer dominiert wen? Erkenne es und verschwende nicht deine Zeit.

Und du fragst mich: *Was sollen wir tun?* Laß sie ihre Meinungen haben, und habe du deine Meinung. Besser als die Zeit mit Meinungsverschiedenheiten zu vergeuden, beginne etwas deinem Verstand gemäßes zu tun, und laß sie etwas ihres Verstandes gemäßes zu tun. Aber tu etwas. Wenn ich sage: „Meditiere" – was auch immer du darunter verstehst – dann beginne, etwas zu tun. Anfangs wird es immer ein Tasten im Dunkeln sein. Aber nach und nach kommt der Sucher an. Jesus sagt:

Bittet, dann wird euch gegeben,
sucht, dann werdet ihr finden,
klopft an, dann wird euch geöffnet.

Beginne zu suchen, und sei unbesorgt, daß du einige Irrtümer oder Fehler begehen wirst. Irrtümer müssen begangen werden, Fehler werden geschehen. Niemand kann direkt ankommen, jeder muß stolpern. Viele Male wird man sich verlaufen; aber wenn man nicht aufhört, ernsthaft, authentisch zu arbeiten, dann wird sich früher oder später das Tor öffnen. Öffne du dein Tor, und laß sie ihr Tor öffnen. Macht mich nicht zu einer Rechtfertigung für eure Machtkämpfe. Und erinnere dich immer, habe Mitgefühl mit anderen Menschen. Sie haben ihren Verstand, in dem sie gefangen sind, so wie du in deinen Verstand gefangen bist. Sieh das! Wenn du nicht ohne deinen Verstand sehen kannst, wie kannst du dann erwarten, daß der andere ohne seinen Verstand sieht.

Beobachte das Leben, und früher oder später wirst du sehen, weil eine Einsicht in dir entsteht. In eben dieser Einsicht wirst du fähig werden, den Standpunkt des anderen zu verstehen. Ich sage nicht, daß du mit dem anderen einer Meinung sein sollst, aber du kannst ihn verstehen. Es gibt keine Notwendigkeit, einer Meinung zu sein, aber du kannst sehen, warum der andere eine bestimmte Sache, Art und Weise sieht, und du kannst Mitgefühl mit ihm haben.

Und wenn du Mitgefühl hast, wirst du überrascht sein: der andere hat auch begonnen Mitgefühl für dich zu haben. Wenn du streitest, streitet auch der andere. Streit schafft Streit. Er wird immer erbitterter und vergiftet die Beziehung.

Wenn du den Standpunkt des anderen verstehen kannst, wirst du finden, daß der andere auch deinem Standpunkt gegenüber mitfühlender ist. Und die Menschen haben ihre eigenen Standpunkte, denn sie sind nicht erleuchtet. Standpunkte gibt es notwendigerweise bis in den dritten Verstand, den individuellen Verstand. Mit dem vierten Verstand gibt es keinen Streit mehr; Mitgefühl entsteht. Man kann den anderen sehen, worin er gefangen ist, und man kann Bedauern für ihn empfinden, denn es ist ein Gefangen-sein. Nur mit dem vierten Verstand gibt es Verstehen, Mitgefühl. Und mit dem fünften vergißt man den anderen und sich selbst; dann gibt es keine Trennung.

Höre einigen Anekdoten zu. Die erste:
Eine Hausfrau beschwert sich beim Psychologen: „Etwas stimmt nicht mit meinem Gatten. Wenn er abends von der Arbeit nach Hause kommt, küßt er immer zuerst unseren Hund und dann erst mich."
Der Psychologe überlegt eine Weile und empfiehlt dann nachdenklich: „Würden Sie bitte, wenn Sie das nächste Mal kommen, ein Foto von ihrem Hund mitbringen."

Das würdest du nicht erwarten, aber auch das ist eine Möglichkeit. Es gibt Millionen von Möglichkeiten, wie jemand antworten kann. Dieser Psychologe muß eine sehr logische Person sein, gefangen in Logik. „Wenn der Ehemann zuerst den Hund küßt, dann muß der Hund schöner sein als die Frau, also bringen sie das Foto." Das ist sein Standpunkt. Und jeder ist auf seine eigene Welt beschränkt.

Zwei Franzosen stehen auf der Plattform eines Zuges, der gerade von Paris abfährt. Der eine winkt einem Freund auf dem Bahnsteig zu und ruft: „Vielen Dank! Ich hatte eine fabelhafte Zeit! Deine Frau war wunderbar im Bett!"
Dann dreht er sich zu seinem Freund um, der neben ihm steht und sagt: „Das ist gar nicht wahr, sie war wirklich nicht gut. Aber ich wollte ihrem Mann ein gutes Gefühl vermitteln."

Es gibt verschiedene Sichtweisen. Ob der Ehemann sich gut oder schlecht fühlen wird... aber dieser Mann hat es zu schätzen gewußt. Vielleicht ist das in Frankreich möglich.

In einer Stadt im Westen, in der die Autofahrer es sich zur Gewohnheit gemacht haben, nur eine Hand am Steuer zu haben, während sie die andere dem unvermeidlichen Mädchen an ihrer Seite widmen, wurde kürzlich eine Verordnung erlassen, die beide Hände am Lenkrad eines fahrenden Autos vorschreibt.
Entsprechend diesem Gesetz stoppte ein Polizist ein Ford Coupé, um das schmusende Liebespaar streng mit folgenden Worten zu maßregeln: „Junger Mann, kennen Sie das Gesetz dieser Stadt? Warum verwenden Sie nicht beide Hände?"
Der Mann am Steuer antwortet frei heraus: „Aber wie denn? Ich brauche doch eine Hand zum lenken."

Verschiedene Sichtweisen, verschiedenes Verstehen.
Die letzte:

Olga flog in die Tschechoslowakei zurück, nachdem sie ein Jahr in England gearbeitet hatte. Im Flugzeug begann sie sich zu winden und zu stöhnen, gleichzeitig hielt sie sich den Bauch.
Die Stewardeß war schnell an ihrer Seite, um herauszufinden, was los war. „Haben Sie kürzlich einen Check-up gehabt?" (klingt im Englischen wie: einen Tschechen auf sich gehabt?) fragte sie Olga.
„Nein, nein", jammerte Olga, „es war kein Tscheche (engl.: it wasn't a Czech), es war ein Schotte."

Genug für heute.

Hingabe
in Dunkelheit

Matthäus 7

Jesus sagte zu seinen Jüngern:

[21] Nicht jeder, der zu mir sagt: Herr! Herr!,
wird in das Himmelreich kommen,
sondern nur, wer den Willen meines Vaters im Himmel erfüllt.
[22] Viele werden an jenem Tag zu mir sagen: Herr, Herr,
sind wir nicht in deinem Namen als Propheten aufgetreten,
und haben wir nicht in deinem Namen Dämonen ausgetrieben
und in deinem Namen viele Wunder vollbracht?
[23] Dann werde ich ihnen antworten: Ich kenne euch nicht.
Weg von mir, ihr Übertreter des Gesetzes!
[24] Wer diese meine Worte hört und danach handelt,
ist wie ein kluger Mann, der sein Haus auf Fels baute.
[25] Als nun ein Wolkenbruch kam
und die Wassermassen heranfluteten,
als die Stürme tobten und an dem Haus rüttelten,
da stürzte es nicht ein;
denn es war auf Fels gebaut.
[26] Wer aber meine Worte hört und nicht danach handelt,
ist wie ein unvernünftiger Mann,
der sein Haus auf Sand baute.
[27] Als nun ein Wolkenbruch kam
und die Wassermassen heranfluteten,
als die Stürme tobten und an dem Haus rüttelten,
da stürzte es ein und wurde völlig zerstört.

DER MENSCH IST NICHT EIN SINN, SONDERN eine Gelegenheit. Sinn ist möglich, aber nicht vorgegeben. Sinn kann geschaffen werden, aber er ist nicht von vornherein da. Er ist eine Aufgabe, nicht ein Geschenk. Das Leben ist ein Geschenk, und zugleich ist es eine offene Gelegenheit. Sinn ist kein Geschenk, Sinn ist eine Suche. Wer sucht, wird ihn sicherlich finden, aber wer wartet, wird ihn verfehlen.

Der Sinn, der Logos, muß vom Menschen geschaffen werden. Der Mensch muß sich selbst in diesen Sinn verwandeln.

Der Sinn kann nicht außerhalb des Menschen sein, er kann nur etwas Inneres sein. Das innere Wesen muß ausgeleuchtet werden.

Bevor wir mit diesen Sutren beginnen, ist es hilfreich, einige Dinge über den Menschen zu verstehen, denn nur dann ist die Arbeit möglich.

Als erstes gilt es zu verstehen, daß der Mensch ein vierdimensionales Raum-Zeit-Kontinuum ist, genau wie die ganze Existenz. Der Raum hat drei Dimensionen, die Zeit hat eine Dimension. Sie sind nicht voneinander getrennt; die Dimension der Zeit ist nichts als die vierte Dimension des Raumes. Die drei Dimensionen des Raumes sind statisch; die vierte Dimension, die Zeit, bringt Bewegung, macht das Leben zu einem Prozeß. Dadurch ist die Existenz nicht ein Ding, sondern wird zu einem Ereignis.

Das gleiche gilt für den Menschen. Der Mensch ist ein Miniaturuniversum. Könntest du den Menschen in seiner Ganzheit verstehen, hättest du die gesamte Existenz verstanden. Der Mensch enthält alles im Keim. Der Mensch ist ein verdichtetes Universum.

Und das sind die vier Dimensionen des Menschen: die erste Dimension ist, was Patanjali *sushupti* nennt, tiefer Schlaf, in dem nicht einmal ein Traum existiert. Man ist vollkommen still, kein Gedanke regt sich, kein Wind bläst. Alles ist abwesend. Diese Abwesenheit in tiefem Schlaf, ist die erste Dimension. Hier ist der

Anfang. Hier beginnen wir. Und wir müssen unseren Schlaf verstehen, nur dann können wir durch eine Transformation gehen, nur dann können wir unser Haus auf Fels bauen, sonst nicht. Aber es gibt nur sehr wenige Menschen, die ihren Schlaf verstehen.

Du schläfst jeden Tag. Du verbringst ein Drittel deines Lebens in tiefem Schlaf, aber du verstehst nicht, was Schlaf ist. Jede Nacht gehst du in ihn ein, und du bekommst auch viel durch ihn. Aber das alles ist unbewußt: du weißt nicht genau, wohin er dich führt. Er führt dich zur einfachsten Dimension deines Lebens, zur ersten Dimension. Sie ist sehr einfach, da sie keine Dualität enthält. Sie ist sehr einfach, da sie keine Komplexität enthält. Sie ist sehr einfach, denn da gibt es nur Einheit. Du bist noch nicht als ein Ego entstanden, du bist noch nicht abgetrennt... aber diese Einheit ist unbewußt. Wenn diese Einheit bewußt wird, wirst du *samadhi* haben, statt *sushupti*. Wenn diese Einheit bewußt wird, erleuchtet wird, dann wirst du Gott erlangt haben. Deshalb sagt Patanjali: tiefer Schlaf und *samadhi*, die höchste Stufe der Bewußtheit, sind sehr ähnlich; ähnlich, da sie einfach sind, ähnlich, da es in beiden keine Dualität gibt, ähnlich, da in beiden das Ego nicht existiert. In *sushupti* ist das Ego noch nicht entstanden, in samadhi ist das Ego aufgelöst. Aber es gibt auch einen großen Unterschied. Der Unterschied ist, daß du in *samadhi* weißt, was Schlaf ist. Selbst während du schläfst, ist dein Bewußtsein wach, deine Wachsamkeit ist da. Dein Bewußtsein scheint in dir wie ein kleines brennendes Licht.

Ein Zenmeister wurde gefragt... das ist ein berühmter Spruch im Zen: „Es wurde uns gesagt, bevor wir Zen studieren, sind die Berge Berge und die Flüsse sind Flüsse. Jedoch während wir Zen studieren, sind die Berge nicht mehr Berge und die Flüsse nicht mehr Flüsse. Aber, wenn das Zenstudium beendet ist, sind die Berge wieder Berge und die Flüsse wieder Flüsse."

HINGABE IN DUNKELHEIT

„Was ist damit gemeint?", fragte der Schüler den Meister.
Der Meister erklärte es so: „Es bedeutet einfach, daß die erste und die letzte Stufe ähnlich sind. Nur in der Mitte... die Verwirrung. Zuerst sind die Berge Berge und zum Schluß sind die Berge wieder Berge. Aber dazwischen sind die Berge nicht mehr Berge und die Flüsse nicht mehr Flüsse – alles ist verwirrt, konfus und umwölkt. Diese Umwölkung, diese Verwirrung, dieses Chaos gibt es nur in der Mitte. In *sushupti* ist alles, wie es sein sollte. In *samadhi* ist wieder alles wie es sein sollte. Zwischen den beiden liegt das Problem, liegt die Welt, der Verstand, das Ego, liegt der ganze Komplex von Elend und Hölle."
Als der Meister das erklärt hatte, rief der Schüler aus: „Gut, wenn das wahr ist, dann gibt es keinen Unterschied zwischen einem gewöhnlichen Menschen und dem erleuchteten Menschen?"
„Das ist richtig", entgegnete der Meister. „Es gibt nicht wirklich einen Unterschied. Das einzige ist, der Erleuchtete ist sechs Zoll über dem Boden."

Aber diese sechs Zoll machen den ganzen Unterschied aus. Warum ist der Meister sechs Zoll über dem Boden? Er lebt in der Welt, und doch ist er nicht Teil dieser Welt... das sind die sechs Zoll, der Unterschied. Er ißt und zugleich ist er nicht der Esser; er bleibt ein Beobachter – die sechs Zoll. Er ist krank, er erfährt die Schmerzen der Krankheit, aber dennoch, ist er nicht im Schmerz – der Unterschied, die sechs Zoll. Er stirbt, er erlebt den Tod und dennoch stirbt er nicht... der Unterschied, diese sechs Zoll. Er schläft und doch schläft er nicht, er ist zugleich wachsam. Das erste Stadium ist *sushupti*. Wir werden es „die erste Dimension" nennen. Es ist traumlose Ungeteiltheit, es ist unbewußte Einheit, es ist Unwissenheit, aber große Seligkeit. Aber auch die Seligkeit ist unbewußt. Erst am Morgen, wenn du wieder wach bist, beginnst du zu fühlen, daß du in der Nacht gut geschlafen hast, daß du in einem weit entfernten Land gewesen bist, daß du dich verjüngt fühlst, daß du dich sehr frisch fühlst, wieder jung und lebendig. Aber erst am Morgen, nicht genau zu der Zeit, als du schliefst, erst später. Nur ein Duft bleibt hängen in der Erinnerung. Er erinnert dich daran, daß du in einer inneren Tiefe warst, aber wo? Was?... du kannst es nicht ausmachen. Du kannst kein Zeugnis davon ablegen. Nur ein vager Nachhall, eine schwache Erinnerung daran, daß es dir irgendwie gut ging. Es gibt noch kein Ego, also ist dort kein Elend möglich; denn Elend ist nicht möglich ohne das Ego.

Das ist der Zustand, in dem die Felsen und die Berge und die Flüsse und die Bäume existieren. Deshalb sehen die Bäume so schön aus – eine unbewußte Seligkeit umgibt sie. Deshalb sehen die Berge so still aus – sie sind in *sushupti,* sie sind in tiefem Schlaf, sie sind unaufhörlich in tiefem Schlaf. Deshalb fühlst du eine ewige Stille, eine jungfräuliche Stille, wenn du in den Himalaja gehst. Niemand konnte sie je stören. Du brauchst nur an einen Berg zu denken, und plötzlich beginnst du dich still zu fühlen. Denk an einen Baum, und du fühlst das Leben in dich hineinfließen. Die gesamte Natur existiert in diesem ersten Zustand. Deshalb ist die Natur so einfach.

Die zweite Dimension ist die des Traums. Patanjali nennt sie *swabna.* Die erste Störung im Schlaf ist der Traum. Jetzt bist du nicht mehr eins, die zweite Dimension hat begonnen. Bilder beginnen in dir abzulaufen: der Anfang der Welt. Jetzt bist du zwei, der Träumer und das Geträumte. Jetzt siehst du den Traum, und zugleich bist du der Traum. Jetzt bist du gespalten. Die Stille des tiefen Schlafs gibt es nicht mehr, Unruhe breitet sich aus, denn Trennung hat begonnen. Trennung, Dualität, Unruhe – das ist die Bedeutung des Traums.

Obwohl die Trennung noch unbewußt ist, gibt es sie, aber nicht sehr bewußt, nicht etwa, daß du davon weißt. Der Aufruhr ist da, die Welt wird geboren, aber die Dinge sind noch konturlos. Sie tauchen gerade aus dem Rauch auf, nehmen gerade Gestalt an. Die Form ist noch nicht klar, sie ist noch nicht konkret. Aber aufgrund des Dualismus – wenn er auch unbewußt ist – hat das Elend begonnen. Der Alptraum ist nicht weit entfernt. Der Traum wird sich in einen Alptraum wandeln.

In diesem Zustand existieren die Tiere und die Vögel. Auch sie haben eine Schönheit, denn sie sind dem *sushupti* sehr nahe. Vögel, die auf einem Baum sitzen, sind nur Träume, die im Schlaf sitzen. Vögel, die ihre Nester in einen Baum bauen, sind nur Träume, die ihre Nester im Schlaf bauen.

Es gibt eine Art Affinität zwischen den Vögeln und den Bäumen. Wenn die Bäume verschwinden, werden die Vögel verschwinden, und wenn die Vögel verschwinden, werden die Bäume nicht mehr so schön sein. Es gibt eine tiefe Beziehung, es ist eine Familie. Wenn du kreischende Papageien um einen Baum fliegen siehst, schaut es beinahe so aus, als hätten die Blätter des Baumes Flügel bekommen. Sie sind nicht getrennt, sie sind sich sehr nahe.

Vögel und Tiere sind stiller als der Mensch, glücklicher als der Mensch. Vögel werden nicht verrückt. Sie brauchen keinen Psychiater. Sie brauchen keinen Freud, keinen Jung, keinen Adler. Sie sind vollkommen gesund.

Wenn du in den Wald gehst und die Tiere siehst, wirst du überrascht sein – sie sind alle gleich, und alle sind gesund. Du wirst kein einziges fettes Tier in der Natur finden. Ich spreche nicht vom Zoo. Im Zoo nehmen die Dinge eine falsche Wendung, denn der Zoo ist nicht natürlich. Zootiere beginnen, den Menschen nachzuahmen, sie werden sogar verrückt und begehen Selbstmord. Zootiere werden sogar homosexuell. Der Zoo ist nicht natürlich, er ist vom Menschen geschaffen. In der Natur sind die Tiere sehr sehr still, glücklich, gesund; aber auch diese Gesundheit ist unbewußt – sie wissen nicht, was geschieht.

Das ist das zweite Stadium: wenn du in einem Traum bist. Das ist die zweite Dimension. Die erste: traumloser Schlaf, *sushupti;* simpel, eindimensional, es gibt nicht den „anderen."

Die zweite: der Traum, *swabna.* Hier gibt es zwei Dimensionen: der Träumer und das Geträumte, der Inhalt und das Bewußtsein – die Trennung ist entstanden – der Schauende und das Geschaute, der Beobachter und das Beobachtete. Dualität ist eingedrungen. Das ist die zweite Dimension.

In der ersten Dimension gibt es nur Gegenwart. Schlaf kennt keine Vergangenheit, keine Zukunft. Freilich, da er keine Vergangenheit und keine Zukunft kennt, kann er auch keine Gegenwart kennen, denn die Gegenwart existiert nur in der Mitte. Du mußt dir der Vergangenheit und der Zukunft bewußt sein, nur dann kannst du dir der Gegenwart bewußt sein. Da es keine Vergangenheit und keine Zukunft gibt, existiert Schlaf nur in der Gegenwart. Schlaf ist reine Gegenwart, aber unbewußt.

Mit dem Traum hat die Trennung begonnen. Mit dem Traum wird die Vergangenheit sehr bedeutungsvoll. Traum ist vergangenheitsorientiert; alle Träume kommen aus der Vergangenheit. Sie sind Bruchstücke der Vergangenheit, die im Verstand herumschweben, Staub aus der Vergangenheit, der sich noch nicht gesetzt hat.

Es ist ihr alter Mann, der mir leid tut. Letzte Nacht lag er im Bett und schlief schon fest, da bemerkte sie plötzlich ein Lächeln auf seinem Gesicht.

Sie dachte: „Hopla, er hat wieder einen von diesen Träumen." Also stellte sie ihre Chips und die Bierflasche ab und weckte ihn.

Er sagte: „Verflucht, natürlich mußtest du wieder?... Ich hatte gerade einen wundervollen Traum. Ich war auf einer Auktion, wo

Münder verkauft werden. Sie hatten so kleine wie Rosenknospen, für ein Pfund. Freche kleine Schmollmünder für zwei Pfund und kleine lächelnde für einen Fünfer."
Sie sagte: „Oh, hatten sie auch einen Mund in meiner Größe?"
„Ja, in ihm wurde die Auktion abgehalten."

Was auch immer du träumst, es sagt etwas über deine Vergangenheit aus. Mag sein, daß du eine Auktion siehst – kleine lächelnde Rosenknospenmünder werden verkauft, – aber die Auktion findet im Mund deiner Frau statt. Vielleicht hast du nie zu deiner Frau gesagt: „Sei ruhig und halte deinen großen Mund!" Vielleicht hast du es nie so deutlich gesagt, aber du hast es schon oft gedacht. Es bleibt in deinem Verstand hängen. Es ist da. Vielleicht bist du in deinem Wachzustand nie so wahrhaftig wie jetzt, wenn du schläfst. Und jetzt kannst du es sein, du kannst es dir leisten wahrhaftig zu sein.

Alle Träume strömen aus der Vergangenheit. Mit dem Traum wird die Vergangenheit lebendig. Auf diese Weise gibt es Gegenwart und gleichzeitig die Vergangenheit.

Mit der dritten Dimension, dem Wachzustand – was Patanjali *jagrut* nennt, beginnt Vielfältigkeit. Die erste Dimension ist Einheit, die zweite ist Dualität, die dritte Vielfältigkeit. Große Vielschichtigkeit entsteht. Die ganze Welt wird geboren.

Im Schlaf bist du tief in deinem Inneren. Im Traum bist du nicht mehr so tief in dir und doch bist du auch nicht draußen – genau in der Mitte, auf der Schwelle. Mit wachem Bewußtsein bist du außerhalb deiner selbst, du bist in die Welt gegangen.

Man kann die biblische Geschichte von Adams Vertreibung aus dem Paradies in diesen drei Dimensionen verstehen. Als Adam sich im Garten Eden befand und noch nicht die Frucht vom Baum der Erkenntnis gegessen hatte, war er in tiefem Schlaf, unbewußt, in unbewußter Seligkeit. Es gab keine Unruhe, alles war einfach schön. Von Not wußte er nichts. Dann ißt er die Frucht vom Baum der Erkenntnis. Wissen erwacht, Bilder beginnen zu fließen, Träume geschehen. Er ist nicht mehr derselbe. Er ist noch im Garten Eden, aber nicht mehr Teil desselben sein? Ein Fremder, ein Außenseiter. Er ist noch nicht vertrieben, aber auf subtile Weise ist er nicht mehr in seiner Mitte. Er ist entwurzelt.

Das ist der Zustand des Traums – der erste Geschmack von Wissen, aufgrund des ersten Geschmacks von Dualität, der Trennung von Beobachter und Beobachtetem.

Und dann wird er aus dem Garten Eden vertrieben, hinausgeworfen – das ist der dritte Zustand, der Wachzustand. Jetzt kann er nicht einmal mehr zurückgehen; es gibt keinen Weg zurück. Er hat vergessen, daß er auch ein Inneres hat.

In tiefem Schlaf bist du innen. Im Wachsein bist du außen. Im Traum hängst du genau in der Mitte, noch nicht im klaren, wohin du gehen sollst, noch unentschieden, zweifelnd, unsicher. Mit dem Wachzustand tritt das Ego auf. Im Traum entstehen lediglich rudimentäre Bruchstücke des Egos, erst im Wachzustand wird es beständig. Das Ego wird das festeste, massivste, entschiedenste Phänomen. Dann wirst du alles, was du tust, aufgrund des Egos tun.

Der dritte Zustand bringt ein wenig Bewußtsein – nur ein Prozent, nicht viel davon, nur ein Flimmern von Bewußtheit, momentane Bewußtheit.

Der erste Zustand war absolut unbewußt, der zweite war aufgestörte Unbewußtheit, der dritte bringt erste Augenblicke von Bewußtheit. Und wegen dieser ersten Augenblicke von Bewußtheit, des einen Prozent von Bewußtsein, das einfließt, wird das Ego erzeugt. Jetzt kommt auch die Zukunft ins Spiel.

Zuerst gibt es nur unbewußte Gegenwart, dann unbewußte Vergangenheit, jetzt gibt es auch die Zukunft. Vergangenheit, Gegenwart, Zukunft – und die ganze Vielschichtigkeit der Zeit umgibt dich. Das ist der Zustand, in dem die Menschen stecken, in dem du steckst, in dem jeder feststeckt. Und wenn du weiterhin dein Haus mit diesen drei Dimensionen baust, dann baust du es auf Sand, denn deine ganze Anstrengung ist unbewußt.

Etwas in Unbewußtheit tun ist vergeblich – es ist wie Pfeile ins Dunkel schießen, ohne zu wissen, wo das Ziel ist. Es wird kein großes Ergebnis bringen. Zuerst braucht man Licht. Dann muß man nach dem Ziel ausschauen, es suchen. Und man braucht genug Licht, um sich bewußt zum Ziel hin bewegen zu können. Das ist nur möglich, wenn die vierte Dimension zu funktionieren beginnt. Das geschieht nur selten; aber wenn es geschieht, dann wird Sinn wirklich geboren, Logos wird geboren.

Dein Leben wird sinnlos sein, wenn du nur mit diesen drei Dimensionen lebst. Dein Leben wird sinnlos sein, da du nicht in der Lage sein wirst, dich selbst zu erschaffen. Wie kannst du dich in solcher Unbewußtheit selbst erschaffen?

Die vierte Dimension ist Bewußtheit, Zeuge sein. Patanjali nennt sie *turiya*. Und im Evangelium sagt Jesus immer wieder zu seinen Jüngern: „Wacht auf! Seid bewußt! Beobachtet!" Alle diese Worte weisen auf *turiya* hin. Und es ist eines der Mißgeschicke der Geschichte, daß das Christentum nicht in der Lage war, diese Botschaft der Menschheit in Klarheit zu vermitteln. Es hat völlig versagt.

Nur selten hat eine Religion so völlig versagt wie das Christentum. Jesus war nicht vom Glück begünstigt, denn die Jünger, die er fand, haben sich als sehr mittelmäßig herausgestellt, und die Religion wurde beinahe eine politische Organisation. Die Kirche wurde nicht zum Nachfolger Jesu, sondern im Grunde zu seinem Widersacher. Die Kirche hat Dinge im Namen Jesu getan, die gegen Jesus gerichtet waren.

Buddha hatte mehr Glück. Seine Nachfolger formierten sich nie zu einer Kirche, sie haben sich nie politisch so organisiert und wurden nicht so weltlich. Sie trugen Bruchstücke von Buddhas Botschaft durch die Jahrhunderte.

Diese vierte Dimension muß so tief wie möglich verstanden werden, denn hier ist das Ziel. Es ist reines Bewußtsein, wieder Einfachheit. Die erste war einfach, aber unbewußt; die vierte ist einfach, aber bewußt. Wieder Einheit, wieder Seligkeit, – mit nur einem Unterschied: jetzt ist alles bewußt, das innere Licht leuchtet hell. Du bist vollkommen wach. Es gibt keine dunkle Nacht in dir, sondern eine Vollmondnacht, vom Mond erleuchtet.

Das ist die Bedeutung von Erleuchtung: das innere Leuchten aller Lichter. Wieder gibt es nur eine Zeit, die Gegenwart, aber jetzt ist es bewußte Gegenwart. Die Vergangenheit hängt nicht mehr herum.

Denn ein Mensch, der erwacht ist, kann sich nicht in der Vergangenheit bewegen, denn es gibt sie nicht mehr. Ein Mensch, der erwacht ist, kann sich nicht in der Zukunft bewegen, denn es gibt sie noch nicht. Ein Mensch, der erwacht ist, lebt in der Gegenwart, hier – jetzt. Hier ist sein einziger Raum, und Jetzt ist seine einzige Zeit. Und weil er nur hier – jetzt ist, verschwindet Zeit als solche. Ewigkeit ist geboren, Zeitlosigkeit ist geboren.

Und wenn man vollkommen wach ist, kann Ego nicht existieren. Das Ego ist ein in Unbewußtheit geworfener Schatten. Wenn alles Licht ist, kann das Ego nicht existieren. Du wirst fähig sein, seine Falschheit zu erkennen, seine Unechtheit. Und in eben diesem Erkennen verschwindet es.

Dies sind die vier Dimensionen des menschlichen Bewußtseins, und die Menschen leben nur in den ersten drei. Die vierte trägt den Sinn; deshalb leben die Menschen, die nur in den ersten drei Dimensionen leben, ein sinnloses Leben. Sie wissen es. Du weißt es! Wenn du dir dein Leben anschaust, wirst du keinen Sinn darin finden, nur Zufall, zufälliger Ablauf von Dingen. Eins folgt auf das andere, aber ohne besondere Konsequenz, ohne besondere Bedeutung. Eins folgt auf das andere, rein zufällig.

Das ist es, was Jean Paul Satre meint, wenn er sagt: „Der Mensch ist eine sinnlose Leidenschaft." Der Mensch ist zufällig. Ja, er hat recht, solange er über die drei Dimensionen spricht, die erste, die zweite und die dritte. Aber er hat nicht recht in Bezug auf die vierte. Und über die vierte kann er nichts aussagen, da er sie nicht erfahren hat. Nur ein Christus oder ein Buddha kann etwas über die vierte sagen.

Christusbewußtsein gehört zur vierten, ebenso Buddhabewußtheit. Auf die drei begrenzt zu bleiben, bedeutet, in der Welt zu sein. In die vierte einzugehen bedeutet, ins *nirvana* einzugehen oder nenne es das „Reich Gottes." Das sind nur verschiedene Ausdrücke für die gleiche Sache.

Noch ein paar Dinge: die zweite Dimension ist ein Schatten der ersten: Schlaf und Traum. Der Traum kann nicht ohne den Schlaf existieren, der Schlaf ist ein Muß. Schlaf kann ohne Träume existieren. Schlaf ist also primär, Träume sind sekundär – nur ein Schatten. Das Gleiche ist der Fall mit der dritten und der vierten Dimension. Die dritte ist der Schatten der vierten, denn die dritte kann nur existieren, wenn etwas Bewußtheit da ist. Ein klein wenig Bewußtheit muß da sein, nur dann kann die dritte existieren; die dritte kann nicht ohne ein wenig Bewußtheit existieren – ohne einen Lichtstrahl. Es ist nicht gerade ein großes Licht, aber ein Lichtstrahl ist nötig. Die vierte Dimension kann ohne die dritte existieren, aber die dritte gibt es nicht ohne die vierte. Die vierte ist Bewußtheit, absolute Bewußtheit; und die dritte ist nur ein kleiner Lichtstrahl in der dunklen Nacht. Aber die dritte existiert wegen dieses kleinen Lichtstrahls. Wenn dieser kleine Lichtstrahl verschwindet, wird sie zur zweiten Dimension. Es wird nicht länger die dritte sein.

Und dein Leben sieht aus wie ein Schattenleben, da du mit der dritten Dimension lebst. Und die dritte ist der Schatten der vierten.

Nur mit der vierten kommst du nach Hause. Nur mit der vierten bist du in der Existenz verwurzelt.

Die erste ist absolute Dunkelheit, die vierte ist absolutes Licht. Zwischen diesen beiden sind ihre zwei Schatten. Diese zwei Schatten sind so wichtig für uns geworden, daß wir glauben, das wäre unser ganzes Leben. Deshalb nennen die Hindus die Welt *maya*, Illusion, wegen dieser beiden Dimensionen, die vorherrschend geworden sind – die zweite und die dritte. Die Spuren der ersten haben wir verloren, und nach der vierten haben wir noch gar nicht zu suchen begonnen.

Und noch etwas: wenn du die vierte Dimension findest, dann findest du auch die erste. Nur wer die vierte gefunden hat, wird fähig sein, die erste zu wissen; denn wenn du einmal zur vierten gekommen bist, kannst du schlafen und zugleich wach sein. Krishna definiert in der Bhagavadgita einen Yogi als „jemand, der wach ist, während er schläft." Das ist seine Definition eines Yogi. Eine seltsame Definition: – der wach ist, während er schläft.

Und bei dir ist es genau umgekehrt. Du schläfst, während du wach bist. Das ist die Definition eines Nicht-Yogi: er schläft, während er wach ist. Du siehst wach aus und bist es nicht. Es ist nur eine Idee, dieser Wachzustand. Neunundneunzig Prozent sind Schlaf, nur ein Prozent ist Wachheit. Und selbst dieses eine Prozent verändert sich ständig. Manchmal ist es da und manchmal ist es überhaupt nicht da. Es war da... jemand beleidigt dich, und es ist nicht mehr da. Du wurdest wütend und hast sogar diese kleine Bewußtheit verloren. Jemand tritt dir auf die Füße... und sie ist weg. Sie ist sehr empfindlich. Ein jeder kann sie nehmen und zerstören, und zwar sehr einfach. Es geht dir gut... ein Brief kommt und etwas steht in diesem Brief, und plötzlich geht es dir gar nicht mehr gut. Alles ist gestört. Ein einziges Wort kann eine solche Störung erzeugen. Deine Bewußtheit ist nicht sehr groß. Und du bist nur in seltenen Momenten wach. In Gefahr bist du wach, denn in Gefahr mußt du wach sein. Aber wenn es keine Gefahr gibt, beginnst du zu schnarchen. Du kannst die Menschen schnarchen hören, sie gehen die Straße entlang und schnarchen. Sie sind in ihrer eigenen Unbewußtheit gefangen.

Ein Betrunkener torkelte gegen ein Stoppzeichen. Benommen und desorientiert trat er zurück und ging dann wieder in die gleiche Richtung los. Wieder lief er gegen das Zeichen. Er ging wieder ein paar Schritte zurück, wartete eine Weile und marschierte wieder vorwärts. Als er zum dritten Mal mit dem Pfosten zusammenstieß, umarmte er ihn und sagte, seine Niederlage hinnehmend: „Es ist sinnlos. Ich bin umzingelt. Ich werde in jeder Richtung aufgehalten."

Er ist in gar keine andere Richtung gegangen. Er ist immer wieder gegen den Pfosten gelaufen. Da er sich jedesmal anhaut, folgert er, daß er von allen Seiten umzingelt ist.

Und das ist die Situation des gewöhnlichen menschlichen Bewußtseins. Du gehst immer wieder auf dieselbe unbewußte Art in dieselbe unbewußte Richtung. Und immer wieder haust du dich an und denkst: „Warum gibt es so viel Elend? Warum nur? Warum hat Gott nur so eine jämmerliche Welt geschaffen? Ist Gott eine Art Sadist? Will er die Menschen quälen? Warum hat er ein Leben geschaffen, das beinahe wie ein Gefängnis ist und in dem es keine Freiheit gibt?"

Das Leben ist absolut frei. Aber um diese Freiheit zu sehen, mußt du zuerst dein Bewußtsein befreien. Merk dir das als Kriterium: je bewußter du bist, desto freier bist du, je weniger bewußt du bist, desto weniger frei bist du. Je bewußter du bist, desto glücklicher bist du, je weniger bewußt du bist, desto weniger glücklich bist du. Es hängt davon ab, wie bewußt du bist. Und da gibt es Menschen, die in den Schriften nach Wegen suchen, um freier zu werden, um glücklicher zu werden, um die Wahrheit zu erlangen. Das wird nicht helfen, denn es ist nicht eine Frage von Schriften.

Wenn du unbewußt bist und du liest die Bibel, den Koran, die Veden und die Gita, so wird das nicht helfen, weil dein Unbewußtsein nicht durch Studien verändert werden kann. Tatsächlich können nicht die Schriften dein Bewußtsein verändern, sondern dein Unbewußtsein wird die Schriften verändern, die Bedeutung der Schriften. Du wirst deine eigenen Bedeutungen darin finden. Du wirst die Bibel, den Koran, die Veden auf eine solche Weise interpretieren, daß sie als Gefängnisse dienen werden.

So sind Christen, Hindus, Mohammedaner... alle sind sie Gefangene.

Ich habe gehört...
Nachdem er sich in einem großen Hotel ein Zimmer genommen hatte, las der selbsternannte Evangelist noch für eine Weile – er las die Bibel, ging dann hinunter in die Bar, und nach ein paar Drinks begann er ein Gespräch mit dem rothaarigen Barmädchen. Er blieb bis zur Sperrstunde, und nachdem das Mädchen aufgeräumt hatte, gingen die beiden nach oben in das Zimmer des Evangelisten.
Als er sich an ihren Kleidern zu schaffen machte, schien sie es sich noch einmal zu überlegen. „Sind sie sicher, daß das in Ordnung ist?", fragte sie, „schließlich sind sie doch ein heiliger Mann."
„Meine Liebe", entgegnete er, „es steht sogar in der Bibel."
Sie nahm ihn beim Wort und die beiden verbrachten eine sehr angenehme Nacht miteinander.
Am nächsten Morgen jedoch, als sie sich fertigmachte zu gehen, sagte das Mädchen: „Weißt du, ich erinnere mich nicht an die Stelle in der Bibel, von der du gestern abend gesprochen hast."
Der Evangelist nahm die Hausbibel vom Nachttisch, öffnete den

Einband und zeigte ihr das Deckblatt, auf dem geschrieben stand: „Das rothaarige Barmädchen vögelt."

Da hat er die Bibel eine ganze Stunde lang gelesen, und was hat er gefunden? Jemand hatte auf das Deckblatt geschrieben...
Wenn du die Bibel liest, bist du es, der sie liest, merk dir das. Und die Bedeutung, die du ihr gibst, wird die deine sein, die Interpretation wird die deine sein. Die Bibel kann dir nicht helfen, denn sie kann sich nicht einmal vor dir schützen. Wie soll sie dir helfen können?
Der einzige Weg, irgend etwas im Leben zu ändern, ist, das Bewußtsein zu ändern. Und um das Bewußtsein zu ändern, brauchst du nicht die Bibel zu lesen und nicht die Veden. Du wirst nach Innen gehen müssen, du wirst in Meditation gehen müssen. Gelehrtheit heilt nicht.

Ein Blinder war auf einem Fest und aß dort einen köstlichen Pudding. Er war so begeistert von dem Geschmack, daß er jemanden neben sich fragte, wie der Pudding aussähe.
„Weiß", sagte der Mann.
„Was ist weiß?" fragte der Blinde.
„Weiß, wie eine Ente", kam als Antwort.
„Wie sieht eine Ente aus?" beharrte der Blinde.
Einen Moment lang verwirrt, sagte der Mann schließlich: „Hier, fühlen Sie das", und er nahm die Hand des Blinden in seine Hand und führte die andere Hand an seinem Arm entlang, den er am Ellbogen und am Handgelenk winkelte, um die Form einer Ente zu imitieren. Da rief der Blinde aus: „Oh, der Pudding ist krumm."

Genau das ist es, was geschieht. Du kannst dem Blinden nicht helfen zu erkennen, was weiß ist oder was Farbe ist oder was Licht ist. Alle deine Hilfe wird ihm etwas Falsches zeigen. Es gibt keinen Weg, einem Blinden mittels Definitionen zu helfen, mit Erklärungen, mit Theorien, mit Dogmen, mit Schriften. Der einzige Weg ihm zu helfen, ist, seine Augen zu heilen.

Buddha hat gesagt: „Ich bin ein Arzt. Ich gebe dir keine Definitionen von Licht, ich heile einfach deine Augen."

Und das gleiche ist der Fall mit Jesus und all den Wundern, von denen in der Bibel berichtet wird: sie sind keine Wunder, sondern Gleichnisse – daß ein Blinder zu ihm kam, und Jesus berührte seine Augen, und der Blinde war geheilt und konnte plötzlich sehen. Wenn es nur um das physische Auge ginge, dann ist das nichts Besonderes. Dann ist Jesus bereits unmodern, da die medizinische Wissenschaft dasselbe tun kann.

Früher oder später müßte Jesus vollkommen vergessen werden. Wenn es nur darum ginge, die physischen Augen zu heilen, dann würde das in der Zukunft nicht viel bedeuten. Das kann durch die Wissenschaft geschehen. Und was von der Wissenschaft getan werden kann, sollte von der Wissenschaft getan werden; Religion sollte sich nicht damit abgeben, das ist nicht nötig. Religion hat weit Höheres zu tun.

Deshalb bestehe ich darauf, diese Geschichten sind keine Wunder, sondern Gleichnisse. Die Menschen sind blind, und die Berührung durch Jesus ist eine magische Berührung. Er hilft ihnen zu sehen, er hilft ihnen, wacher zu werden, er hilft ihnen, bewußter zu werden. Er bringt die vierte Dimension.

Um in die vierte Dimension zu gehen, ist „Arbeit" erforderlich, und zwar „Arbeit" in dem Sinne, wie Gurdjieff das Wort benutzt. Arbeit bedeutet eine große Anstrengung, um dein Wesen zu transformieren, eine große Anstrengung, um dein Wesen in die Mitte zu bringen, eine große Anstrengung, all das loszulassen, was Dunkelheit schafft, und all das zu veranlassen, was hilft, ein wenig Licht hereinzulassen. Wenn eine Tür geöffnet werden muß, dann öffne die Tür und laß das Licht herein. Wenn eine Mauer niedergerissen werden muß, dann reiß sie nieder und laß das Licht herein. Arbeit bedeutet, eine bewußte Anstrengung in die Dimension des Vierten einzudringen, es zu erkunden, zu erforschen – das Licht, die Bewußtheit – und eine bewußte Bemühung, all das fallenzulassen, was dazu beiträgt, unbewußt zu bleiben, all das fallenzulassen, was dich mechanisch bleiben läßt.

Ein Mann kaufte eine Farm und eine Sau. Er bat seine Frau, die Sau im Auge zu behalten und erklärte ihr, wenn sie sie Gras fressen sehe, sei die Sau bereit zur Paarung und könne zur nächsten Farm gebracht werden.
Ein paar Tage später sagte ihm seine Frau, daß die Sau begonnen habe, Gras zu fressen. Also brachte der Bauer sie mit einem Karren zur nächsten Farm zum Decken.
Als er zurückkam, bat er seine Frau wieder, die Sau zu beobachten. „Wenn die Sau wieder Gras frißt, ist es nicht angeschlagen", erklärte er ihr.
Einige Tage später berichtete ihm seine Frau, daß die Sau wieder Gras fresse. Also wurde sie wieder auf den Karren geladen und zur Paarung gebracht. Der Bauer brachte sie zurück und bat seine Frau, sie weiterhin zu beobachten.
Zwei Tage später fragte er sie, ob die Sau wieder Gras gefressen habe. „Nein", sagte sie, „aber sie sitzt auf dem Karren."

Der mechanische Verstand, der instinktive Verstand, der wiederholende Verstand – das muß zerbrochen und fallen gelassen werden. Arbeit bedeutet, eine alchemistische Verwandlung. Große Anstrengung ist nötig. Hart, anstrengend und steil ist der Pfad. Es ist mühsame Arbeit.

*Nicht jeder, der zu mir sagt: Herr! Herr!,
wird in das Himmelreich kommen,
sondern nur, wer den Willen meines Vaters im Himmel erfüllt.*

Jesus sagt: Gebet ist notwendig, aber nicht ausreichend. Es muß von Arbeit unterstützt werden.

*Nicht jeder, der zu mir sagt: Herr! Herr!,
wird in das Himmelreich kommen...*

Nicht einfach dadurch, daß du mich preist, sagt Jesus, wirst du in das Himmelreich eintreten. Nicht einfach dadurch, daß du Gott preist... Schmeichelei wird nicht helfen. Aber die Menschen hören nicht auf, Gott zu schmeicheln, in der Hoffnung, Schmeichelei würde auch bei Gott ihre Dienste tun.

Nur Arbeit, nur bewußte Anstrengung, harte Anstrengung wird helfen – nichts sonst kann helfen. Gebet ist gut, Gebet bereitet den Weg, aber dann mußt du ihn auch gehen.

Und eine sehr seltsame Behauptung ist es:

...sondern nur, wer den Willen meines Vaters im Himmel erfüllt.

Zwei Dinge gilt es zu verstehen. Dieser Satz ist seltsam, denn er sagt:

...sondern nur, wer den Willen meines Vaters im Himmel erfüllt.

Himmel bedeutet das Unbekannte, Himmel bedeutet das, wohin du noch nicht gegangen bist, Himmel bedeutet das, was du noch nicht erfahren hast. Du kannst es gläubig annehmen, du kannst Jesus vertrauen. Wenn du ihn liebst, wirst du ihm vertrauen. Aber du kannst den Gott Jesu nicht zur Probe anschauen, du kannst den Gott Jesu nicht sehen. Er sieht ihn, es ist seine Erfahrung. Aber für dich ist es nur ein Vertrauen. Und Jesus sagt:

...sondern nur, wer den Willen meines Vaters im Himmel erfüllt.

Erstens, Gott ist dir nicht bekannt, nicht einmal sein Aufenthaltsort ist dir bekannt. Himmel bedeutet das Unbekannte, das Geheimnisvolle, das Unerklärliche. Wo er ist, ist dir unbekannt, du bist Gott niemals begegnet, und die Forderung ist, nur wenn du deinen Willen seinem Willen unterordnest, nur dann...

Nun, in dieser erstaunlichen Erklärung gibt es zweierlei: du mußt deinen Willen aufgeben, und du mußt dem Willen Gottes folgen. Erstens, Hingabe ist nur möglich, wenn du einen Willen hast. Normalerweise glaubt man, daß ein Mensch mit eigenem Willen nicht fähig ist, sich hinzugeben. Man glaubt, daß Schwächlinge, diejenigen, deren Wille nicht sehr stark ist, sich hingeben können. Das ist nicht richtig. Nur sehr sehr willensstarke Menschen, die eine starke Willenskraft haben, können sich hingeben, denn Hingabe ist das Äußerste an Willenskraft. Es ist das letzte, es gibt nichts Höheres als das.

Um dich hinzugeben, wirst du einen starken Willen benötigen. Du wirst all deine Willenskraft aufwenden müssen, nur dann wird Hingabe geschehen. Deshalb sage ich, es ist eine erstaunliche Aussage. Sie ist sehr widersprüchlich, aber so ist das Leben... paradox. Und das ist ein fundamentales Paradox. Das Paradox von Wille und Hingabe.

Hingabe geschieht nur, wenn ein starker Wille vorhanden ist. Aber wenn Hingabe geschieht, verschwindet der Wille, und nicht einmal eine Spur davon bleibt zurück. Hingabe ist der Wille, der Selbstmord begeht. Und erst wenn dein Wille Selbstmord begangen hat, kann Gottes Wille in dich fließen.

Diese beiden Gegensätze können sich treffen: deine Hingabe und Gottes Wille. Hingabe bedeutet Empfänglichkeit. Wenn du empfänglich bist, äußerst empfänglich, kann Gott in dich eingehen. Und du kannst nicht sagen: „Zuerst möchte ich Gott kennenlernen, nur dann werde ich mich hingeben", denn du kannst ihn nicht kennenlernen, es gibt keinen Weg. Der einzige Weg, ihm zu begegnen, ist, sich hinzugeben, denn wenn du hingegeben bist, kommt er. Du kannst ihn nur nach der Hingabe kennenlernen, nicht davor.

Nun, das bedeutet, das Unmögliche zu verlangen. Aber Religion verlangt das Unmögliche, und es hat einige Menschen gegeben, die fähig waren, das Unmögliche zu tun. Und diejenigen, die das Unmögliche getan haben, haben das Unmögliche erlangt. So ist es nun einmal, und es kann nicht anders sein.

Du kannst nicht zuerst ein Muster bekommen von Gotteserfahrung und dann entscheiden, ob du sie kaufen willst oder nicht. Du kannst nicht zuerst einen Blick werfen auf das Wesen Gottes; er ist für einen Schaufensterbummel nicht zu haben.

Zuerst mußt du dich hingeben, und du mußt dich in Dunkelheit hingeben, und du mußt dich in vollkommener Unkenntnis hingeben. Du hast keinen Beweis, und kein Argument kann dir helfen.

Großer Mut ist notwendig, waghalsige Courage ist notwendig. Darum sage ich, der religiöse Mensch ist der mutigste Mensch auf der Welt. Diejenigen, die auf dem Mond spazieren, sind nichts dagegen. Ja, sie gehen ein großes Risiko ein, aber das ist nichts im Vergleich zur Religion. Denn die Forderung, genau diese Forderung ist unmöglich. Zuerst mußt du dich hingeben und dann wirst du wissen. Aber wie sich zuerst hingeben? Wie willst du wissen, was Gottes Wille ist? Der einzige Weg, Gottes Willen kennenzulernen ist, deinen eigenen Willen aufzugeben. Du löschst dich aus, du stehst nicht im Weg, du verschwindest einfach. In deinem Verschwinden erscheint Gott. Deine Abwesenheit wird seine Anwesenheit. Wenn du leer bist, soweit es dein Selbst betrifft, wirst du voll von seiner Präsenz. Er kommt nur, wenn du nicht bist.

Und dann geschieht die große Verwandlung – das Treffen des Tropfens mit dem Ozean, das Treffen des Teiles mit dem Ganzen. Und dann gibt es ein großes Frohlocken.

Jesus sagt immer wieder zu seinen Jüngern: „Frohlockt!" Wovon spricht er? Warum hört er nicht auf zu sagen: „Frohlockt! Feiert! Freut euch!" – Weil er sie näher und näher an die letzte Revolution heranführt, wo sie sich hingeben, und Gott übernimmt. Jeder Schritt ist ein sich Freuen, ist ein Feiern, denn jeder Schritt Gott entgegen ist ein Schritt deiner Erfüllung entgegen.

Du kannst nur erfüllt sein, wenn Gott in deinem Innern wohnt, sonst bist du leer, hohl, ausgestopft mit Stroh und sonst nichts. Nur wenn er kommt, wird dein Tempel eine Gottheit beinhalten. Er kann dich erfüllen, indem er Gast wird in deinem Sein.

Nicht jeder, der zu mir sagt: Herr! Herr!
wird in das Himmelreich kommen,
sondern nur, wer den Willen meines Vaters im Himmel erfüllt.
Viele werden an jenem Tag zu mir sagen: Herr, Herr,
sind wir nicht in deinem Namen als Propheten aufgetreten,
und haben wir nicht in deinem Namen Dämonen ausgetrieben
und in deinem Namen viele Wunder vollbracht?
Dann werde ich ihnen antworten:
Ich kenne euch nicht.
Weg von mir, ihr Übertreter des Gesetzes!

Jesus sagt: „In diesem Moment, an dieser Stelle werden viele mir sagen wollen: Ich habe Wunder getan in deinem Namen."

Es gibt viele auf der Welt, die im Namen Christi heilen, die den

Menschen im Namen Christi dienen, die Menschen im Namen Christi bekehren und die tausendundeins gute Werke tun im Namen Christi. Aber tief in ihrem Inneren, wenn du genau hinschaust, ist der Name Christi nur ein Etikett; tief im Innern – das Ego.

Eine Frau kam zu Jesus und berührte sein Gewand und war geheilt. Und die Frau war sehr dankbar; sie fiel ihm zu Füßen und dankte ihm von ganzem Herzen. Und Jesus sagte: „Danke mir nicht, ich habe nichts getan. Es ist dein Vertrauen, das dich geheilt hat. Und wenn du dankbar sein willst, sei Gott dankbar. Ich bin niemand. Ich bin nur ein Durchgang, ich bin wie ein Instrument. Vergiß mich! Es ist dein Vertrauen und Gottes Präsenz, was dich geheilt hat. Wenn ich da war, war ich nur wie ein Bindeglied, eine Brücke."

Wenn du einen Fluß überquerst, dann bedankst du nicht bei der Brücke. Du denkst nicht einmal daran, du schaust die Brücke nicht einmal an. Jesus sagt: „Ich bin nur eine Brücke, ein Instrument." Aber die anderen...

Jesus sagt

Viele werden an jenem Tag zu mir sagen: Herr, Herr,
sind wir nicht in deinem Namen als Propheten aufgetreten,
und haben wir nicht in deinem Namen Dämonen ausgetrieben,
und in deinem Namen viele Wunder vollbracht?

Und hinter all ihrer Arbeit steht das Ego. Sie erheben Anspruch. Die Forderung kommt vom Ego – der Fordernde ist immer das Ego. Wenn du nicht da bist, wenn kein Ego da ist, kannst du keine Ansprüche stellen. In dem Moment wirst du still sein. Du wirst nicht anfangen zu prahlen: „Ich habe dieses getan, und ich habe jenes getan."

Jesus sagt:

Dann werde ich ihnen antworten:
Ich kenne euch nicht...

Jesus kennt nur diejenigen, die vollkommen still sind, die keine Ansprüche stellen. Jesus kennt nur diejenigen, die sich völlig aufgegeben haben, die zu Instrumenten Gottes geworden sind, die nichts einklagen können, denn sie existieren nicht mehr.

Dann werde ich ihnen antworten:
Ich kenne euch nicht.
Weg von mir, ihr Übertreter des Gesetzes.

Und Jesus verwendet das Wort „Übertreter des Gesetzes"... Es bedeutet, sie begehen Unrechtmäßigkeit, Bosheit, grobes Unrecht. Es ist immer Gott, der durch dich arbeitet, und wenn du es für dich in Anspruch nimmst, dann ist es grobes Unrecht.

Paß auf, beobachte, meditiere darüber. Du sahst einen Mann, im Fluß untergehen. Du eiltest hin, sprangst in den Fluß und rettetest den Mann. Und als du wieder zurück am Ufer warst, begannst du zu prahlen: „Ich habe diesen Mann gerettet." Aber ist das wahr? Als der Mann am Ertrinken war und du am Ufer standest, hast du darüber nachgedacht? Hast du folgender Art gedacht: „Dieser Mann geht unter, ich muß ihn retten. Wenn ich ihn nicht rette, wer wird ihn retten?" und „Retten ist gut und rechtschaffen und tugendhaft", und all das? Nein, in diesem Moment warst du von Gott besessen. Es gab kein Nachdenken darüber. Du sprangst einfach ins Wasser. Es war nicht so, daß du es getan hast, Gott hat es durch dich getan. Aber später, zurück am Ufer, begannst du zu prahlen: „Ich habe diesen Mann gerettet."

Das ist Unrecht, grobes Unrecht. Jesus sagt, das ist Unrechtmäßigkeit. Etwas, das Gott durch dich getan hat... und du beanspruchst es zu Ehren deines Egos, beanspruchst es zur Egodekoration. Merke dir, immer wenn etwas Gutes geschieht, dann geschieht es durch Gott. Gut ist das, was durch Gott geschieht, und schlecht ist das, was durch dich geschieht! Das ist religiöses Verständnis. Ein religiöser Mensch kann keine Tugend für sich beanspruchen. Ja, er kann all seine Sünden bereuen, aber er kann keine Tugend beanspruchen. Er wird klagen und weinen, und er wird sagen: „Ich habe dies falsch gemacht und jenes falsch gemacht". Aber nicht für einen Augenblick wird ihm der Gedanke kommen: „Schau... und dieses Gute habe ich auch getan." Das ist dem religiösen Verstand nicht möglich.

Der religiöse Verstand weiß, wann immer etwas schiefgeht: „Ich muß dazwischen gekommen sein zwischen mich und Gott. Wenn etwas falsch läuft, dann muß ich es fehlgedeutet haben, ich muß die Energie umgelenkt haben, ich muß sie verzerrt haben. Wenn etwas gut geht – wer bin ich? Das zeigt lediglich, daß ich nichts verzerrt habe, das ist alles." Wenn du vor einem Spiegel stehst, und der Spiegel makellos spiegelt, so ist das nichts Besonderes; es ist, wie es sein sollte. Aber wenn dein Gesicht verzerrt ist, dann ist es der Fehler des Spiegels, dann sind die Dinge nicht, wie sie sein sollten.

Gut ist das, was durch Gott geschieht, und schlecht ist das, was durch das Ego geschieht. Wenn also das Ego das Gute beansprucht, wird auch das Gute schlecht. Und der Anspruch ist falsch.

Buddha kam nach zwölf Jahren nach Hause zurück, als er erleuchtet wurde. Sein Vater war sehr zornig, natürlich, verständlicherweise. Buddha war der einzige Sohn; der Vater war alt und der Sohn wurde ein Aussteiger. Der Vater war ernsthaft krank, alt und hatte die gesamte Last und die Verantwortung für das Königreich zu tragen.

Und als er dachte, daß der Sohn die Regierung übernehmen würde, da entfloh der. Er floh, ohne etwas zu sagen. Eines Nachts verschwand er einfach. Der Vater war zornig.
Das erste Treffen des Sohnes mit dem Vater war am großen Stadttor und der Vater sagte: „Mein Sohn, obwohl ich zornig bin, werde ich dir vergeben. Komm nach Hause zurück, und vergiß all diesen Unsinn."
Und Buddha erwiderte: „Herr, würdet Ihr mich bitte unvoreingenommen ansehen. Ich bin nicht derselbe Mann, der aus eurem Palast geflohen ist. Ich bin nicht euer Sohn."
Der Vater begann zu lachen und sagte: „Wen versuchst du anzuschwindeln? Du bist nicht mein Sohn? Kann ich dich etwa nicht erkennen, mein eigenes Fleisch und Blut? Ich habe dir das Leben geschenkt und was sagst du, daß du nicht dieselbe Person bist?"
Und Buddha sagte: „Herr, seid nicht gekränkt. Ich kam durch Euch, aber nicht Ihr habt mir das Leben geschenkt."

Das ist es, was Jesus sagt. Er sagt, immer wenn etwas durch dich kommt, bist du nicht der Urheber davon. Wenn Gutes durch dich kommt, ist Gott der Urheber.
Erhebe niemals Anspruch auf das Leben deines Kindes: Leben gehört Gott. Du kannst Leben nicht erschaffen. Du warst nur das Instrument. Während du mit deiner Frau schliefst, was genau tatest du da? Du warst nur das Instrument. In der Tat, auch die Liebe geschah. Es gab kein Tun von deiner Seite. Liebe geschah, dann hast du mit deiner Frau geschlafen und etwas geschah. Und du weißt nicht genau, was – das Geheimnis bleibt ein Geheimnis. Die Frau wird schwanger, und ein Kind wird geboren. Und du fängst an Anspruch zu erheben, dies ist mein Kind."
Ich lebte ein Jahr lang in Raipur. Eines Tages sah ich, wie der Nachbar gerade sein kleines Kind schlug, also lief ich in sein Haus

und sagte zu ihm: „Was machst du? Ich werde die Polizei rufen."
Er entgegnete: „Was redest du da? Das ist mein Kind. Und ich kann mit meinem Kind alles tun, was ich will. Wer bist du schon?"
Ich sagte: „Das ist nicht dein Kind. Das ist Gottes Kind. Und ich kann es ebensosehr beanspruchen, wie du es beanspruchen kannst."
Er konnte gar nicht fassen, was für einen Unsinn ich redete. Er erwiderte: „Das ist mein Kind. Weißt du das nicht? Und jetzt wohnst du schon seit einem Jahr hier."

Wegen des Anspruchs konnte er mich nicht verstehen, wegen seines Anspruchs: „Dies ist mein Kind, und ich kann alles mit ihm tun, was ich will." Jahrhundertelang war es den Eltern gestattet, ihre Kinder zu töten, wenn sie wollten. Es war ihnen gestattet, denn der Gedanke war allgemein akzeptiert: „Du hast ihm das Leben geschenkt." Wie kannst du Leben schenken? Du warst nur das Instrument.

Stelle keine Ansprüche! Kein Kind gehört dir. Alle Kinder gehören Gott, sie kommen von Gott. Du bist höchstens ein Behüter. Und alles Gute kommt von Gott. Wenn etwas schiefgeht, dann mußt du sicherlich etwas verzerrt haben. Wenn Schlechtes geboren wird, kommt es durch dich.

Das meint Jesus, wenn er sagt:

Dann werde ich ihnen antworten:
Ich kenne euch nicht.
Weg von mir, ihr Übertreter des Gesetzes.

Du erhebst Anspruch darauf, Wunder gewirkt zu haben, dieses und jenes getan zu haben. Genau dieser Anspruch macht dich unreligiös. Und Jesus sagt: „Ich werde zu ihnen sagen müssen, daß ich sie überhaupt nicht kenne."

Wer diese meine Worte hört und danach handelt,
ist wie ein kluger Mann, der sein Haus auf Fels baute.

Durch Tun, nicht einfach durch Beten.
Gebet ist billig. Man kann es machen, denn nichts steht auf dem Spiel. Das ist der Grund, warum die Menschen Kirchgänger wurden, Andächtige. Sie gehen zur Moschee, in die Gurudwara und in den Tempel. Es ist sehr billig und einfach – die Sonntagsreligion. Du kannst eine Stunde in die Kirche gehen, es ist eine Art soziale Formalität, die du erfüllen kannst. Und du glaubst, du hast dein Leben erfüllt, du hast deine Meditation erfüllt, du hast deine innerste Leidenschaft für Gott erfüllt.

Jesus sagt:

Wer diese meine Worte hört und danach handelt,
ist wie ein kluger Mann,
der sein Haus auf Fels baute.

Nur wenn du etwas tust, wenn du hart arbeitest, wenn du versuchst dich selbst zu transformieren... und tausendundeinmal mag es dir mißlingen, aber wenn du weitermachst, kommt der Erfolg. Dann kommt er sicherlich, denn er kam für Jesus, er kam für Buddha, er kann für jeden kommen! Es ist das Geburtsrecht eines jeden Menschen. Du kannst ihn haben, aber du kannst ihn nicht billig haben. Du wirst dafür bezahlen müssen, und du wirst mit deinem ganzen Leben bezahlen müssen. Weniger als das, und du wirst nicht ans Ziel gelangen.

Das ist es, was Gurdjieff meint, wenn er von „Arbeit" spricht.

Als nun ein Wolkenbruch kam,
und die Wassermassen heranfluteten,

*als die Stürme tobten und an dem Haus rüttelten,
da stürzte es nicht ein; denn es war auf Fels gebaut.
Wer aber meine Worte hört und nicht danach handelt,
ist wie ein unvernünftiger Mann,
der sein Haus auf Sand baute.
Als nun ein Wolkenbruch kam,
und die Wassermassen heranfluteten,
als die Stürme tobten und an dem Haus rüttelten,
da stürzte es ein und wurde völlig zerstört.*

Ich habe über die vier Dimensionen gesprochen.

Wenn du dein Haus in Unbewußtheit baust, dann baust du es auf Sand. Wenn du dein Haus in der Zeit baust, dann baust du es auf Sand. Zeit ist der Sand.

Wenn du dein Haus in Ewigkeit baust, in Zeitlosigkeit, in der vierten Dimension, in *turiya*, in Bewußtheit, in Zeugesein, dann wirst du es auf Fels bauen. Und wenn du es auf Fels gebaut hast, dann kann es durch nichts zerstört werden, es ist unsterblich, es ist todlos. Wenn du es auf Sand gebaut hast, dann wird alles, jeder Wind und jeder Regen es zerstören. Und du wirst völlig zermalmt darunter, da du ja in diesem Haus lebst. Und die Menschen bauen Sandburgen – mit Geld, mit Macht, mit Prestige. Unbewußt, schlafend, schnarchend bauen sie ihr Haus, ohne zu wissen, was sie tun. Sie werden darunter zermalmt werden.

*...da stürzte es ein
und wurde völlig zerstört.*

Bau dein Haus auf einem Felsen. Und es gibt keinen anderen Felsen, als Bewußtheit. Jesus nannte einen seiner Jünger Petrus. Das Wort „Petrus" bedeutet: der Fels. Und er nannte diesen bestimmten

Jünger Petrus, da er der am meisten bewußte von allen war. Und er sagte zu seinen Jüngern, daß Petrus als Fels für seine Kirche dienen werde.

Das sind symbolische Dinge. Petrus war der am meisten bewußte von allen. Er nannte ihn Petrus, da er bewußt war, da er wie ein Fels war. Und er sagte: „Meine Kirche wird auf Petrus gebaut werden. Er wird als Eckstein, als Fundament dienen."

Aber diese Kirche wurde nie gebaut. Die Kirche hat Petrus niemals als ihr Fundament benutzt. Die Kirche machte Paulus zu ihrem Fundament, und Paulus ist überhaupt nicht wie Christus. Paulus ist ein gefährlicher Bursche.

Anfangs war er gegen Jesus und gegen die Botschaft von Jesus. Er war unterwegs nach Jerusalem, um Christen zu verfolgen, und dann, auf der Straße, geschah etwas. Manchmal geschieht so etwas – so eine Bekehrung. Es ist sehr psychologisch. Er war so besessen von Jesus und davon, seine Botschaft zu zerstören, daß er ununterbrochen an Jesus dachte, von Jesus träumte. Er war besessen von Jesus, vierundzwanzig Stunden am Tag. Eines Nachts allein auf der Straße nach Jerusalem hörte er, als ob Jesus ihn riefe und zu ihm sagte: „Warum verfolgst du mich? Warum?"

Es mag nur sein eigenes Unterbewußtes gewesen sein, es mag nur diese ganze Besessenheit gewesen sein, die sein Unbewußtes zu fühlen begann... sein Bewußtes war gegen Jesus, und das Unbewußte geht immer gegen das Bewußte; es ist einfach genau entgegengesetzt. Als das Bewußte allzusehr gegen Jesus war, da muß das Unbewußte nach und nach Interesse an Jesus bekommen haben. Diese Stimme muß aus seinem innersten Kern stammen: „Warum? Warum verfolgst du mich?"

Als er diese Stimme hörte, da fiel er zu Boden in den Staub. Er war total im Schock, und das bewies ihm, daß Jesus mächtig war. Er wurde bekehrt. Sein Name war Saulus; jetzt wurde sein Name

Paulus; er wurde bekehrt. Zuerst hatte er die Jünger Jesu verfolgt. Er war kein Zeitgenosse Jesu, Jesus war schon gegangen. Und jetzt veränderte Paulus seine gesamte Energie. Zuerst hatte er die Christen verfolgt, jetzt begann er, die Menschen zum Christentum zu bekehren.

Dieser Paulus wurde zum Fundament der Vatikanischen Kirche. Dieser Paulus hatte Jesus nie gesehen. Er hatte den Meister nie begleitet, er war kein Zeitgenosse. Und dieser Paulus war ein gefährlicher Mann, besessen, wütend, gewalttätig, aggressiv. Aber er bekehrte die Welt zum Christentum; er wurde zum Fundament.

Petrus ging verloren, und Petrus war der von Jesus erwählte Fels. Und warum hatte er Petrus auserwählt? Und warum hatte er ihn „Fels" genannt? Weil er der bewußteste war.

Die ganze Botschaft Jesu ist eine Botschaft von Bewußtsein. Aber große Arbeit ist erforderlich, nur dann kannst du dein Leben auf Fels bauen; ansonsten wirst du es auf Sand bauen.

Und er sagt:

Wer diese meine Worte hört und danach handelt...

Tun ist es, worum es geht, denn nur durch Tun wirst du das Sein erlangen, nicht durch Reden, nicht durch Denken. Tun bedeutet, dem verpflichtet zu sein, was immer sich richtig anfühlt.

Vor ein paar Tagen war eine junge Frau hier und sie sagte: „Ich bin schon Sannyasin, und du bist in meinem Herzen, aber ich kann noch nicht Sannyas nehmen." Wenn ich in deinem Herzen bin, wenn du glaubst, du seist schon ein Sannyasin, warum dann nicht dich einlassen? Warum dann nicht gebunden sein? Es ist leicht zu sagen, daß ich in deinem Herzen bin, es ist sehr leicht. Es ist leicht zu sagen: „In meinem Herzen bin ich schon Sannyasin." Aber sich zu binden, der Welt zu erklären: „Ich bin ein Sannyasin", das ist schwieriger, das verlangt Courage, verlangt Mut. Jesus sagt: Solange du nicht tust, was du für richtig hältst, wird nichts geschehen. Du kannst denken und denken und denken.

Denken transformiert niemals irgend jemanden; Gedanken sind impotent. Nur Taten sind potent, nur Tun wird letztlich zu deinem Sein.

Er ist wie ein kluger Mann,

…wer tut, was ich sage.

…der sein Haus auf Fels baute.
Als nun ein Wolkenbruch kam
und die Wassermassen heranfluteten,
als die Stürme tobten und an dem Haus rüttelten,
da stürzte es nicht ein; denn es war auf Fels gebaut.

Und viele Stürme werden toben, viele Wolkenbrüche werden niedergehen und Wassermassen werden herauffluten. Und alle werden versuchen, dein Haus zu zerstören, denn das Leben ist eine Herausforderung. Und alles, was du erreichst, muß sich gegen Herausforderungen bewähren. Je mehr du wächst, desto größer die Herausforderungen.

Als nun ein Wolkenbruch kam
und die Wassermassen heranfluteten,
als die Stürme tobten und an dem Haus rüttelten,
da stürzte es nicht ein; denn es war auf Fels gebaut.

Wenn du nichts hast, gibt es keine Herausforderung. Das mußt du verstehen. Wenn du nicht liebst, gibt es keine Herausforderung;

wenn du liebst, gibt es große Herausforderungen in deinem Leben. Wenn du nicht meditierst, gibt es keine Herausforderung; wenn du meditierst, wird dein ganzer Verstand gegen dich revoltieren, dein Gegner werden, wird versuchen, deine Meditation zu zerstören.

Das ist ein grundlegendes Gesetz im Leben: wenn du versuchst etwas Höheres zu erreichen, muß es sich bewähren, es muß viele Tests und Kriterien überstehen. Und diese Tests sehen aus wie Stürme und sie werden dich hart schlagen. Aber sie sind gut, denn nur sie machen dich stark und kristallisiert. Und nur sie werden dir zeigen, ob du auf Fels oder auf Sand gebaut hast.

Merke dir, nur wenn du tust, was du fühlst oder denkst, daß richtig ist, wird es eine Veränderung geben, eine Mutation – sonst nicht. Sei ein Weiser, sei kein Dummkopf. Mach etwas in Zeitlosigkeit.

Mach etwas aus deinem Bewußtsein, so daß der Tod es nicht zerstören kann. Und es gibt etwas, das ist unsterblich und solange du es nicht erlangst, wirst du in Todesangst leben, in Leid und Qual. Wenn es einmal erreicht ist, dann verschwindet alle Seelenqual, alles Elend, die ganze Hölle.

Und dann ist Schönheit und dann ist Segen.

Genug für heute.

In Ewigkeit leben

Seit ich mit dir bin, habe ich gelernt, Jesus in einem neuen Licht zu sehen. Als Jude konnte ich seine Lehre niemals akzeptieren. Nie zuvor habe ich ihn für einen Erleuchteten gehalten, wofür ich Buddha halte.

Als ich zum ersten Mal in Nepal mit buddhistischen Lehren in Kontakt kam, fühlte ich eine unmittelbare Verwandtschaft damit.

Hier, jetzt in Poona werden die Worte Jesu verständlich und annehmbar. Trotzdem bestehen noch Zweifel. Warum hat er das alles auf so eine indirekte Art gesagt? Vor allem, wenn man bedenkt, daß er zum einfachen Volk sprach. Und schau auf all das Durcheinander, das er verursacht hat, durch die Art, wie er sprach. Es ergibt überhaupt keinen Sinn für mich, und ich werde mich nicht vollkommen wohl fühlen mit Jesus, wie ich mich mit Buddha fühle, solange diese Frage ungelöst bleibt. Ich habe das Gefühl, daß ich das Neue Testament immer noch ablehnen würde, falls ich es lesen müßte...

Die Frage ist von Swami Anand Akam. Erstens, es ist sehr einfach, etwas zu akzeptieren, was dir völlig fremd ist. Für einen Juden ist Jesus kein Fremder, Buddha ist ein Fremder. Es ist sehr einfach Buddha zu akzeptieren, es ist sehr schwer Jesus zu akzeptieren.

Mit Jesus bist du bekannt, und zwar bekannt durch eine bestimmte Konditionierung, die jüdische Konditionierung. Für einen Juden ist Jesus ein Rebell. Dasselbe ist der Fall mit Buddha für einen Hindu. Der Hindu findet es sehr schwierig, Buddha zu akzeptieren. Es ist einfacher Jesus zu akzeptieren, denn den Hindu und den Hinduverstand verbindet nichts mit Jesus, keine bestimmten Haltungen sind mit Jesus verbunden. Die Beziehung ist neu. Aber mit Buddha ist vieles verbunden.

Buddha war ein Rebell, der gegen das orthodoxe Hindutum sprach, der versuchte, die Hinduorganisation zu zerstören. Obwohl er das höchste Erblühen des Hindubewußtseins war, war er gegen die Hinduvergangenheit. Er war die Zukunft, aber er war gegen die Vergangenheit. Und die Zukunft muß gegen die Vergangenheit sein. Das gleiche war der Fall mit Jesus. Er war das Crescendo des jüdischen Bewußtseins. Er war die höchste Blüte der gesamten jüdischen Geschichte. Aber weil er die höchste Blüte war, mußte er viele Dinge ablehnen. Er mußte gegen die jüdische Lethargie rebellieren, die jüdische Vergangenheit, die jüdischen Propheten. Und der Jude fühlt sich dadurch sehr gekränkt.

Es ist wie... Ich wurde in eine Jain-Familie geboren. Nun ist es das Schwierigste für einen Jain, mich zu akzeptieren. Es ist nicht so schwierig für einen Christen, für einen Juden, für einen Hindu. Am schwierigsten ist es für den Jain, mich zu akzeptieren, da er mit mir in Verbindung steht. Er hofft, ich würde seine Vergangenheit bestätigen. Er erwartet, ich würde in die Welt gehen und die Botschaft Mahavirs verbreiten. Dann wäre er sehr glücklich. Aber nun habe ich meine eigene Botschaft, seine Erwartungen sind zerstört. Und nicht nur meine eigene Botschaft, ich habe tausenderlei Dinge gegen die Jaintradition zu sagen... das verletzt.

Deshalb wird man hier selten einen Jain finden. Du kannst es sehen. Du wirst hier nicht viele Inder finden, denn auch ihnen bin ich nahe, und das verletzt. Aber für den Nicht-Inder gibt es kein Problem. Der Jude hat grundsätzlich keine Erwartungen an mich, also gibt es keine Komplikationen. Er erwartet nichts von mir. Er kommt mit offenem Herzen zu mir, ohne Vorurteil. Er möchte mich verstehen, er will mich nicht manipulieren. Der Jain will mich manipulieren, dann gibt es Schwierigkeiten. Wegen der Erwartung... die Enttäuschung.

Die Juden warteten tausende von Jahren auf den Messias. Sie

hofften, der Messias würde kommen und all ihre Wünsche erfüllen. Und der Messias würde kommen und würde beweisen, daß sie das von Gott auserwählte Volk wären. Der Messias würde kommen, und das würde eine jüdische Epoche in die Welt bringen. Und dann kommt Jesus... und all die Hoffnungen sind für immer zerstört.

Nach Jesus ist es unmöglich geworden, daß die Welt zu einer jüdischen Welt wird. Nach Jesus ist das auserwählte Volk nicht mehr auserwählt. Nach Jesus sind die Christen das auserwählte Volk Gottes geworden. Die Juden hatten gehofft, daß Jesus ihnen mehr Einigung geben würde, und er begann, sie zu entwurzeln. Und er mußte sie entwurzeln; das ist die einzige Möglichkeit, die Zukunft zu bringen. Die Vergangenheit muß zerstört werden. Das Alte muß zerstört werden, damit das Neue geboren werden kann. Das Bekannte muß abgeworfen werden, das ist die einzige Möglichkeit, um das Unbekannte einzuladen.

Natürlich waren die Juden sehr verletzt. Sie fühlten sich sehr verletzt von Jesus. Und dann diese zweitausend Jahre nach Jesus... Wegen Jesus haben die Juden während dieser zweitausend Jahre gelitten; die Christen haben sie gequält, getötet, ermordet. Und alles, was die Christen während dieser zweitausend Jahre getan haben, provoziert wieder und wieder eine große Feindschaft gegen Jesus.

Also, das erste, das es zu verstehen gilt, ist: es ist sehr einfach, einen Fremden zu akzeptieren. Jesus sagt immer wieder zwei Dinge. Das eine: „Liebe deinen Nächsten", und das andere: „Liebe deinen Feind". Und mein Gefühl ist, daß beides dasselbe ist, der Nächste ist der Feind. Es ist das Schwierigste im Leben, deinen Nachbarn zu lieben. Es ist sehr einfach, einen Fremden zu lieben. Du triffst einen bestimmten Mann oder eine Frau im Zug. Du weißt nichts über ihn, er weiß nichts über dich. Und wie offen ihr miteinander seid! Nur wenige Minuten nachdem ihr euch vorgestellt habt, sagt ihr Dinge zueinander, die ihr nicht einmal eurem

Geliebten sagt. Nichts ist bindend – die nächste Station wird kommen, und er wird aussteigen und für immer verschwinden, du wirst ihn nie wiedersehen. Du kannst offen mit ihm sein, du kannst ehrlich mit ihm sein. Hast du es nicht beobachtet? Fremden beichtest du Dinge, die du niemandem zu erzählen wagtest, mit dem du in enger Beziehung stehst, denn das wäre gefährlich. Keine Gefahr mit einem Fremden...

Also, wenn ein Jude auf Buddha trifft, dann ist er sehr einfach zu verstehen, denn es gibt kein Vorurteil, keine Voreingenommenheit. Dein Jude-sein wird nicht zum Hindernis mit Buddha. Er ist so weit weg, so ohne Beziehung zu dir. Er war nicht gegen Moses, war nicht gegen Abraham, war nicht gegen David; er steht überhaupt nicht in Beziehung zur jüdischen Geschichte, er ist fern, ein Fremder. Du kannst ihn als Gast aufnehmen.

Aber Jesus? Jesus ist dir nicht fremd. Er wurde in deine Familie geboren, und dann begann er, eben dieses Haus zu zerstören. Dann begann er, eben diesen Tempel zu zerstören, in dem du und deine Väter immer euren Gottesdienst gehalten hattet, obwohl er sagt: „Ich bin gekommen, nicht zu zerstören, sondern um zu erfüllen." Aber um zu erfüllen, muß er zerstören. Das Alte muß niedergerissen werden, das Alte muß vollständig ausradiert werden von der Erde; nur dann kann der neue Tempel erbaut werden.

Deshalb verletzt der Name „Jesus". Du kannst Jesus noch nicht vergeben; du kannst ihm unmöglich vergeben, bevor du nicht deine jüdische Konditionierung aufgegeben hast. Dann gibt es kein Problem mehr, dann ist Jesus genauso verständlich wie Buddha oder Krishna. Das Problem kommt von deiner jüdischen Konditionierung. Das Problem kommt nicht von Jesus. Das Problem ist in dir, nicht im Neuen Testament.

Du sagst: *Seit ich mit dir bin, habe ich gelernt, Jesus in einem neuen Licht zu sehen.* Ja, durch mich ist es einfacher, da ich kein Jude bin.

Durch mich wird Jesus nicht-jüdisch. Die Art und Weise, wie ich ihn interpretiere, ist die Art, wie ich gerne Buddha, Patanjali, Shankara interpretieren würde. Die Art, wie ich Jesus interpretiere, hat nichts mit dem jüdischen Verstand zu tun. Dann kannst du Jesus in neuem Licht betrachten, denn ich zeige ihn in einem neuen Licht. In meinem Licht beginnt er sich zu verändern; er ist nicht mehr jüdisch. Ich stelle ihn nicht in den Kontext des jüdischen Verstandes; ich kann es gar nicht, da ich kein Jude bin. Du wirst es einfacher, viel einfacher finden, dich Jesus durch mich anzunähern, denn durch mich ist Jesus kein Jude mehr.

Seit ich mit dir bin, habe ich gelernt, Jesus in einem neuen Licht zu sehen. Als Jude konnte ich seine Lehre niemals akzeptieren.

Es ist nicht so, daß du seine Lehre nicht akzeptieren konntest, es ist der Jude in dir. Der Jude muß aufgegeben werden. Und wenn ich sage, der Jude muß aufgegeben werden, dann sage ich auch: der Hindu muß aufgegeben werden, der Buddhist muß aufgegeben werden, der Mohammedaner muß aufgegeben werden. Dann werden deine Augen sich öffnen, dann wirst du Klarheit haben, eine Klarsichtigkeit in deinen Anschauungen. Du wirst in der Lage sein, die Dinge zu durchschauen, und sie werden in völlig neuem Zusammenhang erstehen. Und dann wird Jesus schön aussehen. Er war einer der schönsten Menschen, der je auf der Erde gewandelt ist.

Aber unglücklicherweise haben die Juden ihn verpaßt, genau wie die Hindus Buddha verpaßt haben. Das war schon immer die Tragödie. Es ist sehr schwierig für einen Hindu, Buddha zu verstehen. Schon der Name... und Gegnerschaft erwacht; denn er sagte Dinge, die gegen die Veden sind. Er sagte Dinge, die gegen die Brahmanen sind, er sagte Dinge, die gegen das Gesetz des Manu sind. Er sagte Dinge – er sagte sie nicht nur, sondern er begann, eine neue Gesellschaft zu gründen, eine Nicht-Hindu-Welt schuf er. Er schuf eine Welt, in der es keinen Unterschied gab zwischen einem Sudra, dem Unberührbaren, und einem Brahmanen, dem Hohen Priester. Er schuf eine Welt, die klassenlos sein würde, ohne einen Niedrigeren und ohne einen Höheren. Er schuf die Grundlagen für eine völlig neue Gesellschaft. Die Hindus waren wütend, sie zerstörten den Buddhismus.

Wißt ihr, daß Buddhismus in Indien nicht mehr existiert? Buddha ist fast ein Fremder. In China, in Tibet, in Japan, in Ceylon, in Thailand wird er geliebt. Ganz Asien ist buddhistisch, mit Ausnahme von Indien. Und er wurde in Indien geboren, aber er ist nicht mehr hier. Was geschah? Die Hindus nahmen Rache. Sie zerstörten... und merkt euch, ihre Zerstörung war bei weitem raffinierter als die Zerstörung Jesu durch die Juden. Denn die Juden töteten Jesus und damit haben sie einen großen Fehler begangen. Die Hindus haben Buddha nicht getötet, sie sind viel klügere Leute. Die Hindus haben Buddha nicht getötet, sondern sie haben den Buddhismus getötet.

Die Juden haben Jesus getötet, aber gerade weil sie Jesus getötet haben, machten sie ihn so wichtig, so bedeutsam – zum Zentrum der menschlichen Geschichte – wegen der Kreuzigung. Wenn sie Jesus nicht beachtet hätten, würde es kein Christentum geben. Kann man sich überhaupt ein Christentum ohne die Kreuzigung vorstellen?

Wenn Jesus nicht getötet worden wäre, wenn sie ihn nicht beachtet hätten und die Menschen nicht über seine Worte beunruhigt gewesen wären, wäre er verschwunden, ohne ein Zeichen, ohne auch nur die geringste Spur zu hinterlassen. Aber weil Jesus getötet worden ist, weil er ans Kreuz geschlagen wurde, bekam er eine überaus große Bedeutung. Sein Tod setzte das Siegel darauf. Und daß er getötet wurde, bewies, daß er etwas sehr Bedeutsames zu sagen hatte; warum hätte man ihn sonst töten sollen?

Die Hindus sind geschickter. Sie haben Buddha nicht getötet. Im

Gegenteil, sie haben ihn als eine der Inkarnationen Gottes akzeptiert. Ich möchte, daß ihr die Geschichte kennt, wie sie das Ding manipuliert haben.

Sie waren gegen Buddha, sie waren gegen seine Ideen, gegen seine Revolution; aber sie akzeptierten ihn als eine Inkarnation Gottes. Genau wie Rama eine Inkarnation ist, Krishna eine Inkarnation ist, so ist auch Buddha eine Inkarnation. Aber sie wendeten dabei einen Trick an.

Die Geschichte ist, daß Gott die Welt geschaffen hat, er schuf Himmel und Hölle. Dann vergingen Millionen von Jahren, und niemand kam in die Hölle, da niemand eine Sünde beging. Die Menschen waren fromm, einfach und unschuldig. Jeder Verstorbene kam direkt in den Himmel.

Und was geschah mit der Verwaltung, die sich um die Hölle zu kümmern hatte? Der Teufel und des Teufels Schüler, die Miniteufel und die gesamte Regierung? Sie wurden sehr überdrüssig, gelangweilt. Nicht ein einziger Zugang. Und sie saßen da in ihren Büros, an ihren Portalen mit ihren Registern und Akten, und niemand kam.

Die Hindu-Geschichte ist: sie gingen zu Gott und beteten. „Was hat das für einen Sinn? Schließe den ganzen Laden vollständig! Niemand ist je gekommen seit Millionen von Jahren. Wir sind müde. Wir sind gelangweilt. Entweder sende uns Menschen, gib uns Arbeit und Beschäftigung, oder schließe den Laden." Sie hatten wirklich ein Problem, und Gott grübelte darüber nach. Und dann sagte er: „Seid unbesorgt. Bald werde ich als Gautama Buddha geboren werden und dann verdrehe ich den Menschen den Verstand, und sie werden in die Hölle kommen."

Siehst du den Punkt? „Ich verdrehe den Menschen den Verstand. Ich werde es fertigbringen, sie zu verwirren, und wenn sie einmal verwirrt sind, dann wird die Hölle überlaufen." Und so ist es.

Die Hindus sagen, seit Buddha ist die Hölle überfüllt. Gott muß in der Form Buddhas kommen, nur um der Höllenverwaltung zu helfen.

Nun haben sie zwei Dinge gemacht. Zum einen haben sie Buddha als eine Inkarnation Gottes akzeptiert und zugleich haben sie seine Lehre abgelehnt; denn die Lehre ist ein Verderbnis; sie macht korrupt. Buddhist sein bedeutet verdorben sein. Buddhist sein ist eine Garantie dafür, in die Hölle zu kommen. Also respektiere Buddha – er ist eine Inkarnation Gottes – aber höre niemals auf das, was er sagt. Folge ihm nicht. Sei achtsam! Paß auf!

Dasselbe machten sie mit Mahavir; sie ignorierten Mahavir. Nicht einmal Mahavirs Name wird in irgendeiner Hindu-Schrift erwähnt. So ein kraftvoller Mensch, so ein mächtiges Wesen, so eine magnetische Persönlichkeit – und nicht einmal der Name wird erwähnt. Sie haben ihn ignoriert, sie haben einen anderen Trick angewendet: einfach ignorieren.

Die Juden haben Jesus gekreuzigt, und begingen damit einen ernsthaften Fehler. Sie gaben Jesus große Bedeutung. Ich sage damit nicht, daß er kein bedeutender Mensch war, er war es, er war absolut bedeutend. Aber wenn sie ihn ignoriert hätten, gäbe es kein Christentum. Weil sie Jesus getötet hatten, nahm das Christentum Rache. Und durch die Jahrhunderte, zweitausend Jahre lang, haben die Christen auf alle erdenklichen Arten Juden getötet.

Und die Wunde ist immer noch offen. Du kannst Jesus nicht vergeben. Tatsächlich kannst du dir selbst nicht vergeben, daß ihr diesen Mann gekreuzigt habt. Das war der schlimmste Fehler. Jetzt gibt es keine Möglichkeit mehr, ihn ungeschehen zu machen. Es ist der Jude in dir, der dir nicht erlaubt, Jesus zu verstehen.

Du sagst: *Als Jude konnte ich seine Lehre niemals akzeptieren*. Und seine Lehre ist nichts als das Erblühen der jüdischen Tradition. Die jüdische Tradition ist in Jesus mündig geworden. Er ist die Erfüllung alles jüdischen Begehrens, Ehrgeizes und Wünschens. Er ist die Erfüllung von Moses. Aber mit Sicherheit sieht die Wurzel eines Baumes anders aus, als die Blüte des Baumes. Sie sehen einander nicht ähnlich. Die Wurzel ist häßlich, die Wurzel ist nicht schön. Schön zu sein, ist nicht ihre Aufgabe. Ihre Aufgabe ist etwas vollkommen anderes, nämlich den Baum zu nähren, die Blätter, das Laub, die Früchte, die Blüte zu nähren. Und sie versteckt sich im Boden, sie kommt nicht heraus, sie zeigt sich nicht. Sie bleibt im Boden verborgen und dort arbeitet sie unaufhörlich. Wenn du eine Rosenpflanze gesehen hast und dann ihre Wurzel ausgräbst und die Wurzel neben die Blüte legst, wirst du überrascht sein. Da scheint es keine Beziehung zu geben. Und trotzdem sage ich dir, die Blüte ist die Erfüllung der Wurzel. Und die Wurzel hat für die Blüte gelebt, und ohne die Blüte wäre die Wurzel sinnlos. Ihre Existenz wäre pure Verschwendung.

Und ebenso ist es der Fall mit Moses und Jesus. Moses fungiert als die Wurzel. Freilich sind seine Aussagen nicht so schön wie die von Jesus – sie können es nicht sein, seine Funktion unterscheidet sich: er ist der Gesetzgeber. Er gibt der Gesellschaft ein Muster, eine Disziplin, ein Gesetzbuch. Er macht aus der primitiven Gesellschaft eine zivilisierte Gesellschaft. Er verändert den ursprünglichen, den groben Verstand, in einen mehr kultivierten, intellektuellen Verstand; denn nur in diesem kultivierten Verstand, dem egoistischen Verstand, ist ein Jesus möglich. Der dritte Verstand entsteht durch Moses.

Die Juden wurden sehr sehr egoistisch: das auserwählte Volk der Welt, Gottes besondere Menschen. Ein besonderer Bund wurde geschlossen zwischen Gott und den Juden; sie sind keine gewöhnlichen Menschen. Sie haben das Buch Gottes und sind seine Vertreter auf Erden.

Dieses Ego wurde ihnen von Moses gegeben. Nur mittels des Egos kann sich der Verstand entwickeln. Ja, eines Tages muß das

Ego fallengelassen werden, aber du kannst es nur fallenlassen, wenn du es hast. Wenn du es nicht hast, dann kann es auch nicht fallengelassen werden. Dieses Fallenlassen ist unglaublich schön, aber es ist nur möglich, wenn du es hast. Und du mußt es so sehr haben, daß es eine Qual wird, und dann mußt du es fallenlassen. Moses gibt den Menschen das Ego, die Definition, die Identität.

Und dann kommt Jesus als die Erfüllung und will, daß du dich hingibst, er will, daß du das Ego fallenläßt. Er gibt dir die Liebe. Moses gibt dir das Gesetz. Und die beiden sind verschieden, sie sind wirklich verschieden. In vielerlei Hinsicht sind sie gegensätzlich. Liebe ist jenseits von Gesetz, und wenn Liebe da ist, dann ist kein Gesetz mehr nötig. Also immer wenn Jesus sagt: „Es wurde euch von alters her gesagt, ein Auge für ein Auge zu nehmen; und wenn jemand einen Ziegelstein auf dich wirft, dann sollst du einen Felsbrocken auf ihn werfen – das ist Gerechtigkeit. Ich aber sage euch: Liebt euren Feind. Liebt diejenigen, die euch hassen und verfolgen. Und wenn jemand dich ins Gesicht schlägt, dann halte ihm auch die andere Backe hin. Und wenn jemand deinen Mantel nimmt, gib ihm auch dein Hemd. Und wenn jemand dich zwingt, seine Last und Bürde eine Meile zu tragen, dann geh zwei Meilen mit ihm.

Nun, das ist völlig anders, eine neue Sicht. Aber diese neue Sicht ist nur möglich, weil Moses den Boden bereitet hat. Moses ist als Wurzel in die Tiefe gegangen, und jetzt kommt Jesus als die Blüte der Rose. Er sieht anders aus, er sieht wie das Gegenteil aus. Wurzeln wachsen nach unten, und die Blumen wachsen nach oben. Sie sind einander entgegengesetzt. Ihre Dimension ist verschieden, ihre Richtungen sind verschieden. Die Wurzeln gehen nach unten, tiefer in die Erde, auf der Suche nach Wasser. Und die Blume wächst nach oben, auf der Suche nach Licht, nach Sonne und Luft. Sie wachsen in genau entgegengesetzte Richtungen.

Um zu sehen, daß sie eins sind, braucht man große Klarheit. Um zu verstehen, daß Moses und Jesus eins sind, braucht man Meditation. Um zu verstehen, daß die Veden und Buddha eins sind, braucht man Einsicht, große Einsicht. Einen radikalen Wechsel in deinem Verstehen.
Du sagst: *Als Jude konnte ich seine Lehre niemals akzeptieren.*
Es ist dein Jude, nicht du. Du kannst verstehen, aber der Jude kann nicht verstehen. Der Jude ist derjenige, der Jesus getötet hat – wie kann er verstehen? Und wenn der Jude Jesus versteht, wird er voller Reue sein, und er wird niemals in der Lage sein, sich zu vergeben, denn er hat getötet. Also hat der Jude so etwas wie ein Interesse daran, Jesus nicht zu verstehen. Wenn der Jude Jesus versteht, dann... wie wirst du in der Lage sein, dir zu vergeben? Du wirst dir und deinen Vorvätern nicht vergeben können. Dann würde deine gesamte Tradition verdammt, dann wäre dein gesamtes Erbe kriminell. Das geht zu weit.

Nur für einen Menschen, den zerbrechlich aussehenden Jesus, nur für diesen einen Mann kannst du nicht deine gesamte Rasse verdammen und fünftausend Jahre Existenz. Es ist besser, diesen Mann zu verdammen und dein überliefertes Erbe zu akzeptieren, eine fünftausend Jahre alte Rasse, eine reiche Geschichte und bedeutende Begebenheiten.

So geht es zu in deinem Verstand. Du kannst Jesus nicht verstehen, da du darin investiert hast, ihn nicht zu verstehen. Und die Konditionierung reicht sehr tief. Die Konditionierung geht dir in Fleisch und Blut über.

Vor ein paar Tagen las ich eine Anekdote.
Zwei Fremde, Schwartz und Pinkus, saßen sich im Dampfbad nackt gegenüber.
„Ich habe Sie nie zuvor getroffen", sagte Schwartz „und doch möch-

te ich wetten, Sie wurden in Brooklyn geboren."
„Das stimmt!" antwortete Pinkus.
„Tatsächlich", sagte Schwartz zu seinem nackten Gefährten, „Sie sind aus meiner alten Gegend, Bensonhurst, und Sie gingen in die Synagoge, in der 79. Straße, und Ihr Rabbi war Nathan Nußbaum."
„Verblüffend!" sagte Pinkus, „Sie können das alles feststellen, einfach indem Sie mich anschauen?"
„Freilich", antwortete Schwartz „Rabbi Nußbaum hat immer diagonal geschnitten."

Es geht tief. Es geht dir in Fleisch und Blut über.

Du wirst nicht als Mensch erzogen. Du wirst als Jude erzogen, als Hindu, als Christ. Du weißt nicht, wer du bist. Du kennst nur deine Konditionierung, du kennst nur den Verstand, der von außen in dich eingesetzt wurde. Und dieser Verstand wird dir nicht erlauben, Jesus zu verstehen. Diesen Verstand wirst du aufgeben müssen.

Nie zuvor habe ich ihn für einen Erleuchteten gehalten, wofür ich Buddha halte.

Es ist einfacher. Für Buddha kannst du dich öffnen, er hat kein einziges Wort gegen die Juden geäußert, also kannst du dich für ihn öffnen. Er verletzt dein Ego in keiner Weise. In der Tat kannst du dich an ihm sehr erfreuen, da er gegen die Schriften der Hindus ist.

Als ich zum ersten Mal in Nepal mit buddhistischen Lehren in Kontakt kam, fühlte ich eine unmittelbare Verwandtschaft damit.

Und sie sind gleich.

Jesus war nach Indien gekommen und hatte in dem buddhistischen Kloster Nalanda gelebt. Die gesamte Lehre Jesu ist mehr buddhistisch als irgend etwas sonst. Die Sprache ist verschieden, er spricht wie ein Jude, aber die Botschaft ist die gleiche. Aber dafür mußt du wirklich frei von Vorurteilen sein.

Gut, wenigstens kannst du Buddha verstehen und Buddha lieben.

Liebe Buddha, versenke dich tief in Buddha und bald wirst du überrascht feststellen, daß dieses Verständnis dich befähigt, auch über Jesus vieles zu lernen.

Wenn du einen Erleuchteten lieben kannst, dann wirst du früher oder später alle Erleuchteten der ganzen Welt verstehen, da ihr Geschmack gleich ist. Die Sprachen sind verschieden, die Worte sind verschieden. Buddha spricht eine vollkommen andere Sprache, natürlicherweise, er sprach zu einer anderen Art von Menschen. Und Jesus sprach wieder zu einer anderen Art von Menschen; Jesus mußte die Sprache dieser Menschen sprechen. Wo Buddha sagt: „Wahrheit", da sagt Jesus: „Reich Gottes", aber sie meinen dasselbe. Wo Buddha sagt: „Sei ein Niemand. Laß das Ego fallen. Anatta, sei ein Nicht-Selbst..." Jesus kann das nicht sagen, denn niemand würde ihn verstehen. Er sagt: „Laß deinen Willen fallen, gib deinen Willen für den Willen Gottes auf."

Buddha spricht nie über Gott. Jesus bringt Gott ins Spiel, aber die Strategie ist die gleiche. Ob du nun deinen Willen aufgibst, nur indem du ihn genau anschaust und das damit verbundene Elend oder ob du dich einem gewissen Gott auslieferst, der, wie Jesus sagt: „Mein Vater im Himmel" ist, dieser Vater im Himmel ist nur ein Vorwand, es geht nur darum, daß du dein Ego aufgibst, daß du deinen Willen aufgibst. Sobald der Wille aufgegeben ist, wirst du eins mit dem Ganzen. Ob Gott existiert oder nicht, spielt dabei keine Rolle.

Aber Jesus mußte zu einer jüdischen Welt sprechen, auf jüdische Art, in jüdischer Sprache, und er mußte die Metaphern, die Gleichnisse der Juden benutzen – ansonsten ist er ein Buddha.

Hier, jetzt in Poona, werden die Worte Jesu verständlich und annehmbar. Trotzdem gibt es noch Zweifel. Die werden auch bleiben, solange der Jude in dir weiterlebt.

Genauso wie der Jude Jesus nicht verstehen kann, so kann der Christ Moses nicht verstehen. Nur ein Mensch, der keine festen

Vorstellungen hat, der einfach wie ein Spiegel ist, kann jeden verstehen und kann dadurch sehr bereichert werden. Wenn du Buddha verstehen kannst und Jesus und Moses und Mohammed und Mahavir und Zarathustra und Laotse, dann ist dein Reichtum im Wachsen begriffen. Denn Laotse wird eine frische Brise in dein Leben bringen, die nur er bringen kann; denn er öffnet eine Tür, die niemand sonst öffnen kann. Er ist ein Meister, ein meisterhafter Techniker. Er weiß, wie man eine bestimmte Tür öffnet, und an dieser Tür ist niemand so geschickt wie er. Zarathustra öffnet eine andere Tür zu deinem Wesen. Und dein Wesen ist groß, ungeheuer! Eine Tür reicht nicht. Es gibt Millionen Pforten zu deinem Wesen und jede Pforte, wenn du einmal eintrittst, führt dich zu einem neuen Geschmack, einer neuen Sicht; ein neuer Schatz wird dir verfügbar.

Die Menschen sind unnötigerweise arm. Wenn ich einen Christen sehe, dann sehe ich einen armen Menschen. Wenn ich einen Hindu sehe, dann sehe ich einen armen Menschen. Wenn ich einen Juden sehe, dann habe ich großes Mitleid. Warum nur so arm sein? Warum nicht die ganze Geschichte der Menschheit beanspruchen? Warum nicht alle Erleuchteten als die deinen beanspruchen?

Das ist meine Arbeit hier. Deshalb spreche ich einen Tag über Buddha, den nächsten über Jesus, wieder einen anderen über Laotse... ich wechsle ab. Meine Bemühung hier ist es, dich zu bereichern, dich zu öffnen für alle nur möglichen Freuden der spirituellen Welt, dich fähig zu machen für alle Arten von Ekstase.

Ja, Buddha bringt eine Art von Ekstase, die Ekstase, die durch Intelligenz kommt. Und Jesus bringt eine andere Art von Ekstase, die Ekstase, die durch Liebe kommt. Krishna bringt wieder eine andere Art von Ekstase, die Ekstase, die durch die Tat kommt. Und Laotse bringt noch eine andere Art von Ekstase, die Ekstase, die durch Nichtstun kommt.

Das sind sehr verschiedene Pfade, aber sie alle kommen in dir zusammen, sie alle treffen sich in deinem innersten Kern. Sei einfach ein Mensch, ein menschliches Wesen, ohne jüdische, christliche, hinduistische Ideologien um dich herum. Schüttel all diesen Staub ab und laß deinen Spiegel klar sein, und dein Leben wird zu einer einzigen großen Feier, denn dann gehört die gesamte Existenz dir. Warum nur eine Blume bewundern, wenn alle Blumen dein sein können? Und warum nur eine Blume in deinen Garten pflanzen, wenn alle Blumen der Erde dort blühen können? Warum nicht reich sein? Warum hast du beschlossen, arm zu sein?

Trotzdem, bestehen noch Zweifel. Warum hat er das alles auf so eine indirekte Art gesagt?

Nein, er hat nichts auf eine indirekte Art gesagt, lediglich die Sprachen haben sich in zweitausend Jahren verändert. Nun, eine Sache muß man verstehen: Buddhas Sprache ist immer noch modern, und zwar aus einem bestimmten Grund, weil Buddha so logisch, so rational war. Sein Ansatz ist die Intelligenz, die Welt kann ihn immer noch verstehen.

Die Welt ist immer noch dabei, intelligent zu werden, rational zu werden. Tatsächlich haben die Wissenschaft und die explosionsartige Ausdehnung der Wissenschaft die Menschen mehr denn je dazu befähigt, Buddha zu verstehen.

Deshalb übt Buddha eine gewisse Anziehung auf den modernen Verstand aus. Buddha ist sehr zeitgenössisch. Seine Logik, sein Rationalismus, seine äußerste Intelligenz – er spricht auf eine Art, die Intelligenz verstehen kann. Und die Welt ist intelligenter geworden. Und Buddha hat eine gewisse Affinität. Aber Jesus ist aus einem bestimmten Grund weit zurückgefallen. Die Welt ist in die Logik hineingewachsen, aber sie ist nicht in die Liebe hineingewachsen, das ist die Schwierigkeit. Deshalb sieht Jesus so indirekt aus, weil die Sprache der Liebe von der Erde verschwunden ist.

Liebe? Ja, das Wort gibt einen Ton im Ohr, aber keinen Sinn.

Ich habe gehört...
Zwei Hippies saßen vor einer Kirche, draußen im Garten. Dann kam der Krankenwagen, und der Priester wurde auf einer Bahre herausgetragen. Die beiden Hippies hatten dort seit Stunden gesessen, einfach nur gesessen, ohne etwas zu tun.
Plötzlich wurden sie lebendig und der eine Hippie fragte den anderen: „Was ist los? Was ist mit dem Priester geschehen?"
Und der andere Hippie sagte: „Man sagt, er ist in der Badewanne ausgerutscht und hat sich das Bein gebrochen."
Der erste brütete eine Weile und fragte dann: „Was ist das, eine Badewanne?"
Der zweite Hippie gab ihm zur Antwort: „Wie soll ich das wissen? Ich bin doch kein Katholik."

Nun, ein Hippie ist ein Hippie. Er mag niemals in einer Badewanne gewesen sein. Dieses Wort ist bedeutungslos. Er sagt: „Wie soll ich das wissen? Ich bin doch kein Katholik." Als ob eine Badewanne etwas mit Katholizismus zu tun hätte. Es ist relativ.

Die Sprache Jesu ist nicht mehr von Bedeutung, denn der Mensch hat sich weit von seinem Herzen entfernt. Er ist mehr im Kopf, und dort ist Buddha der Meister. Dort ist Buddha der höchste Meister, der unvergleichliche Meister. Wenn du diskutieren möchtest, dann ist Buddha der Richtige, um dich zu überzeugen. Er sagt niemals etwas, das nicht logisch bewiesen werden könnte. Nicht daß er auf die Logik begrenzt wäre – er geht darüber hinaus, aber er geht zuerst durch sie hindurch. Er bringt dich ganz ans Ende der Logik, und dann hilft er dir, aus der Logik herauszuspringen. Aber er ist niemals gegen die Logik. Er geht über die Logik hinaus, aber er ist niemals gegen die Logik. Du kannst ihn mit Leichtigkeit begleiten, er wird dir keine Schwierigkeit bereiten. Er spricht nicht über den „Vater im Himmel." Über Buddha kannst du nicht sagen, daß er eine Vater-Fixierung hat. Er spricht nicht über den Vater. Freud kann ihn mit Leichtigkeit begleiten, ebenso Karl Marx, da gibt es keine Schwierigkeiten. Einstein kann eine gute Unterhaltung mit ihm führen, und es wird keinen Konflikt geben.

Aber mit Jesus ist es schwierig. Er umgeht die Logik. Er ist unlogisch, Liebe ist unlogisch. Nur Liebende können seine Sprache verstehen, ansonsten wird er sehr indirekt aussehen.

Hast du zugehört, wie Verliebte miteinander sprechen? Es klingt sehr indirekt, was sie sagen. Für eine rationale Person klingt es absurd. Sie sprechen „durch die Blume", indirekt. Und jemand, der nicht verliebt ist, ist einfach gelangweilt. „Was machen sie bloß? Warum unaufhörlich ‚lala'? Warum kommen sie nicht zur Sache, auf den Punkt?" Wenn du mit dieser Frau ins Bett gehen möchtest, warum sagst du nicht einfach: „Ich möchte mit dir ins Bett gehen?" Warum über die Sterne sprechen und den Mond und die Blumen und Poesie und all den Unsinn – und schließlich geht ihr miteinander ins Bett? Also warum nicht direkt ins Bett springen? Es sieht alles so indirekt aus, dieses „Ich liebe Dich" und einander-in-die-Augen-schauen. Wofür? Komm auf den Punkt! Sei direkt! Für den logischen Menschen ist das die richtige Art.

Ja, Jesus ist indirekt, aber er ist indirekt, weil du die Sprache der Liebe vergessen hast. Er spricht in Gleichnissen, er spricht in Geschichten, er spricht in Metaphern. Er spricht metaphorisch, denn er ist poetisch. Tatsächlich ist er unvergleichbar. Die Worte Jesu sind so stark, so voll von Liebe, so voll von Poesie, daß es keine Steigerung gibt. Ich bin niemals auf so starke Worte gestoßen. Die Worte Buddhas sind sehr ausgewogen, ausgeglichen, mathematisch; niemals übertreibt er. Die Worte Jesu sind überfließend; Übertreibung ist nicht die Ausnahme, sondern die Regel. Liebe übertreibt, da Liebe

Enthusiasmus hat, da Liebe Schwung hat, Vergnügen, und Liebe spricht in Bildern, denn Liebe ist die poetische Annäherung an die Wirklichkeit. *Warum hat er das alles auf so eine indirekte Art gesagt? Vor allem, wenn man bedenkt, daß er zum einfachen Volk sprach?*

Ja deshalb, genau deshalb; weil er zum einfachen Volk gesprochen hat. Und einfache Menschen können die Sprache der Liebe viel leichter verstehen als Logik. Er wußte sich mit dem einfachen Volk zu verständigen. Die einfachen Menschen haben die Sprache der Liebe immer verstanden. Die einfachen Menschen können Shakespeare sehr leicht verstehen. Albert Einstein können sie nicht so leicht verstehen. Man sagt, daß nur ein Dutzend Menschen auf der ganzen Welt zu Albert Einsteins Lebzeiten in der Lage waren, ihn richtig zu verstehen. Freilich, er spricht sehr mathematisch, er ist sehr präzise, er ist nie indirekt. Aber nur ein Dutzend Menschen waren fähig, ihn zu verstehen. Was ist da los?

Aber zu allen Zeiten wurden Liebesgedichte von jedermann verstanden; sogar der primitive Mensch versteht Liebespoesie, versteht den Gesang, die Musik. Völlig unintellektuell, ohne Kenntnisse der Philosophie kann er Lachen und Weinen verstehen, und er kann einen Tanz verstehen, ein Lied, kann das Flüstern zweier Liebender verstehen.

Jesus spricht zum einfachen Volk. Er ist kein Philosoph. Deshalb spricht er in Bildern, in Gleichnissen. Ein Gleichnis ist eine schöne Art, ungeheure Wahrheiten zu sagen, da ein Gleichnis auf vielen Ebenen verstanden werden kann. Ein Gleichnis kann von einem Kind verstanden werden; das Kind wird es auf seiner Ebene verstehen. Ein Gleichnis kann von einem einfachen Menschen verstanden werden, er wird es auf seiner Ebene verstehen. Ein Gleichnis kann von einem Philosophen, von einem Logiker, von einem Poeten, einem äußerst kultivierten Menschen und von einem Weisen verstanden werden. Sie alle werden es auf ihrem Niveau verstehen. Ein

Gleichnis kann so viele Bedeutungen haben, wie es Menschen gibt, die es verstehen.

Mathematik hat nur eine Bedeutung: „zwei und zwei ist vier." Da gibt es keine andere Ebene. Es ist einfach, direkt.

Die metaphorische Sprache kennt viele Ebenen, und das ist die Schönheit der Worte Jesu. Lies diese Worte heute und kreuze die Aussprüche an, die dich besonders anziehen. Dann meditierst du für einige Monate und liest es wieder. Und du wirst überrascht sein... der Sinn hat sich verändert. Jetzt merkst du nicht mehr die selben Zeilen an und unterstreichst sie, jetzt wählst du etwas anderes, etwas anderes ist wichtig geworden. Meditiere noch einige Monate und dann nimm wieder die Bibel zur Hand und du wirst aufs Neue überrascht sein. Und genauso ist es der Fall mit der Bhagavadgita und mit dem Koran, denn all diese Schriften sind metaphorische Betrachtungen. Man kann sie wieder und wieder lesen; sie sind niemals erschöpft.

Du kannst eine logische Abhandlung nicht immer wieder lesen. Einmal verstanden, das reicht; dann ist sie erschöpft. Wenn du die Abhandlung von Albert Einstein zur Relativitätstheorie verstanden hast... wenn du sie einmal verstanden hast, reicht es. Jetzt kannst du nicht weiter darin lesen, es steht nicht mehr darin.

Aber die Worte Jesu kannst du jeden Tag lesen, morgens, abends, und immer kommt etwas Neues hoch, kommt etwas Neues an die Oberfläche, denn du änderst dich, und deine Einsichten vertiefen sich. Deine Lebenserfahrung macht dich reifer, mit jedem Tag wirst du fähiger, mehr zu sehen. Da du wächst, wird die Schrift mit dir wachsen. Sie kann so tief gehen, wie du tief gehen kannst. Und viele Leben lang kann man tiefer und tiefer gehen. Sie hat eine ewige Qualität, eine Endlosigkeit und eine Tiefe, die keine Grenzen kennt, sie ist bodenlos.

Es ergibt überhaupt keinen Sinn für mich, und ich werde mich nicht vollkommen wohl fühlen mit Jesus, wie ich mich mit Buddha fühle, solange diese Frage ungelöst bleibt.

Es ist nicht einfach eine Frage, die es zu lösen gilt, es ist eine Einsicht, die es zu entwickeln gilt. Du mußt an den Punkt kommen, wo du sehen kannst, daß es der Jude ist, der dich stört. Gib den Juden auf, und dann schau noch einmal, und du wirst sehen, wie eine große Harmonie zwischen dir und Jesus entsteht.

Und ich sage nicht, daß du Christ werden sollst. Wenn du Christ wirst – du gibst den Juden auf und wirst Christ – dann wechselst du einfach die Krankheit. Dann bist du von einer Krankheit in die nächste gefallen, von einem Gefängnis bist du in ein anderes Gefängnis umgezogen. Vielleicht wirst du für einige Momente oder einige Stunden unter freiem Himmel sein, während du von dem einen Gefängnis in das andere umziehst, das ist alles. Früher oder später bist du im nächsten Gefängnis, und das gleiche Elend beginnt von neuem.

Sei niemals der Gefangene irgendeines Verstandes. Und jeder Verstand ist ein Gefängnis. Nimm dich vor dem Verstand in acht, und bleibe immer über den Verstand erhaben. Bleibe immer vorurteilslos, bleibe ohne Ideologie, und dann gehört dir die ganze Welt und alle Schätze dieser Welt.

Hört die Verantwortung eines Meisters gegenüber seinen Schülern mit dem physischen Tod des Meisters auf? Was meinte Jesus, als er sagte: „Und wisset, daß ich bei Euch bin alle Tage, bis an das Ende der Welt." Wie kommt es, daß mit dieser Zusicherung die junge Kirche Paulus anstelle von Petrus nahm, den Jesus doch als Oberhaupt der Kirche ernannt hatte?

Das erste zu dieser Frage: Ein Meister hat überhaupt keine Verantwortung – Verantwortung, so wie du das Wort verstehst. Er ist verantwortlich, aber er hat keinerlei Verantwortung, es ist keine Pflicht. Pflicht wird zu Belastung, Pflicht wird zu Spannung, Pflicht schafft Besorgnis, Angst. Ein Meister hat keine Verantwortung, obwohl er verantwortlich ist. Der Unterschied ist groß.

Wenn ich sage, er ist verantwortlich, so bedeutet das einfach, er ist liebevoll, er ist mitfühlend. Wenn du um Hilfe bittest, wird dir die Hilfe gegeben. Aber er hat es nicht auf seine Schultern genommen, daß er dich irgendwie erlösen muß. Es ist ihm nicht zur Belastung geworden, daß du erlöst werden mußt. Es bereitet ihm keine Sorge.

Er steht zur Verfügung. Wenn du bittest, wird dir gegeben; wenn du anklopfst, wird das Tor geöffnet; wenn du suchst, wirst du finden. Wenn du bereit bist teilzunehmen, wird der Meister sein ganzes Sein in dich hineingießen. Aber es ist nicht eine Art von Verantwortung. Er ist kein Missionar. Er ist nicht hinter dir her. Er ist nicht darauf erpicht, dich zu erlösen. Deshalb sage ich, er hat keine Verantwortung. Er ist zugänglich. Wann immer du bereit bist zu nehmen, wirst du ihn jederzeit bereit finden zu geben.

Aber es gibt keine Besorgnis in seinem Verstand. Wenn du dich entscheidest, unwissend zu bleiben, so ist das vollkommen deine Freiheit. Wenn du dich entscheidest, in der Welt zu bleiben, wenn du dich entscheidest, im Gefängnis zu bleiben, so ist das vollkommen deine Wahl. Er hat nicht den Ehrgeiz, dich zu befreien. Niemand kann dich gegen deinen eigenen Willen befreien, nur du selbst kannst dich befreien. Ja, du kannst an jeder Art von Hilfe, die ein Meister verfügbar macht, teilhaben.

Also als erstes: Hört die Verantwortung eines Meisters gegenüber seinen Schülern mit dem physischen Tod des Meisters auf?

Sogar während er lebt, ist er mit keinerlei Verantwortung belastet. Aber der Verstand des Schülers schafft immer solche Art von Bindungen. Der Schüler möchte den Meister gern verantwortlich machen, so daß der Meister sich verantworten muß und der Schüler Anspruch erheben kann: „Wenn ich noch nicht erlöst bin, bist du verantwortlich." Das ist eine List des Schülers, sich zu schützen und die Verantwortung dem Meister an den Kopf zu werfen. Und dann kannst du weiter so leben, wie du gern lebst, denn was sonst kannst du tun? Du hast Jesus als deinen Meister akzeptiert, jetzt ist es seine Verantwortung.

Dieser Weg führt nicht in die Freiheit. Dieser Weg führt nicht zu *nirvana* oder *moksha*. Es ist nicht der Weg zur Befreiung. Du spielst sogar deinem Meister einen Streich. Und der Schüler hätte gern, daß der Meister sich an eine Art Vertrag hielte. Sogar wenn er tot ist, muß er sich um dich kümmern. Und was hast du getan? Welchen Beitrag hast du geleistet? Nichts hast du getan. In der Tat, du hast alles getan, um zu verhindern, zu blockieren. Du hältst am Gefängnis fest, und die Verantwortung soll beim Meister liegen? Halte dich nicht selbst zum Narren.

Die Frage ist von Chintana. Sie war eine Nonne und dieser Geist lebt noch in ihr fort.

Die Christen machen das. Millionen von Christen denken, daß sie alle möglichen Dinge tun können, was auch immer sie wollen, und letzlich wird Jesus sie erlösen. Am Tag des Jüngsten Gerichts wird er dastehen und allen Christen zurufen: „Das sind meine Kinder. Kommt und stellt euch hinter mich." Und alle Christen werden hinter Christus stehen und werden mit fliegenden Fahnen ins Himmelreich einziehen. Und alle anderen werden zur Hölle gehen... ist ja offensichtlich. Diejenigen, die nicht mit Christus sind, die werden zur Hölle gehen.

Und das ist jedermanns Idee. Der Mohammedaner denkt das gleiche: nur wer Mohammedaner ist, wird gerettet – der Prophet wird kommen und ihn retten.

Das sind dumme Vorstellungen. Wenn du weiter so lebst, wie du lebst, kann niemand dich retten, kein Jesus, kein Mohammed.

Du wirst deine Lebensqualität ändern müssen, du wirst deine Sichtweise ändern müssen, und dann bist du gerettet. Du kannst die Kunst, deine Sichtweise zu ändern, von Jesus, von Mohammed, von Krishna, von Buddha lernen; von jeder Quelle kannst du lernen, wie du deine Sichtweise ändern kannst. Aber du mußt die Kunst lernen, und du mußt die Kunst üben. Niemand sonst wird dich transformieren – niemand kann das tun. Und es ist schön, daß niemand es tun kann. Wenn es möglich wäre, daß jemand dein Wesen transformiert, dann wärst du ein Ding, keine Person. Dann hättest du keine Seele.

Das ist der Unterschied: ein Ding kann gemacht werden. Du kannst Möbel aus Holz machen, du kannst eine Statue aus Stein machen, aber du kannst keine Seele aus einem Menschen machen, Du kannst nicht Erleuchtung schaffen aus einem Menschen. Wenn jemand das von außen machen könnte, wäre es sehr sehr beleidigend; es wäre unter der menschlichen Würde. Und was für eine Freiheit wäre es, die von jemand anderem erschaffen wäre? Wenn dieser Jemand seine Meinung ändert, dann kann er dich wieder zum Sklaven machen. Das wäre keine große Freiheit.

Freiheit ist nur dann Freiheit, wenn du selbst sie erschaffen hast.

Das erste also, was es zu verstehen gilt ist: Lerne von Jesus, lerne von mir, lerne von jeder anderen Quelle, die dir zusagt. Aber vergiß nicht, du bist verantwortlich für dein Leben, niemand sonst ist verantwortlich. Und hör auf, dich zum Narren zu halten und zu beschwindeln; hör auf, an schöne Träume und Tröstungen zu glauben.

Hört die Verantwortung eines Meisters gegenüber seinen Schülern mit dem physischen Tod des Meisters auf?

Grundsätzlich hat es nie eine Verantwortung gegeben. Der Meister teilte, aber nicht aus Verantwortung, sondern aus Mitgefühl. Er teilte, weil er soviel hatte, daß er austeilen mußte. Er hat sich dir nicht verpflichtet gefühlt, er hat ausgeteilt, wie eine Blume ihren Duft an den Wind verteilt – was sonst könnte sie tun? Wie eine Regenwolke ihren Regen über das Land verteilt – was sonst könnte sie tun?

Wenn ein Meister heimgekommen ist, wenn er von Licht und Duft erfüllt ist, dann muß er einfach teilen. Aber es ist nicht Verantwortung. Das Wort „Verantwortung" ist kein schönes Wort. Es ist nicht eine Art Pflicht, die er erfüllt; es ist ihm eine Freude zu teilen.

Und wälze deine Verantwortung nicht auf jemand anderen ab. Bleibe verantwortlich für dich selbst, sonst wirst du lethargisch, faul, und du wirst abgestumpft und tot. Dann verlierst du deine Lebenskraft, denn du wirst einfach nur warten. Das Jüngste Gericht wird kommen, und Jesus wird dich retten. Du hast dein ganzes Leben in eine häßliche Angelegenheit verdreht.

Verwandle dich! Lerne aus jeder Quelle, die dich anzieht. Lerne aus allen Quellen. Werde so reich wie möglich, aber ändere dein Leben, transformiere dein Leben... und warte nicht auf das Jüngste Gericht! Es gibt kein Jüngstes Gericht. Jeder Moment ist der Moment des Gerichts. In jedem Moment stehen wir unserem Gott gegenüber, denn in jedem Moment leben wir unser Leben. Laß jeden Moment entscheidend sein. Lebe dein Leben mit Kunst,

Bewußtheit und all deinen Fähigkeiten.

Was meinte Jesus als er sagte: „Und wisset, daß ich bei euch bin, alle Tage, bis an das Ende der Welt."

Er hatte vollkommen recht. Er ist bei dir, bis ans Ende der Welt. Aber bist du bei ihm? Das ist die Frage. Die Sonne scheint, und sie scheint immer, aber wenn du mit geschlossenen Augen dasitzt... was macht es da aus, ob die Sonne scheint oder nicht? Du kannst in deinem Zimmer sitzen, alle Fenster und Türen verschlossen, mit einer Augenbinde – du wirst in Dunkelheit leben.

Wenn Jesus sagt: „Und wisset, daß ich bei euch bin alle Tage, bis an das Ende der Welt", dann sagt er ganz einfach: Wann immer du willst, kannst du an mir teilnehmen. Ich stehe zur Verfügung.

Wenn ein Mensch einmal erleuchtet ist, ist er verfügbar für immer, für alle Ewigkeit. Denn er ist Teil geworden von „Für-immer-heit", er ist Teil geworden von Ewigkeit, er ist Teil geworden von Gott. Wohin kann er dann noch gehen?

Raman Maharshi lag im Sterben und jemand begann zu weinen und sagte: „Bhagwan, verläßt du uns wirklich? Wirst du uns verlassen?" Und Raman öffnete die Augen und sagte: „Was redest du da für einen Unsinn? Wohin kann ich schon gehen?" Und dann schloß er die Augen und starb.
Die letzten Worte waren: „Wohin kann ich schon gehen? Ich werde hier sein."

Raman ist Teil geworden dieser „Für-immer-heit". Wohin kann er gehen? Er ist Teil der Ewigkeit, des großen Jetzt. Wenn du offen, verfügbar bist, dann kannst du von ihm trinken. Sein Brunnen fließt hier. Aber denke nicht in Begriffen von Gesetz und Gericht; denke nicht in solchen Begriffen, daß du zu Gott gehen und ihn beschuldigen wirst. Du wirst sagen: „Schau dir diesen Mann Jesus an. Er hat gesagt, daß er für immer bei uns sein wird, und wir stolpern in Dunkelheit, und er ist nie gekommen. Und wir haben dies und das angestellt und nie kam er uns aufzuhalten. Und wir haben viele falsche Dinge getan, und nie hat er uns daran gehindert."

Nein, er kann dich nicht daran hindern, er kann dich nicht verändern. Er ist genau wie die Sonne, das Licht. Öffne die Augen und sie ist da, schließe die Augen und sie ist nicht da. Und wenn Jesus sagt: „Ich werde bei euch sein, für immer", dann meint er damit nicht: „Ich werde da sein im Gegensatz zu Buddha, ich werde da sein im Gegensatz zu Krishna, ich werde da sein im Gegensatz zu Moses." Nein, er meint einfach: „Ich werde da sein als Teil von Buddha, Krishna, Moses, Zarathustra". Sie alle sind als Personen verschwunden und sind „Einheit" geworden.

Wie kommt es, daß mit dieser Zusicherung die junge Kirche Paulus anstelle von Petrus nahm, den Jesus doch als Oberhaupt der Kirche ernannt hatte?

Ich habe nie gesagt, daß er Petrus als Oberhaupt der Kirche ernannt hat. Er hat einfach gesagt: „Du wirst das Fundament", nicht das Haupt. Er hat keine Organisation geschaffen. Er hat Petrus nicht zum Kopf gemacht, zum Boss, zum Chef, zum Vorsitzenden, nein. Er hat einfach gesagt: „Petrus – ich nenne dich Petrus". Petrus heißt Felsen. „Ich nenne dich Petrus, denn du bist wie ein Felsen; denn du hast dieses Bewußtsein erlangt, das wie Fels ist. Wenn man auf diesem Bewußtsein sein Haus baut, dann bleibt es für immer bestehen. Sei du das Fundament!" Er sagte einfach in einer Metapher: „Laßt Bewußtheit das Fundament meiner Kirche sein!"

Aber eine Nonne bleibt eine Nonne, auch wenn sie eine Ex-Nonne ist, sogar wenn sie Sannyasin geworden ist. Die Vergangenheit bleibt da. „Oberhaupt der Kirche..."

Petrus war nicht das Haupt. Er war nicht als Haupt bestimmt, er war als Fundament bestimmt. Ein Fundament verschwindet wie

Wurzeln in der Erde. Du kannst das Fundament nicht sehen, das Fundament ist unsichtbar. Genauso ist Bewußtsein unsichtbar
Und du fragst: *Wie konnte es geschehen?*
Diese Frage ist eine Beschwerde. Was sie meint ist; Christus sagt: „Ich werde bei euch sein, und ich werde die Verantwortung übernehmen". Wie kommt es dann, daß er seiner eigenen Kirche, der jungen Kirche, nicht geholfen hat, und daß er Paulus gestattet hat, zu dominieren, statt Petrus zu ihrem Oberhaupt zu machen? Wo ist er und was macht er? Er hat einen Vertragsbruch begangen. Er hat Verrat begangen, er ist seinen Worten nicht treu geblieben. Er hat nicht einmal seiner eigenen Kirche geholfen – und die Kirche war jung. Deshalb machst du es deutlich: „junge Kirche", hilflos. Seine Hilfe war notwendig!

Wie kommt es, daß mit dieser Zusicherung die junge Kirche Paulus anstelle von Petrus nahm, den Jesus doch als Oberhaupt der Kirche ernannt hatte? Paulus war Politiker und Politiker dominieren alles. Paulus war ein gefährlicher Bursche, mörderisch. Zuerst versuchte er das Christentum auszurotten. Er war gegen Jesus, den Erzfeind! Er war auf dem Weg ins Heilige Land, um Christen zu verfolgen. Und dann, auf der Straße ins Heilige Land, geschah das Wunder, er hörte die Stimme Jesu, die ihn rief: „Warum? Warum verfolgst du mich? Was habe ich dir getan?"

Es kam aus seinem eigenen Unbewußten. Laß das klar sein. Es kam nicht von Jesus. Jesus hat das nie gesagt, nicht einmal zu seinen wirklichen Verfolgern, die ihm nachstellten, während er lebte: „Warum verfolgst Du mich?" Er würde nicht auf dieser einsamen Straße zu Paulus kommen, um ihm das zu sagen. Es war Paulus' eigenes Unbewußtes, denn sein Bewußtes war voller Haß auf Jesus, denn er war voll Feindschaft, Eifersucht, Ärger und Wut.

Das Unbewußte ist immer gegen das Bewußte; die beiden bewegen sich wie ein Gegensatzpaar. Wenn du einen Menschen mit deiner Bewußtheit liebst, dann haßt du ihn mit deiner Unbewußtheit. Deshalb liebst du und haßt du denselben Mann, dieselbe Frau. Bewußt war er voll Haß, aber unbewußt muß Liebe dagewesen sein, denn nur so kann Haß existieren. Liebe und Haß existieren zusammen.

Liebe geschieht niemals alleine und auch Haß geschieht niemals alleine, sie existieren immer gemeinsam.

Wenn du einen Psychoanalytiker fragst, dann wird er dir sagen: „Liebe-Haß ist eine Beziehung". Liebehaß ist ein Wort. Nicht einmal der Bindestrich, der sie verbindet, ist nötig; sie sind ein Wort. Auf der einen Seite ist es Liebe, auf der anderen ist es Haß.

In seinem Bewußtsein war also Haß, im Unbewußten war Liebe. Und als der Haß zu groß wurde, überwältigend... schwang das Pendel auf die andere Seite, und sein Unbewußtes sagte: „Warum? Warum verfolgst du mich?" Das Unbewußte wurde zur Stimme Jesu. Er fiel zu Boden; er konnte es nicht glauben. Es war ein Wunder, und er wurde durch dieses Wunder bekehrt. Er machte kehrt, und wurde ein Christ. Aber er blieb die gleiche Person. Zuerst hatte er versucht, die Christen zu verfolgen, dann begann er seine Energie dafür einzusetzen, die Menschen zum Christentum zu bekehren – aber die gleiche Energie, die gleiche Aggression. Zuerst wollte er das Christentum zerstören, jetzt will er das Christentum erschaffen. Es ist der gleiche Mann.

Und ein weiteres Wunder geschah: Er wurde ein Christ und dadurch daß er ein Christ wurde, vernichtete er das Christentum. Er gründete die Kirche – das war das beste Mittel, es zu vernichten. Wenn er auf derselben Straße geblieben wäre und dieselbe Person geblieben wäre, haßerfüllt auf Jesus, hätte er nicht soviel Schaden angerichtet. Denn dieser aggressive Mann, dieser gewalttätige Mann wurde ein Christ und ein Missionar; er begann, die Menschen zu bekehren, und veränderte die gesamte Qualität des Christentums.

Das Christentum ist nicht mehr auf Christus bezogen. Es ist paulinisch. Es ist auf Paulus bezogen.

Chintana fragt: „Warum hat Jesus nicht eingegriffen?"

Jesus greift niemals ein. Buddha, Krishna oder Menschen wie sie greifen niemals ein. Sie geben dir totale Freiheit. Sie geben euch so viel Freiheit, wie Gott euch gibt. Gott greift niemals ein. Selbst wenn du gegen Gott angehst, greift er niemals ein. Er könnte mit Leichtigkeit eingreifen, er könnte deinen Atem anhalten. Wenn du stehlen gehst, könnte er deinen Atem anhalten: „Komm nach Hause, dann wirst du wieder atmen! Geh stehlen und dein Atem stoppt." Du gehst, um jemanden zu ermorden, und dein Atem stoppt. Gott könnte das tun; aber er tut es nicht, er greift niemals ein.

Deine Freiheit wird respektiert. Wenn die Menschen eine Kirche gründen wollen, wenn die Menschen eine Kirche gründen wollen, die sich gegen Jesus richtet, dann bitte sehr! – es ist ihre Entscheidung. Wenn die Menschen so ein Christentum wollen, dann steht es ihnen frei. Wenn sie nicht das Richtige wählen wollen, dann haben sie die Wahl, das Falsche zu wählen. Freiheit ist der höchste Wert.

Warum gibt es im Westen so eine Eile, während der Osten so entspannt erscheint?

Eine unterschiedliche Zeitorientierung. Der Osten denkt in Begriffen wie Ewigkeit, in Begriffen wie viele, viele Leben, viele, viele Inkarnationen, eine nach der anderen. Der Zeitraum ist sehr groß, also gibt es keine Eile. Im Westen ist der Zeitraum sehr klein, nur ein Leben, deshalb die Eile. Nur ein Leben, und dieses Leben entgleitet dir, es geht den Bach hinunter. Wenn du sechzig Jahre lebst, gehen zwanzig Jahre in Schlaf verloren, zwanzig Jahre gehen für einen dummen Job verloren, fünfzehn Jahre gehen fürs Essen verloren, fürs Verdauen und ähnliche Dinge – was bleibt da übrig? Und was übrig bleibt, geht vor dem Fernseher verloren. Schluß. Angst entsteht, man wird sehr verängstigt; etwas muß getan werden, bevor es zu Ende geht... große Hektik und Eile.

Der Osten denkt in einem völlig unbegrenzten Zeitraum! Ein Leben nach dem anderen, das Rad des Lebens dreht sich unaufhörlich. Wenn du etwas in diesem Leben verpaßt, ist das kein Grund zur Sorge, du kannst es im nächsten Leben tun... bei der nächsten Umdrehung, wenn du wieder dabei bist. Es gibt keine Eile, der Osten bewegt sich also sehr sehr langsam.

Ich habe gehört...
Ein Chirurg sagte zu seinem Patienten: „Wir hier sind der Überzeugung, daß der Patient nach seiner Operation so schnell wie möglich wieder auf die Beine kommen soll. Also am ersten Tag möchte ich, daß Sie aufstehen und fünf Minuten im Raum herumgehen. Am zweiten Tag gehen Sie zehn Minuten. Am dritten Tag müssen sie eine volle Stunde gehen. Okay, irgendwelche Fragen?"
„Ja, Doktor", plädierte der Patient, „macht es Ihnen etwas aus, wenn ich mich während der Operation hinlege?"

Das muß irgendwo in Amerika geschehen sein. Der Osten hat eine andere Sicht, eine andere Haltung.

Ich habe gehört...
Ein Amerikaner war auf dem Weg vom Flughafen Delhi in die Innenstadt. Das Taxi fuhr so langsam, daß er sich aufregte, sehr

ungeduldig wurde, soviel verlorene Zeit...
Also fragte er den Taxifahrer: „Geht es nicht ein wenig schneller?"
Der Taxifahrer, ein Sardaji, antwortete: „Doch, es geht schon schneller, aber ich darf das Taxi nicht verlassen."

Es ist anders im Osten. Niemand ist in Eile. Die ganze Sache hängt von der Zeitorientierung ab. Die westlichen Religionen – Christentum, Judentum, Islam – sind aus dem Judentum hervorgegangen. Sie alle glauben daran, daß es nur ein Leben gibt. Das hat die Schwierigkeit geschaffen.

Die östlichen Religionen – Hinduismus, Jainismus, Buddhismus – sind aus dem Hinduismus hervorgegangen. Sie alle glauben an viele, viele Leben. Viele Leben hast du schon gelebt, viele wirst du noch leben. Es gibt keine Eile; unendlich viel Zeit ist vorhanden. Du kannst so langsam sein, wie du willst. Tatsächlich gibt es nur zwei Religionen: Judaismus und Hinduismus, nur zwei Standpunkte. Das Christentum und der Islam sind Ableger und ebenso der Jainismus und der Buddhismus.

Und der grundlegende Unterschied besteht in ihrer Zeitvorstellung. Beide Vorstellungen haben ihr Gutes und auch ihr Schlechtes. Der Westen wurde sehr verspannt, große Sorge und Befürchtungen. Die Sorge ist: „Werde ich es schaffen oder nicht", denn das ist das einzige Mal. Also ist der Westen krank vor Spannungen und der Osten wurde sehr sehr langsam, träge, faul. Niemand scheint ein Interesse daran zu haben, irgend etwas zu tun. „Warum sich Sorgen machen? Nächstes Mal... wir können warten."

Der Westen ist sehr reich geworden, denn jetzt muß etwas getan werden, und zwar jetzt sofort. Und die haben so viel getan. Der Osten wurde sehr arm, denn mit solch einem Zeitverständnis kannst du nicht reich werden. Beide haben ihre Vorteile und ihre Nachteile. Etwas Neues ist nötig, so etwas wie eine Synthese, etwas

In Ewigkeit leben

das dich ganz lebendig macht für den Moment, sehr aktiv, vital und das zugleich keine Spannungen in dir erzeugt. Beide Standpunkte haben versagt, da sie halbe-halbe sind. Etwas Besseres ist dringend nötig.

Ein Regenwurm trifft einen Tausendfüßler. „Wie geht es dir?" fragt der Regenwurm.
„Nicht so gut", seufzt der Tausendfüßler „meine Beine sind nicht mehr, was sie einmal waren. Du hast Glück, daß du keine hast."
„Ach", seufzt der Regenwurm, „wenn du meinen Bandscheibenvorfall hättest, würdest du nicht so reden."

Und so stehen die Dinge. Der Westen leidet, der Osten leidet, beide leiden. Und jetzt, wo sie sich sehr nahe kommen, gibt es die Möglichkeit einer dritten Haltung. Der Westen lebt mit der Idee von nur einem Leben. Der Osten lebt mit der Idee von vielen Leben. Der eine hat eine kleine Zeitspanne, der andere hat eine große Zeitspanne, aber beide orientieren sich an der Zeit.

Meine Vision ist: Lebe in der Ewigkeit – weder eines noch viele Leben – lebe in der Ewigkeit. Und die einzige Möglichkeit, in der Ewigkeit zu leben, ist jetzt zu leben. Denn das Jetzt ist Teil der Ewigkeit.

Lebe nicht in der Zukunft. Wenn du eine große Zukunft hast, wirst du lethargisch, arm. Wenn du eine kleine Zukunft hast, dann wirst du ruhelos – reich, aber geplagt von Ängsten. Vergiß es!

Die Zukunft hat keine Bedeutung, es ist Ewigkeit, nicht ein Leben, nicht viele Leben, wir waren immer hier, und wir werden immer hier sein, also kein Grund zu Sorge.

Nun ist die einzige Frage, wie lebt man in diesem Moment? Wir gehen nirgendwohin. Erinnere dich an Raman: „Wohin kann ich gehen?" Wir gehen nirgendwo hin. Wir sind Teil dieser Existenz, wir werden immer hier sein. Nichts wird je zerstört, alles bleibt, nur die Formen verändern sich. Aber es gibt nur eine Möglichkeit zu leben: in diesem Moment hier und jetzt zu leben. Und lebe entspannt, denn es gibt keine Eile. Zeit wird nie zu Ende sein. Du kannst sie nicht beenden, also lebe vollkommen im Jetzt. Und lebe entspannt, denn die Zeit nimmt kein Ende.

Warum wurde Jesus nicht in Amerika geboren?

Dort konnten sie keine drei Weisen finden.

Genug für heute.

Gottes Gabe empfangen

Johannes 4

⁵ So kam er zu einem Ort in Samarien,
der Sychar hieß und nahe bei dem Grundstück lag,
das Jakob seinem Sohn Josef vermacht hatte.
⁶ Dort befand sich der Jakobsbrunnen.
Jesus war müde von der Reise
und setzte sich daher an den Brunnen;
es war um die sechste Stunde.
⁷ Da kam eine samaritische Frau, um Wasser zu schöpfen.
Jesus sagte zu ihr: Gib mir zu trinken!
⁸ Seine Jünger waren nämlich in den Ort gegangen,
um etwas zum Essen zu kaufen.
⁹ Die samaritische Frau sagte zu ihm:
Wie kannst du als Jude mich, eine Samariterin, um Wasser bitten?
Die Juden verkehren nämlich nicht mit den Samaritern.

¹⁰ *Jesus antwortete ihr:*
Wenn du wüßtest, worin die Gabe Gottes besteht
und wer er ist, der zu dir sagt: Gib mir zu trinken!,
dann hättest du ihn gebeten,
und er hätte dir lebendiges Wasser gegeben.
¹¹ *Sie sagte zu ihm: Herr, du hast kein Schöpfgefäß,*
und der Brunnen ist tief; woher hast du also das lebendige Wasser?
¹² *Bist du etwa größer als unser Vater Jakob,*
der uns den Brunnen gegeben und selbst daraus getrunken hat,
wie seine Söhne und seine Herden?
¹³ *Jesus antwortete ihr:*
Wer von diesem Wasser trinkt, wird wieder Durst bekommen.
Wer aber von dem Wasser trinkt, das ich ihm geben werde,
wird niemals mehr Durst haben;
vielmehr wird das Wasser, das ich ihm gebe,
in ihm zur sprudelnden Quelle werden,
deren Wasser ewiges Leben schenkt.

DAS BEWUSSTSEIN DES MENSCHEN IST NUR DIE
Spitze des Eisbergs. Ansonsten ist sein Wesen in Dunkelheit, in Unbewußtheit getaucht. Und das kleine bißchen Bewußtheit, das der Mensch zeigt, ist sehr zerbrechlich, sehr vorläufig, sehr zufällig. Es entsteht unter dem Druck der Umstände, es ist keine ständig fließende Quelle in ihm. Wenn Gefahr droht, wird der Mensch ein klein wenig bewußter. Wenn die Gefahr schwindet, fällt er zurück, entspannt sich wieder in seine Unbewußtheit.

Dieses Unbewußte ist sehr tief, und das Bewußte ist sehr seicht. Und immer wenn es einen Konflikt gibt zwischen dem Unbewußten und dem Bewußten, dann siegt das Unbewußte. Das Bewußte kann nur als Diener des Unbewußten siegen. Das ist das Elend des Menschen. Und all sein Streben, bewußt, achtsam und wach zu sein, ist nichts als Illusion. Diese Bewußtheit geht nicht einmal bis unter die Haut. Kratze ein wenig an dem Menschen und du wirst einen dunklen Kontinent in ihm finden. Kratze ein wenig an dir und du wirst die dunkle Nacht der Seele finden. Und die Menschen gehen nicht nach innen, wegen der Angst vor dieser Dunkelheit.

Die Meister hören nicht auf zu sagen: „Erkenne dich selbst." Die Meister hören nicht auf, dich zu beschwören, dich herauszufordern: „Tritt ein in dein eigenes Sein. Geh nach innen." Die Menschen hören es, aber niemals befolgen sie den Rat, aus Angst vor der inneren Dunkelheit. Immer wenn sie nach innen schauen, ist da nichts als Dunkelheit. Außen ist ein bißchen Licht; innen scheint es kein Licht zu geben.

Hast du je deine Augen geschlossen und hast in Schweigen sitzend, nach innen geschaut? In dem Moment, in dem du dich wirklich vom Außen losmachst, wirst du in Dunkelheit fallen, in Schlaf. Und die Quelle dieser Dunkelheit ist sehr tief. Nur an der Oberfläche existiert ein wenig Bewußtheit und selbst das nicht auf

Dauer. Es gibt Momente, in denen sie da ist, und dann gibt es Momente, in denen sie nicht da ist. Und nur sehr selten ist sie da, viel häufiger ist sie nicht da. Sie ist zart und zerbrechlich.

Deshalb sage ich: „Behandle deine Bewußtheit mit Gebet" – sie ist sehr zerbrechlich. Und solange du nicht tief in dein Bewußtsein hineingewachsen bist, wirst du nicht wissen, was Wahrheit, Freiheit, Gott, Seligkeit ist. Diese Worte werden einfach nur Worte sein; sie werden nicht lebendig werden in dir, sie werden nicht erblühen in dir. Du wirst sie niemals erfahren, erfahren was ihre Bedeutung ist.

Gott ist ein leeres Wort, bevor du nicht bewußt bist. Christus ist ein leeres Wort, bevor du nicht bewußt bist. Buddha ist ein Mythos und all die Reden von höherem Bewußtsein, *nirvana, samadhi,* dem Reich Gottes, sind nur Gleichnisse – sie bedeuten nicht viel. Sie können nicht viel bedeuten, denn die Bedeutung muß durch dein Bewußtsein entstehen. Die Worte sind inhaltsleer. Du mußt den Inhalt in sie hineinlegen. Erst dann wird Leben in ihnen pulsieren, erst dann werden sie beginnen, sich zu bewegen, vor Lebendigkeit zu tanzen. Nur dann werden Blüten kommen und Duft wird freigesetzt.

Das ist eines der fundamentalsten Dinge, die es über den Menschen zu verstehen gilt: daß der Mensch nur teilweise bewußt ist und daß die Bewußtheit mehr oder weniger von äußeren Umständen abhängig ist, nicht von dir. Es ist nicht einmal deine Bewußtheit, sie ist nicht in dir verwurzelt, sie kommt nicht aus deiner Mitte, sie kommt nicht aus dir.

Und das ist das ganze Problem, dem die Religion gegenübersteht. Und die gesamte Wissenschaft der Religion ist nichts als eine Alchemie, eine Kunst, Dunkelheit in Licht zu verwandeln. Die Seher der Upanishaden haben durch die Jahrhunderte hindurch gebetet: „Führe mich aus der Dunkelheit ins Licht. Führe mich vom Tod in die Unsterblichkeit." In Dunkelheit ist Tod. In Dunkelheit bist du bereits tot. In Dunkelheit lebst du nicht, kannst du nicht leben. Nur in Licht gibt es Leben, ewiges Leben, Leben im Überfluß. Bevor wir mit diesem Gleichnis beginnen, versuche dich auf das Phänomen der Unbewußtheit zu konzentrieren.

Ein Autofahrer, der auf einer ruhigen Landstraße eine Panne hatte, öffnete die Motorhaube und inspizierte den Motor.
„Es liegt an der Batterie", hörte er hinter sich eine Stimme. Er drehte sich um, aber das einzige Lebewesen in Sichtweite war ein Pferd, das ihn von einem Feld aus beobachtete. Das brachte den Mann völlig aus der Fassung und er machte sich davon, die Straße entlang. Nach etwa zehn Minuten kam er zu einer Werkstatt und erzählte dem Besitzer die Geschichte.
„Sie sagen also, daß niemand in der Nähe des Autos war, außer einem Pferd?", fragte der Garagenbesitzer.
„Genau."
„War es zufällig ein weißes Pferd mit einem schwarzen Fleck am Kopf?"
„Ja, genau das war es."
„Gut, ignorieren Sie es einfach. Es versteht nichts von Autos."

Der unbewußte Mensch ist niemals erstaunt. Er nimmt das Leben als selbstverständlich hin. Er versteht nichts vom Staunen. Er versteht nichts von Wundern. Er versteht nichts vom Geheimnisvollen, vom Wunderbaren. Und das Wunderbare ist überall, das Geheimnisvolle umgibt dich. Aber da du unbewußt bist, bewegst du dich stumpf, tot, in Tiefschlaf, in dieser geheimnisvollen Welt. Du bist über gar nichts erstaunt.

Wenn du lebendig bist, bewußt bist, wirst du über alles und jedes staunen. Der Grashalm in der Morgensonne... und du wirst dich andächtig fühlen. Die Rosenblüte in der mondhellen Nacht... und du fühlst dich niederknien und sie anbeten. Die Sterne und die Menschen und die Kinder und die Tiere und die Vögel – alles und jedes wird dich staunen machen, alles und jedes wird dich dazu herausfordern.

Wenn das Leben ein Mysterium ist, nur dann bist du religiös.

Aber warum ist das Leben kein Mysterium? Weil du so abgestumpft bist, soviel Staub hat sich angesammelt auf deinem Bewußtsein, daß du dich nur so mechanisch dahinschleppst. Du lebst das Leben nicht, du schleppst dich nur so dahin. Eins führt dich zum anderen, eine Sache drängt dich zur nächsten und du stolperst weiter, bis du stirbst. Wenn du das Leben eines normalen Menschen von der Geburt bis zu seinem Tode beobachtest, ist es nichts anderes, als von einem Zufall in den nächsten stolpern, ein unaufhörliches Stolpern. Und letztlich stolpert man ins eigene Grab.

Das ist nicht Leben, nicht Leben, wie Jesus es definieren möchte, nicht Leben, wie ich es definieren möchte.

Leben beginnt erst mit bewußtem Sein. Und wenn du beginnst bewußt zu sein, wirst du nichts als selbstverständlich nehmen, du wirst deine Frau nicht als selbstverständlich nehmen oder deinen Ehemann. Und kleine Dinge werden dir ihr Geheimnis enthüllen. Ein Vogel wird kommen und an deiner Fensterscheibe sitzen und beginnen ein Lied zu singen. Und du bist ergriffen und aufgeregt und ekstatisch.

Jetzt macht dich nichts ergriffen. Nichts versetzt dich in Aufregung, nichts versetzt dich in Ekstase. Du bist unsensibel. Die Unempfindlichkeit steht immer im direkten Verhältnis zu deiner Unbewußtheit. Die Sensibilität kommt erst mit der Bewußtheit.

Die Fenster eines Autos, das spät nachts auf einem dunklen Rastplatz geparkt hatte, waren vom Dunst beschlagen, als das Paar auf dem Rücksitz die Stimme des Gesetzes von draußen sagen hörte:

„Hallo, hallo, hallo! Was passiert denn hier?"
Der Polizist öffnete die Wagentür, gab dem Liebespaar eine Zwei-Minuten-Belehrung über die Gesetze des Landes und leuchtete sie mit seiner Taschenlampe an, während er sie darüber informierte, daß er eine Anzeige machen werde.
„Aber Herr Inspektor", protestierte der Mann, „die Dame ist meine Frau. Ich fuhr im strömendem Regen die Straße entlang, als ich sie, mit dem Regenmantel über ihrem Kopf, die Straße entlanggehen sah. Also hielt ich an, um sie mitzunehmen, und nach einer Weile fuhren wir hierher, um ein bißchen zu rasten."
„Warum um alles in der Welt haben Sie mir nicht gesagt, daß das Ihre Frau ist, statt sich von mir belehren zu lassen?", fragte der Polizist.
„Naja", entgegnete der Mann „ich wußte es ja auch nicht, bis Sie sie mit der Taschenlampe angeleuchtet haben."

Der Mensch ist wirklich unbewußt. Und das Leben geht weiter und du lebst weiter – aber dieses Leben ist so lauwarm, daß nicht wirklich etwas geschieht. Es hat keine Leidenschaft, keine Intensität, kein Feuer. Bewußtsein ist Feuer. Wenn Bewußtsein da ist, dann wirst du verzehrt in diesem Feuer, das Ego wird verzehrt in diesem Feuer. Und wenn du nicht bist und nichts ist übriggeblieben als reines Bewußtsein, das ist was Gott ist, das ist was *nirvana* ist.

Alle Bemühungen der Meister zu allen Zeiten zielten nur auf eins, einzig und alleine eins: wie kann der Meister dir helfen, etwas feinfühliger zu werden, etwas bewußter, etwas wacher?

Ein bißchen mehr Achtsamkeit, und die Dinge ändern sich, und du beginnst dich in einer neuen Dimension zu bewegen. Das sind die einzigen zwei Dimensionen: entweder du lebst unbewußt oder du lebst bewußt. Und unbewußt leben bedeutet diese große Gelegenheit vergeuden. Es ist ungeheuer kostbar, daß du bist. Es ist ungeheuer kostbar, daß Gott dir ein Geschenk gemacht hat. Es ist eine große Gelegenheit. Vergeude sie nicht. Sie kann in eine noch größere Gelegenheit verwandelt werden: sie kann ewiges Leben werden.

Jesus sagt immer wieder: Wenn ihr zu mir kommt, werde ich euch Leben im Überfluß geben, Leben, das niemals erschöpft werden kann, Leben, das weitergeht, Leben, das keinen Tod kennt, Leben, das für immer ist. Aber du wirst dich ein bißchen aus deiner Unbewußtheit reißen müssen.

Und die Unbewußtheit ist uralt. Viele Leben lang, Jahrtausende lang warst du unbewußt. Ja, an der Oberfläche scheinst du bewußt, du gehst in die Stadt, zum Markt, ins Büro, in die Fabrik; du tust bestimmte Dinge, aber du tust sie alle gewohnheitsmäßig, mechanisch. Du hast gelernt, sie zu tun, und jetzt wiederholst du sie fortwährend. Du brauchst dabei nicht bewußt zu sein, sie sind automatisch geworden, du bist zu einem Automaten geworden.

Gurdjieff pflegte zu seinen Schülern zu sagen: mein ganzes Bestreben ist, wie ich euch ent-automatisieren kann, wie ich euch in ein nicht-mechanisches Leben zurückbringen kann? Beobachte dich dabei, wie du reagierst. Auf diese Art hast du schon tausendmal reagiert. Es ist zur festen Gewohnheit geworden. Jetzt wirst du nicht mehr benötigt dafür, es ist in deinem Gehirn vorprogrammiert. Du brauchst nicht einmal anwesend zu sein und es wird antworten. Du kannst weiterschlafen und es wird funktionieren. Jemand beleidigt dich, beobachte was du tust. Jemand lobt dich, beobachte was du sagst. Sagst das wirklich du, bist du da, während du es sagst? Oder wirst du gar nicht benötigt dafür? Ist es vorprogrammiert in deinen Verstand, und der Verstand wiederholt es nur?

Ein Autodesigner entwarf ein völlig neues Modell: „Das Auto der Zukunft", und suchte per Anzeige einen Fahrer, der es sechs Monate fahren und gründlich testen sollte. Der erfolgreiche Bewerber saß im Fahrersitz und der Designer saß neben ihm auf dem

Beifahrersitz. Sie werden feststellen, daß dieser Wagen sich von allen unterscheidet, die sie vorher gefahren haben", sagte der Designer.

„Er hat keinen Motor, keine Batterie keine Gangschaltung, kein Gaspedal, keine Bremsen. Tatsächlich gibt es nichts, was kaputt gehen könnte. Der einzige Mechanismus – wenn man es so nennen will –, ist ein kleines schwarzes Kästchen, nicht größer als eine Streichholzschachtel, die sich unter dem Fahrersitz befindet. Es ist in Wirklichkeit ein elektronischer Computer, der auf die Klangwellen der Stimme des Fahrers reagiert. Das hat noch dazu den Vorteil, daß der Computer so eingestellt werden kann, daß er auf ausgesuchte Codewörter des Fahrers reagiert, womit es jedem anderen unmöglich wird, das Auto zu stehlen.

Um also das Fahrzeug in Gang zu setzen, brauchen sie nur „Verflixt und zugenäht!" zu rufen, denn auf dieses Codewort haben wir es in der Fabrik eingestellt. Also sagte der Fahrer: „Verflixt und zugenäht!", und das Auto fuhr los.

„Wie kann ich es bremsen?", fragte er.

„Nach dem gleichen Prinzip", antwortete der Designer, sagen sie einfach: „Hokus Pokus!"

Also sagte der Fahrer: „Hokus Pokus!", und der Wagen hielt.

Nachdem er das Auto einige Wochen getestet hatte, nahm er seine Freundin mit auf eine Tour ans Meer. Sie war überaus beeindruckt. Als es Abend wurde, flüsterte sie mit romantischer Stimme: „Laß uns an die Steilküste fahren, es ist eine wunderschöne Aussicht." Sich dem Rand der Klippe nähernd, sagte der Fahrer: „Hokus Pokus!", aber nichts geschah. „Hokus Pokus!" rief er, aber das Auto fuhr weiter auf den Rand der Klippe zu, die senkrecht ins Meer abfiel. „Hokus Pokus!" schrie er, und das Auto hielt endlich ein paar Zentimeter vor dem Abgrund an. Mit einem Seufzer der Erleichterung sagte der Fahrer: „Verflixt und zugenäht!"

So funktioniert dein Verstand, absolut unbewußt. Ja, er ist vollkommen in der Lage, die alltäglichen Dinge des Lebens zu tun, er ist gut für den Marktplatz, gut für das tägliche Leben. Aber wenn du wachsen willst, wenn du tiefer in das Sein eindringen willst, in die Existenz, wenn du in die unendliche Freiheit des göttlichen Wesens fliegen willst, dann ist er nicht ausreichend. Er ist perfekt programmiert für die alltägliche Welt, aber er ist völlig unfähig für die andere Realität. Und die andere Realität ist die wirkliche Realität. Die sogenannte Realität ist nur nichts Halbes und nichts Ganzes, sie ist eine Art Traum, den du mit offenen Augen siehst.

Und du hast dich verirrt. Jeder hat sich verirrt. Hast du je darüber nachgedacht, daß du dich verirrt hast, daß du nicht weißt, woher du kommst, daß du nicht weißt, warum du überhaupt kommst, daß du nicht weißt, wo du bist und warum du da bist, daß du nicht weißt, wohin du gehst und wozu?

Du drehst dich um und um, wie ein Rad bewegst du dich. Immer wieder das gleiche, immer wieder die gleiche Erfahrung wiederholt. Natürlich bist du müde, natürlich bist du gelangweilt. Die Langeweile steht den Menschen so schwer in den Augen. Wenn ich jemandem in die Augen sehe, dann sehe ich nur Wolken und Wolken von Langeweile. Doch das ist natürlich, denn wie kann dieses sich wiederholende, mechanische Leben dir Freude bereiten? Du weißt, daß nichts weiter geschehen wird und daß alles, was je geschehen ist, nichts wert war.

Setz dich manchmal still hin und schau zurück. Kannst du dich auch nur an einen Moment erinnern, in dem du wirklich voller Freude warst? Wirklich – nicht Freude vortäuschend – wirklich, authentisch voller Freude? Hast du auch nur einen einzigen Moment erlebt, von dem du mit ganzem Herzen sagen kannst, daß er ein Segen, eine Gnade war? Nein, du hast immer nur gehofft, daß dieser Tag einmal kommen wird, dieser Moment einmal kommen wird; aber es ist alles nur Hoffen. Er kann nicht kommen, so wie du lebst; denn dieser Moment kommt nur zu denen, die wirklich bewußt sind, tief bewußt; denn ohne Bewußtsein gibt es keinen Segen.

Ein Londoner erreichte Mittelengland, ohne einen besonderen Zwischenfall. Aber sobald er das Gebiet von Birmingham erreicht hatte, verirrte er sich hoffnungslos in dem Durcheinander der neuen Unterführungen, Überführungen und Verkehrsinseln, die gebaut worden waren, um die Autobahnen M1, M5 und M6 miteinander zu verbinden.
Schließlich hielt er neben dem Auto eines Mannes, der mit einer Frau und zwei Kinder in einem Wagen saß.
„Können Sie mir bitte heraushelfen?" flehte er ihn an, „ich versuche seit zwei Stunden zur Wolverhampton Road zu kommen, und immer lande ich wieder hier."
„Sie fragen den falschen Mann", entgegnete der andere Fahrer ermattet, „ich bin noch nicht einmal von meiner Hochzeitsreise nach Hause zurückgekehrt."

Und er hat zwei Kinder.
Aber das ist die Situation: Am Schluß landest du immer wieder am gleichen Platz. Du warst seit langem nicht zu Hause, seit Jahrhunderten, seit Jahrtausenden warst du nicht zu Hause. Und weil du dich schon so lange verirrt hast und umherirrst, hast du mit der Zeit zu glauben begonnen, daß dieses Herumirren dein Leben sei oder daß das Leben nicht mehr zu bieten hat. Nun, wenn dieser Mann auf die Art weitermacht in seinem Wagen, wird er in einigen Jahren noch viel mehr Kinder haben und er wird sein Zuhause nicht erreicht haben. Nach und nach wird er die ganze Idee vom Erreichen aufgeben. Er wird sogar vergessen, daß er jemals versucht hat, sein Zuhause zu erreichen. Er wird zu glauben beginnen, dieser

Wagen wäre sein Zuhause; er war ja immer darinnen. Und erst die Kinder, die darin geboren wurden? Sie werden natürlich in diesem Wagen heranwachsen, sie werden sich verlieben, werden heiraten und sie werden sich von Anfang an nur in dem Wagen befinden. Das wird ihr Zuhause sein, das wird ihr Leben sein.

So ist die Realität tatsächlich. Deine Eltern hatten sich schon verirrt, deine Großeltern hatten sich verirrt, seit Adam ist das der Fall. Seit Adam warst du nicht Zuhause. Und dieses Zuhause ist nicht weit weg, dein Zuhause ist in deinem Innern.

Das Zuhause ist so nahe, aber unaufhörlich suchst du es weiter draußen. Du hast die Spuren verloren zu einem Ort, zu deinem innersten Kern. Von einem äußeren Ereignis eilst du zum nächsten. Manchmal suchst du nach Geld, dann wieder nach Macht, und dann beginnst du, religiös zu werden und beginnst Gott zu suchen – aber immer noch suchst du außen.

Selbst wenn du zum Himmel aufblickst und zu Gott betest, schaust du nach außen. Das einzig wirkliche Gebet schaut nach innen. Das wirkliche Gebet ist nur möglich, wenn die Augen der Außenwelt gegenüber vollständig geschlossen sind und du dich nach innen bewegst, dich in dein eigenes Sein versenkst, in deinem eigenen Sein ertrinkst, aber vollkommen bewußt. Im Schlaf ertrinkst du, aber unbewußt.

Im Gebet, in Meditation versenkst du dich in dein Sein, aber du bleibst bewußt dabei, du bleibst wachsam, du schläfst auf dem Weg nicht ein. Wenn du bewußt zu deinem eigenen inneren Kern gelangen kannst, in voller Wachheit, dann bist du angekommen. Und dann beginnst du darüber zu lachen, daß dein Zuhause in deinem Innern ist, daß Gott in deinem Innern ist.

Und das ist die Botschaft Jesu, er wiederholt sie unaufhörlich: Das Reich Gottes ist in dir.

Jetzt dieses Gleichnis, diese kleine Begebenheit.

So kam er zu einem Ort in Samarien,
der Sychar hieß und nahe bei dem Grundstück lag,
das Jakob seinem Sohn Josef vermacht hatte.
Dort befand sich der Jakobsbrunnen.
Jesus war müde von der Reise und setzte sich daher an den Brunnen;
es war um die sechste Stunde.
Da kam eine samaritische Frau, um Wasser zu schöpfen.
Jesus sagte zu ihr: Gib mir zu trinken!
Seine Jünger waren nämlich in den Ort gegangen,
um etwas zum Essen zu kaufen.
Die samaritische Frau sagte zu ihm:
Wie kannst du als Jude mich, eine Samariterin, um Wasser bitten?
Die Juden verkehren nämlich nicht mit den Samaritern.
Jesus antwortete ihr:
Wenn du wüßtest, worin die Gabe Gottes besteht
und wer er ist, der zu dir sagt: Gib mir zu trinken!,
dann hättest du ihn gebeten,
und er hätte dir lebendiges Wasser gegeben.
Sie sagte zu ihm: Herr, du hast kein Schöpfgefäß,
und der Brunnen ist tief;
woher hast du also das lebendige Wasser.
Bist du etwa größer als unser Vater Jakob,
der uns den Brunnen gegeben und selbst daraus getrunken hat,
wie seine Söhne und seine Herden?
Jesus antwortete ihr:
Wer von diesem Wasser trinkt, wird wieder Durst bekommen.
Wer aber von dem Wasser trinkt, das ich ihm geben werde,
wird niemals mehr Durst haben;
vielmehr wird das Wasser, das ich ihm gebe,
in ihm zur sprudelnden Quelle werden,
deren Wasser ewiges Leben schenkt

Eine schöne Begebenheit. Geh langsam in sie hinein, meditativ, verständnisvoll, jedes einzelne Wort genießend.

So kam er zu einem Ort in Samarien...

Jesus war ein Wanderer, er wanderte von einem Ort zum anderen. Sein Leben war kurz, denn er wurde ermordet, als er noch sehr jung war, erst dreiunddreißig Jahre. Und diese wenigen Jahre waren seiner eigenen inneren Suche gewidmet. Dreißig Jahre seines Lebens waren seiner inneren Arbeit gewidmet. Er war in Ägypten, er war in Kaschmir, er war in Bihar, und es gibt Berichte, daß er sogar in Tibet war. Während dieser dreißig Jahre muß er ein großer Wanderer gewesen sein. Er wanderte beinahe über die gesamte damals bekannte Erde. Er war auf der Suche nach Meistern, nach Lehren, nach Methoden. Und er besuchte all die Orte, wo es Mysterienschulen gab. Ägypten war einer dieser Orte, eine der ältesten Traditionen lebte dort, sie wußten viele Geheimnisse. Jesus wurde von ihnen initiiert – in den Mysterienschulen von Ägypten. Aber das war noch nicht alles, etwas fehlte. Er mußte in den Osten kommen.

In Kaschmir muß er Buddhisten begegnet sein. Er lernte dazu, wurde aufmerksam auf die meditativen Techniken Buddhas. Er hatte von den ägyptischen Meistern gelernt, aber deren Methoden waren eher indirekt. Sie alle zielten in Richtung Meditation, aber sie waren eher indirekt. In Kaschmir muß er buddhistischen Meistern begegnet sein, buddhistischen Lehren; dort lernte er direktere Methoden kennen. Und so wurde er wirklich interessiert an Buddhas Philosophie, und er reiste in das Zentrum des Herzens buddhistischer Lehren, nach Nalanda. Es heißt, daß er dort mindestens zwei Jahre verweilte. Hier wurde er zu einem vollendeten Meister der Meditation, denn es gibt keine zweite Schule in der gesamten Geschichte der Menschheit, die so wissenschaftlich an

Meditation herangeht, wie die Schule Buddhas. Sie baut vollkommen auf Intelligenz auf.

Aber immer noch hatte Jesus das Gefühl, daß etwas fehlte; die Liebe fehlte. Er hatte alles über den Pfad der Bewußtheit gelernt, aber das schien ein bißchen trocken. Es schien wie eine Wüste zu sein, in der keine Bäume wachsen. Es ist schön, auch die Wüste hat ihre eigene Schönheit. Die Stille einer Wüste, die Weite, die Endlosigkeit der Wüste – all das ist schön, aber es ist trocken, monoton. Genauso ist der Pfad Buddhas trocken, monoton. Man kommt auf direktem Weg zum Ziel, aber es fließen keine Säfte, keine Säfte der Liebe.

Er reiste nach Tibet, denn zu jener Zeit war Tibet noch nicht buddhistisch, und die alten Religionen Tibets waren noch lebendig; es waren Religionen der Liebe. Später verschwanden sie, da der Buddhismus vorherrschend wurde. Jesus reiste nach Tibet, um etwas über den Pfad der Liebe zu lernen. Nachdem er dann beide Pfade kannte, wurde er zu einem der größten Meister beider Wege.

Dreißig Jahre vergingen mit Reisen und Suchen; nur drei Jahre verblieben ihm für seine Arbeit mit anderen. Nur drei Jahre war er als Meister tätig. Das ist der Grund, warum die Christen keine Geschichten über Jesus kennen, weil er dreißig Jahre im Geheimen in Mysterienschulen verbrachte. Und diese dreißig Jahre haben nichts mit dem Christentum zu tun.

Das Christentum besitzt keine Geschichten über diese dreißig Jahre, als ob Jesus gar nicht gelebt hätte. Und es waren die inhaltsreichsten Jahre, die bedeutendsten Jahre, denn alles was Jesus gesagt hat, hat er während dieser dreißig Jahre gelernt.

Das Christentum besitzt nur Geschichten über die letzten drei Jahre. In den drei Jahren war er wieder ein Wanderer. Zuerst suchte er nach der Wahrheit für sich selbst, und jetzt war er auf der Suche nach Suchern. Jetzt war er auf der Suche nach Schülern, an die er weitergeben konnte, was er erlangt hatte. Zuerst war er auf der Suche nach Menschen, von denen er etwas bekommen konnte, und dann war er auf der Suche nach Menschen, denen er etwas geben konnte.

So kam er zu einem Ort in Samarien,
der Sychar hieß und nahe bei dem Grundstück lag,
das Jakob seinem Sohn Josef vermacht hatte.
Dort befand sich der Jakobsbrunnen.
Jesus war müde von der Reise und setzte sich daher an den Brunnen;
es war um die sechste Stunde.
Da kam eine samaritische Frau, um Wasser zu schöpfen.
Jesus sagte zu ihr: Gib mir zu trinken!

Dieser Jakobsbrunnen muß ein alter, sehr berühmter Platz in Samarien gewesen sein. Ein Vorfahre mit Namen Jakob hatte den Brunnen gebaut. Er muß eine Wasserquelle für die ganze Umgebung gewesen sein, und die Menschen hatten immer noch großen Respekt für Jakob, da er diesen Brunnen entdeckt hatte. Das ist eine Ebene.

Auf einer anderen Ebene bedeutet es, daß Jesu sagt: Der Brunnen der Überlieferung, der von den Vorfahren stammt, kann dir nur bis zu einem gewissen Grade helfen. Der Brunnen der Tradition, der Schriften, des Wissens, der Brunnen, den du als Erbschaft erhältst, wird dir bis zu einem gewissen Grade helfen; er kann deinen Durst für eine Zeitlang stillen, aber der Durst wird wiederkehren.

Solange du den Brunnen nicht in deinem eigenen Wesen findest, wird dir kein äußerer Brunnen helfen.

Du schaust in die Veden – das ist der Jakobsbrunnen. Du schaust in das Alte Testament – das ist der Jakobsbrunnen. Und jetzt schaust du ins Neue Testament – das ist der Jakobsbrunnen. Jeder Brunnen wird letztlich zum Jakobsbrunnen. Schau in die Schriften, und du versuchst etwas in den Traditionen zu finden, während die lebendige Wahrheit in dir ist und nicht in den Traditionen. Und nur die lebendige Wahrheit kann dich befriedigen und für immer befriedigen.

Nimm dich in acht vor Jakobsbrunnen. Benutze sie, sie sind vollkommen in Ordnung, so weit sie reichen, aber mach dich nicht für immer abhängig von ihnen und denke nicht, daß sie dich zum Höchsten führen werden. Schriften können dir Durst geben, aber nicht die Wahrheit. Wissen kann dir helfen, auf bessere Art zu suchen, aber es kann kein Ersatz für die Wahrheit sein.

Hüte dich vor allem, was du von anderen zusammensammelst. Halte nicht zu sehr daran fest, und identifiziere dich nicht damit, sonst wirst du nie zu deiner innersten Quelle vorstoßen, und das ist der Ort, wo Gott wohnt.

Da kam eine samaritische Frau, um Wasser zu schöpfen...

Auf der einen Ebene ist es eine einfache Geschichte: Eine Frau kommt zum Jakobsbrunnen... aber ich möchte, daß ihr die Geschichte auch auf der anderen Ebene fühlt.

Ich sage, der Jakobsbrunnen bedeutet: der Brunnen der Überlieferung, welche du als Erbe bekommst. Von Geburt bist du Christ, von Geburt bist du Hindu oder du bist Mohammedaner von Geburt – das bedeutet, du sitzt am Jakobsbrunnen.

Und dann kommt eine samaritische Frau. Auch das muß auf einer zweiten Ebene verstanden werden, auf einer höheren Ebene. Warum eine Frau, warum kein Mann? Die Frau ist mehr an der Vergangenheit orientiert als der Mann. Deshalb findet ihr eure Kirchen und Tempel voller Frauen. Der Mann schaut in die Zukunft, er ist mehr zukunftsorientiert. Die Frau schaut in die Vergangenheit, sie ist mehr vergangenheitsorientiert.

Warum schaut die Frau immer in die Vergangenheit? Weil es in der Vergangenheit mehr Sicherheit gibt, mehr Schutz, mehr Gewißheit. Die Vergangenheit betreffend sind die Dinge klar: alles ist schon geschehen, die Angelegenheiten sind zu Ende geführt. Es gibt dort keine Angst vor dem Neuen.

In der Zukunft wird alles erst geschehen. Ob es so geschehen wird wie du es gerne hättest oder nicht, das weiß niemand mit Sicherheit, und es gibt keine Garantie dafür. Es ist ein Im-Dunkeln-tappen, es ist ein Ins-Unbekannte-gehen.

Die Frau wählt immer die Sicherheit, die Gefahrlosigkeit; das ist der weibliche Verstand. Aus einem bestimmten biologischen Grund ist das so. Sie muß Mutter werden; sie muß sich um Sicherheit, um Geschütztheit kümmern. Wenn eine Frau an dir interessiert ist, dann will sie dich heiraten. Sie ist sehr an Heirat interessiert, und das ist eine biologische Notwendigkeit.

Sie hat Angst, wenn sie schwanger wird, was dann? Wer wird sich um das Kind kümmern? Und viele Monate lang wird sie selbst nicht in der Lage sein, irgend etwas zu tun. Und wenn das Kind geboren ist, dann wird sie sich auf Jahre hinaus um das Kind kümmern müssen. Jemand muß sich auch um sie kümmern, sonst wird das Leben unnötigerweise schwierig, wird ein Alptraum. Sie will Sicherheit, ihre Mutterschaft braucht eine gewisse Sicherheit. Dieses biologische Phänomen hat in ihrem Verstand ein bestimmtes Muster hinterlassen, es hat ihm eine bestimmte Struktur gegeben. Es ist sehr selten, daß eine Frau eine Abenteurerin wird; daran ist sie nicht interessiert. Es ist sehr selten, daß eine Frau sich ins Unbekannte vorwagt. Auch wenn sie manchmal existentiell dafür bereit ist, ist es schwierig für sie, sich ins Unbekannte zu wagen; die Angst vor dem Unbekannten, die Ungewißheit des Unbekannten. Also ist der weibliche Verstand traditionell. Aber auch in einem anderen Sinn ist das bedeutend und notwendig.

Wenn du immerfort das Neue suchst und es niemanden gibt, der sich darum kümmert, dann wird es verloren gehen. Also gibt es eine bestimmte Arbeitsteilung: der Mann sucht immer wieder das Neue, und die Frau wird, sobald es gesucht und gefunden ist, zum Beschützer. Jemand muß es auch beschützen, was wäre sonst der Zweck des Suchens? Nur das Suchen allein kann nicht der Sinn davon sein. Du hast einen Schatz gefunden, und sobald er einmal gefunden ist, hat der Mann, der männliche Verstand, kein Interesse mehr daran. Sein ganzes Interesse gilt dem Erobern. Er hat den Schatz erobert, jetzt ist er nicht mehr interessiert daran. Er ist an einem weit entfernten Land interessiert, er möchte zum Mond. Wenn er einmal dort ist, dann ist er auch am Mond nicht mehr interessiert; jetzt will er zum Mars.

Der Mann sucht unaufhörlich. Jemand ist erforderlich, um sich darum zu kümmern, was gesucht und entdeckt wird; jemand muß es hüten und pflegen. Die Frau hat den Mutterinstinkt, zu beschützen, zu helfen, sich um das zu kümmern, was bereits geschehen ist.

Also, auf einer zweiten Ebene ist die Geschichte bedeutungsvoll – eine Frau aus Samarien kam um Wasser zu schöpfen. Die Frau ist der Beschützer der Tradition, der Vergangenheit, all dessen, was bereits geschehen ist – des Jakobsbrunnens. Immer wieder kommt sie zum Jakobsbrunnen. Sie geht in die Kirche, in den Tempel; sie liest die Bibel, sie liest die Gita; sie lehrt ihre Kinder. Sie bringt ihrer Familie Wasser vom Jakobsbrunnen, für die Zukunft, für die Kinder, die wachsen werden.

Die Mutter ist die Wiege aller Religionen. Durch die Mutter kommt Religion zu dir, durch ihre Religiosität wirst du vertraut gemacht mit jener Qualität, die man Religion nennt. Der Mann wird – wenn möglich – Wissenschaft hervorbringen, aber nicht Religion. Und selbst wenn er eine Religion gründet, wird er nicht in der Lage sein, sie zu beschützen. Er wird nicht in der Lage sein, sie unversehrt durch die Jahrhunderte zu retten; er hat dafür keinen Instinkt.

Eine Frau kommt, um Wasser zu schöpfen...

Jesus sagte zu ihr: Gib mir zu trinken...

Jetzt muß etwas sehr Entscheidendes verstanden werden.

Ich habe beobachtet: es fällt den Menschen sehr schwer zu lieben. Aber es gibt etwas, das noch schwieriger ist, als zu lieben, und das ist, Liebe zu empfangen. Zu lieben ist schwierig, aber Liebe anzunehmen ist nahezu unmöglich. Warum? Weil es auf eine Art einfach ist zu lieben, man kann es tun, da es sich nicht gegen das Ego richtet. Wenn du jemanden liebst, dann gibst du etwas, und das Ego fühlt sich erhöht. Du hast die Oberhand, du bist der Gebende und am anderen Ende ist der Empfangende. Du fühlst dich sehr gut, dein Ego fühlt sich erhöht, aufgeblasen.

Aber wenn du Liebe empfängst, dann kannst du nicht die Oberhand behalten. Wenn du annimmst, dann fühlt sich dein Ego gekränkt. Liebe annehmen ist schwieriger als Liebe geben. Und man muß beides lernen, geben und nehmen. Liebe empfangen wird dich eher transformieren als Liebe geben, denn im Empfangen beginnt dein Ego zu verschwinden. Hast du es bei dir selbst bemerkt? Wenn nicht, dann beobachte es. Wenn dir jemand Liebe gibt, sträubst du dich ein wenig, schützt dich. Du errichtest eine Mauer, eine subtile Mauer. Du tust so, als wärst du nicht wirklich interessiert. Doch du bist interessiert! Wer ist nicht an Liebe interessiert?

Liebe ist eine solche Nahrung, aber du willst nicht zeigen, daß du sie nötig hast. Du gibst vor, daß es „okay" ist... „wenn du Liebe geben willst, werde ich dir den Gefallen tun und sie annehmen, ansonsten brauche ich sie eigentlich nicht. Ich genüge mir selbst." Vielleicht sagst du es nicht direkt, aber das täuscht du vor. Deine

Augen, dein Gesicht drücken es aus. Du gehst ein bißchen auf Widerstand und ziehst dich zurück.

Liebespaaren geschieht das häufig. Wenn die Frau ihre Liebe klar zeigt, beginnt der Mann sich zurückzuziehen. Wenn der Mann Liebe klar zeigt, beginnt die Frau sich zurückzuziehen. Fast täglich kommen Liebespaare zu mir, und das ist eines der Grundprobleme, wenn der eine zu sehr verliebt ist, läuft der andere davon. Was ist der Grund? Es ist sehr selten, daß ein Paar zu mir kommt und beide sind verliebt, und niemand ist dabei, sich zu entziehen. Es geschieht nie, es ist so selten.

Warum kann es nicht so sein? Aus einem bestimmten Grund: wenn die Frau zu sehr liebt, bekommt der Mann Angst: „Jetzt gewinnt sie die Oberhand." Und wenn auch er seine Liebe zeigt, dann wird er abhängig, dann wird er ein Sklave. Und sie ist so mütterlich, daß sie ihn von allen Seiten umgibt, sie wird ihm zum Gefängnis und er findet keinen Weg zu entfliehen. Er beginnt zu fliehen, bevor es zu spät ist. Er richtet es so ein, daß er wieder heraus kommt oder daß er zumindest ein wenig Abstand hat, ein wenig Raum, so daß er fliehen kann, wenn die Zeit gekommen ist. Und dasselbe geschieht der Frau. Wenn der Mann zu sehr liebt und sie von allen Seiten umgibt, dann fühlt sie sich erdrückt, sie bekommt das Gefühl, daß etwas nicht in Ordnung ist, daß sie nicht mehr frei ist, daß dieser Mann zuviel ist.

Beide wollen Liebe, beide brauchen Liebe, aber das Ego erlaubt ihnen nicht, sie anzunehmen. Und wenn du unfähig wirst sie anzunehmen, dann wirst du auch unfähig zu geben; das ist eine logische Begleiterscheinung. Wenn du unfähig wirst zu empfangen, wenn du Angst bekommst, wenn jemand dich liebt, dann hat das natürlich zur Folge, daß du auch Angst bekommst, Liebe zu geben, denn jetzt weißt du ja, wie ängstlich Menschen werden, wenn jemand sie liebt. Wenn dich jemand liebt, bekommst du Angst. Und jetzt weißt du, daß der andere Angst haben wird, wenn du ihn zu sehr liebst. Also gibst du nur wenig, du wirst ein Geizhals, ein Krüppel, ein gelähmter Mensch.

Die Geschichte ist schön. Sie beginnt damit, daß Jesus bittet: „Gib mir zu trinken". Das ist der Anfang der Liebe. Jesus bittet: „Gib mir zu trinken". Und Du wirst sehen, wie sich die Geschichte entfaltet und subtile Botschaften vermittelt.

Seine Jünger waren nämlich in den Ort gegangen,
um etwas zum Essen zu kaufen.
Die samaritische Frau sagte zu ihm:
Wie kannst du als Jude mich, eine Samariterin, um Wasser bitten?
Die Juden verkehren nämlich nicht mit den Samaritern.

Im Christusbewußtsein gibt es keine Unterschiede, keine Trennungen, keinen Unterschied der Kaste, keinen Unterschied des Bekenntnisses. Christusbewußtsein bedeutet ein Himmel ohne Grenzen. Jetzt gibt es niemanden, der ein Jude ist oder ein Samariter. Jetzt gibt es keine Frage der Nationalität und all dieser dummen Dinge, welche die Menschen trennen: Hautfarbe, Religionsbekenntnis, Tradition. Im Christusbewußtsein existiert keinerlei Trennung, es ist ein vereinigendes Bewußtsein. Für Christus ist die ganze Existenz eins.

Aber die Frau sagt...

Wie kannst du als Jude mich, eine Samariterin, um Wasser bitten?

Die Juden waren es gewohnt zu denken, daß sie die erhabensten Menschen waren, Gottes auserwähltes Volk. Samariter waren arme Leute und nicht die Erwählten. Die Juden haben die Samariter etwa so behandelt wie die Brahmanen in Indien die Sudras, die

Unberührbaren. Es ist unvorstellbar, daß ein Brahmane zu einer unberührbaren Frau geht und sie um Wasser bittet. Es ist unmöglich. Die Frau darf nicht einmal berührt werden. Du wirst überrascht sein zu hören, daß man in Indien die Dummheit bis an ihr logisches Ende geführt hat. Im Süden ist nicht nur der Unberührbare unberührbar, sondern sogar sein Schatten. Wenn der Schatten eines Unberührbaren auf deinen Körper fällt, dann mußt du ein Bad nehmen. Der Schatten...! Wenn ein Unberührbarer durch eine Stadt kommt, dann muß er rufen: „Ich komme, wenn ein Brahmane in der Nähe ist, laß mich bitte vorbeigehen, vermeide meinen Schatten." Denn er wird dich nicht berühren, das ist unmöglich, aber manchmal in der Menge, auf dem Marktplatz, da mag sein Schatten dich berühren, und das ist genug für ein Verbrechen. Dummheit kann wirklich bis zum Extrem getrieben werden.

Und das sind die Leute, die als Lehrer in den Westen gehen, in die ganze Welt gehen, diese Brahmanen, Brahmanen-Sannyasins, diese Hindus. Sie gehen in die ganze Welt mit der Idee, daß sie die bedeutendsten religiösen Menschen der Erde sind und daß Gott ihre Hilfe braucht, um die ganze Welt zu transformieren.

Ich habe gehört, daß Dr. Sarvepalli Radhakrishnan, der einmal Präsident dieses Landes war, nach Amerika auf Tour ging. An vielen Plätzen hielt er Vorlesungen. An einer Universität sprach er auf die Art, wie Hindus sprechen, daß sie das höchstentwickelte Volk der Erde seien und daß sie nur dafür da seien, der Welt zu dienen und die ganze Welt zu transformieren.
Ein junger Mann stand auf und fragte: „Sir, wenn Sie sagen, daß die Hindus so großartig sind und daß sie der ganzen Welt helfen können, dann sagen Sie mir bitte, warum sie sich nicht einmal selbst helfen?" Und wißt ihr, was für eine dumme Antwort Dr. Radhakrishnan gab? Er sagte sehr arrogant: „Der große Christus wurde

geboren, um anderen zu helfen und nicht, um sich selbst zu helfen. Auch Indien wurde geboren, um anderen zu helfen und nicht sich selbst."

Diese Vorstellung ist sehr egoistisch, aber die Juden hatten dieselbe Geisteshaltung. Juden und Hindus sind einander sehr, sehr ähnlich. Du wirst überrascht sein zu hören, daß es die beiden einzigen Religionen in der Welt sind, die nicht bekehren, die niemandem erlauben zu konvertieren. Als Jude oder als Hindu kannst du nur geboren sein, es gibt keinen anderen Weg. Die einzige Möglichkeit ist, als Hindu oder als Jude geboren zu werden. Hindus und Juden erlauben keine Bekehrung. Warum? Weil niemand würdig ist, bekehrt zu werden. Wie könntest du zum Hindu bekehrt werden? Dein Blut, deine Knochen, deine Haut, dein Innerstes, alles ist Nichthindu. Nur indem du bestimmte Rituale mitmachst, wirst du noch lange kein Hindu werden. Dein Blut kann nicht verändert werden, deine Knochen können nicht verändert werden. Also kann ein Hindu nur von Geburt Hindu sein, und genauso kann ein Jude nur von Geburt Jude sein. Beide Religionen sind sehr egoistisch, und deshalb haben beide gelitten. Dieses Leiden ist aus ihrem Ego erwachsen, ihr Ego selbst hat das Leiden geschaffen.

Diese Frau, diese arme samaritische Frau muß erstaunt gewesen sein darüber, daß Jesus, ein Jude, Wasser von ihr, einer Samariterin, erbeten hat, das war undenkbar. Aber für Jesu gibt es keine Unterschiede. Und wenn du ein religiöser Mensch bist, dann kann es auch für dich keinerlei Unterschiede geben.

Deshalb sage ich immer wieder: ein religiöser Mensch kann kein Hindu sein, kann kein Jude sein, kann kein Christ sein. Ein religiöser Mensch kann nur ein religiöser Mensch sein, und das ist auch genug. Er kann seinem Leben kein Beiwort anhängen – Hindu, Jude, Christ. Religiös zu sein ist genug. Wenn es nicht genug ist und du es nötig hast, Christ oder Jude oder Hindu zu sein, dann weißt du nicht was Religion ist.

Die samaritische Frau sagte zu ihm:
Wie kannst du als Jude mich,
eine Samariterin, um Wasser bitten?
Die Juden verkehren nämlich nicht mit den Samaritern.
Jesus antwortete ihr:
Wenn du wüßtest, worin die Gabe Gottes besteht
und wer er ist, der zu dir sagt: Gib mir zu trinken!,
dann hättest du ihn gebeten,
und er hätte dir lebendiges Wasser gegeben.

Jetzt weißt du es. Jesus bittet: „Gib mir zu trinken!", damit er dieser Frau etwas geben kann. Wenn du geben willst, dann mußt du bereit sein, zuerst etwas anzunehmen, besonders in der Liebe.

Sei zuerst der Empfangende, und dann kannst du geben, denn dann ist in deinem Geben kein Ego. Und Liebe kann nur gegeben werden, wenn kein Ego dabei ist; ansonsten kann das Ego sogar die Reinheit der Liebe und die Schönheit der Liebe zerstören, es wird sie häßlich machen.

Wenn du wüßtest, worin die Gabe Gottes besteht...

Und Jesus sagt: „Sieh mich an. Ich stehe vor dir, kannst du mich nicht sehen?" Das meine ich, wenn ich sage, daß der Mensch in Unbewußtheit lebt. Selbst wenn Jesus zu dir nach Hause kommt und an deine Tür klopft, wirst du ihn nicht erkennen. Du wirst nicht in der Lage sein zu sehen, wer da zu dir gekommen ist, da du nicht einmal dich selbst erkannt hast. Wie kannst du da jemand anderes erkennen? Du hast dein eigenes Wesen nicht gesehen, wie kannst du da das göttliche Wesen sehen, das dir gegenübersteht?

Diese Frau muß eine Frau gewesen sein genau wie du, genau wie jeder andere, einfach ein gewöhnlicher Mensch.

Jesus bittet sie um Wasser, und sie kann den Mann, der da vor ihr steht nicht sehen, sie kann ihn nicht fühlen. Und sie denkt: „Er ist ein Jude." Sie hat ihre festen Vorstellungen, ihr Verstand ist voll von Vorurteilen. Und ein Licht steht vor ihr, das Leben selbst steht vor ihr. Aber dieser Moment geht ungenutzt vorbei.

Jesus sagt

Wenn du wüßtest, worin die Gabe Gottes besteht

Was ist die Gabe Gottes? Es gibt nur zwei Gaben, Liebe und Bewußtheit. Wenn du liebst, wirst du Jesus erkennen, oder wenn du bewußt bist, wirst du Jesus erkennen. Und diese beiden Dinge sind Gottes Gaben. In deinem Innern sind sie bereits vorhanden, aber du hast bisher noch keinen Gebrauch davon gemacht. Da du sie während vieler Leben nicht benutzt hast, haben sie ihre Funktionsfähigkeit verloren. Die Fähigkeit zu lieben wurde lahmgelegt, und die Fähigkeit, bewußt zu sein wurde lahmgelegt, da du sie nicht benutzt hast.

Benutze deine Augen drei Jahre lang nicht, geh in einen Kerker, und sitze dort drei Jahre im Dunkeln. Wenn du herauskommst, bist du blind. Sprich drei Jahre lang nicht, und wenn du wieder sprechen willst, wird es schwierig sein. Du wirst die Eigenschaft, die Fähigkeit verloren haben. Du wirst wieder beim ABC anfangen müssen. Gehe ein paar Jahre lang nicht, und du wirst nicht fähig sein zu gehen. Und viele tausend Leben lang hast du nicht geliebt, warst du nicht bewußt. Also ist es nicht erstaunlich, daß wir diese Qualitäten verloren haben. Und Christus kann nur entweder durch Liebe oder durch Bewußtheit erkannt werden. Und denke nicht, daß diese Frau unwissend war. Und denke nicht: „Diese arme Frau, die nicht wußte, wer da vor ihr stand." Bei dir ist es der gleiche Fall. Vielleicht bist du Christus begegnet, vielleicht bist du einem Buddha begegnet. Es ist beinahe unmöglich, daß du in so vielen Leben niemals einem Meister begegnet bist. Viele Male mußt du schon einem begegnet sein, denn du warst hier.

Während Buddha lebte, warst du hier. Während Krishna lebte, warst du hier. Während Zarathustra lebte, warst du hier. Du mußt einem Meister begegnet sein, aber du hast ihn nicht erkannt, du konntest ihn nicht sehen, du bist blind. Es sieht so aus, als würdest du sehen, aber du bist blind.

Würdest du diese Frau nicht als blind bezeichnen? Wirst du diese Frau nicht als tot bezeichnen.

Jesus antwortete ihr:

Wenn du wüßtest, worin die Gabe Gottes besteht...

Und Jesus sagt: Ich bin eine Gabe Gottes an dich! Ich bin als Gabe gekommen. Wenn du mich annimmst, wenn du mir eine kleine Ecke in deinem Herzen gewährst, dann kann das eine Transformation werden. Dieser kleine Funke kann ein großes Feuer in dir entfachen, kann dich für Gott entflammen. Eine Gabe Gottes... aber die Frau denkt nur, daß er ein Jude ist. Die Menschen sehen nur den Körper. Und es ist natürlich, denn sie denken von sich selbst, sie seien der Körper. Ihre Vorstellung von sich selbst geht nicht über den Körper hinaus. Jesus ist da als Körper und als Seele. Aber wie kannst du seine Seele sehen?

Und das ist „die Gabe Gottes". Sein Körper ist ebenso menschlich wie jeder andere Körper, mit all den Begrenztheiten eines menschlichen Körpers; aber die Seele, die ihn umschwebt, die wie eine Aura ist, braucht Augen, die sehen können.

*Wenn du wüßtest, worin die Gabe Gottes besteht
und wer er ist, der zu dir sagt: Gib mit zu trinken!...*

Gott selbst bittet um ein bißchen Wasser. Und Gott bittet dich, damit Gott dir geben kann! Gott ist derjenige, der nimmt, damit auch du nehmen kannst, wenn er dir gibt; sonst wird es schwierig, Widerstand entsteht.

Das ist ein ständiges Problem für den Meister. Er will dir geben, es macht ihm große Freude zu teilen. Aber das Problem besteht darin, wann immer er dich beschenkt und du keine Gelegenheit bekommst, ihm etwas zu geben, könntest du nicht annehmen. Der Meister muß Gelegenheiten erfinden, die dir das Gefühl geben, daß etwas, das du ihm gibst, ungeheuer wertvoll ist. So ist das Geben nicht einseitig, es ist eine Kommunikation, ein Dialog.

Der Meister muß Situationen schaffen, in denen er dir das Gefühl gibt, wichtig zu sein, in denen er dir das Gefühl gibt, gebraucht zu werden, ein Gefühl von Bedeutsamkeit, so daß er sein Wesen in dich gießen kann und du annehmen kannst. Du weißt, daß auch du ihm etwas geben kannst, also gibt es keine Schwierigkeit zu nehmen; sonst fühlst du dich zu sehr verpflichtet, fühlst dich zu sehr belastet.

Also muß ein Meister kleine Mittel und Wege finden, wie er etwas von dir nehmen kann. Es mag nichts Bedeutsames sein – Jesus bittet nur um etwas Wasser.

Er sagt: Ich bin durstig, gib mir ein wenig Wasser zu trinken.

...und wer er ist, der zu dir sagt: Gib mir zu trinken!

Wenn du die Gabe erkannt hättest, die nur darauf wartet, dir übergeben zu werden... Aber die Frau ist blind, genauso wie jedermann blind ist.

ICH ABER SAGE EUCH

... dann hättest du ihn gebeten,...

Jesus sagt: Wenn du mich angeschaut hättest, wenn du mich gesehen hättest, nur einen Schimmer davon, wer ich bin, dann hättest du mich angefleht: „Gib mir von deinem Brunnen, gib mir zu trinken, so daß ich nie mehr Durst fühlen werde."

Und Jesus war da, diese wunderschönen Augen waren da, diese Ausstrahlung war da, die die Frau transformieren konnte, die die Frau aus der gewöhnlichen Realität in eine außergewöhnliche Realität tragen konnte, von diesem Ufer an das andere Ufer. Aber die Frau war zu sehr mit dem Wasser beschäftigt, dem Juden, dem Samariter, dem Nichtwesentlichen.

Sie sagte zu ihm:
Herr, du hast kein Schöpfgefäß,
und der Brunnen ist tief;
woher hast du also das lebendige Wasser.

Die Frau scheint sehr logisch zu sein, wie jedermann logisch ist. Logik und Dummheit passen genau zusammen. Es gibt keinen Konflikt zwischen Logik und Dummheit; es gibt keinen Konflikt zwischen Logik und Ignoranz. Sie passen wirklich gut zusammen, gehen Hand in Hand, sind große Liebende, sind miteinander verheiratet – die Logik und die Ignoranz.

Also, diese Frau benutzt Logik, und ihre Logik ist vollkommen in Ordnung. So macht es der Wissenschaftler, der Professor, der *Pandit*. Die Frau zeigt sich der Gelegenheit gewachsen, sie sagt: „Schau Herr, was redest du da? Was für ein Unsinn ist das. Du hast kein Schöpfgefäß, und du willst mir Wasser geben? Und der Brunnen ist sehr tief."

Der Brunnen ist tief...

... du hast kein Schöpfgefäß...

Sie ist sehr wissenschaftlich, logisch, rational.

... woher hast du also das lebendige Wasser?

„Und wovon sprichst du überhaupt? Von welchem lebendigen Wasser? Von woher willst du es nehmen? Ich sehe, du bist müde, staubbedeckt, allein, ermattet, durstig – ich kann es in deinen Augen sehen. Und schau dir die Anmaßung an: du sagst, du könntest mir Wasser geben, von woher?"

Bist du etwa größer als unser Vater Jakob...?

Und auch das wurde wieder und wieder gefragt. Wann immer ein Mensch in Christusbewußtsein geboren wird, wann immer ein Mensch ein Buddha wird, ist das die Frage, die wieder und wieder gestellt wird. Das ist es, was die Juden Christus fragten: „Bist du größer als Abraham? Bist du größer als Moses? Bist du größer als unsere Propheten? Bist du größer als unsere Vergangenheit?"

Das ist es, was Buddha wieder und wieder gefragt wurde, bist du größer als die Veden, als die Upanishaden und die Rishis der alten Zeiten? Bist du größer als alle zusammen. Das ist es, was immer gefragt wurde, denn über die Vergangenheit weißt du Bescheid.

Und wenn sich ein Buddha ereignet, ein Christus ereignet... er ist so neu, er ist so frisch... Du weißt nichts über ihn. Über deine Vergangenheit weißt du Bescheid. Er sieht aus wie ein Betrüger. Er sieht aus, als würde er dich vom rechten Weg abbringen, denn er sagt: „Ich aber sage euch... Was Moses zu dir gesagt hat, vergiß es! Ich bringe euch eine höhere Gabe, ich bringe euch eine neue Botschaft von Gott. Moses sagt: „Hasse deinen Feind". Ich aber sage euch:

"Liebe deinen Feind." Moses sagt: „Es ist gerecht den Verbrecher zu bestrafen". Ich aber sage euch: „Vergib ihm, urteile nicht. Werde niemandem zum Richter. Laß alle Urteile fallen, alle Mißbilligung. Laß Gott den einzigen Richter sein. Misch dich nicht ein."
Verständlicherweise müssen die Juden gesagt haben: „Was redest du da? Bist du etwa größer als Abraham, als Moses?"
Und die Frau sagt

Bist du etwa größer als unser Vater Jakob...?

der diesen Brunnen gebaut hat, der uns diesen Brunnen gegeben hat,

und selbst daraus getrunken hat, wie seine Söhne und seine Herden?

Und wo ist dein Brunnen? Über welchen Brunnen sprichst du? Du hast kein Schöpfgefäß, und ich sehe keinen Brunnen."
Sie benutzt Logik. Vergiß nicht, wenn du Logik benutzt, wirst du an Jesus vorbeigehen, wirst du an Buddha vorbeigehen, wirst du an Krishna vorbeigehen. Denn sie können nicht mit Hilfe von Logik verstanden werden, sie können nur durch Intuition verstanden werden. Du wirst deinen rationalen Verstand ablegen müssen, sonst sehen ihre Aussagen unlogisch aus. Nur wenn du deinen rationalen Verstand ablegst, kannst du die Wahrheit ihrer Aussagen sehen. Ihre Aussagen sind keine Argumente, es sind Manifeste der Wahrheit.

Jesus antwortete ihr:
Wer von diesem Wasser trinkt, wird wieder Durst bekommen.

Du kannst fortfahren, von der Überlieferung zu trinken und vom Brunnen der Überlieferung – vom Jakobsbrunnen und anderen –

aber du wirst Durst bekommen. Es wird dich nicht wirklich befriedigen, denn solange du es nicht bist, der weiß, weißt du nicht. Solange du es nicht bist, der erkennt, wird nichts sich verändern. Wenn Gott deine eigene Erfahrung wird, erst dann wird der Durst verschwinden. Ansonsten wird der Durst immer wieder kommen. Du kannst es ein paar Tage verzögern, du kannst es hinausschieben, das ist alles; ein Aufschub ist möglich, das ist alles. Aber er wird niemals vergehen, er wird wiederkommen, und er wird noch viel schlimmer wiederkommen.

Jesus antwortete ihr:
Wer von diesem Wasser trinkt, wird wieder Durst bekommen.
Wer aber von dem Wasser trinkt, das ich ihm geben werde,
wird niemals mehr Durst haben;

Aber schau, sagt Jesus zu der Frau: hier bin ich, bereit, etwas in dich zu gießen, etwas vom Ewigen, etwas vom Zeitlosen, etwas, das einmal gekostet, erfüllt, dich für immer erfüllt.

... vielmehr wird das Wasser, das ich ihm gebe,
in ihm zur sprudelnden Quelle werden,
deren Wasser ewiges Leben schenkt.

Und wenn Christusbewußtsein dich einmal berührt hat, dann hat der Funke in dir gezündet und dein eigenes Feuer hat zu brennen begonnen. Dann ist es eine ständige Quelle des Lichts und des Lebens; es wird kein Ende nehmen.

Dieser erste Funke ist ausschlaggebend. Du trägst ein großes Potential in dir, aber der Funke ist notwendig. Dieser Funke springt über vom Meister auf den Schüler. Er kann nur in tiefem Vertrauen und Nähe überspringen. Er kann nur überspringen, wenn es keine

Mauer gibt zwischen den beiden, wenn ihre Herzen offen sind füreinander, wenn großes Vertrauen da ist. Dann, in einem bestimmten Moment, in einer bestimmten Nähe, in einem bestimmten Einklang, erreicht der Funke den Schüler. Und wenn der Funke ihn einmal erreicht hat, dann gibt es keinen Mangel mehr, dann ist der Schüler selbständig. Nun ist er selbst ein Christus.

Das ist der Grund, warum ich sage: Bevor du nicht selbst ein Christus bist, kannst du ihn nicht verstehen. Indem du ein Christ wirst, kannst du ihn nicht verstehen. Ein Christ zu werden ist ein armseliger Ersatz.

Werde ein Buddha, nicht ein Buddhist, werde ein Christus, nicht ein Christ. Und du kannst ein Christus werden, denn du trägst das Potential für Christusbewußtsein in dir, die vierte Stufe der Bewußtheit – *turiya*. Es ist da, es muß nur hervorgerufen werden; es muß nur in dein Bewußtsein gebracht werden, oder dein Bewußtsein muß zu ihm gebracht werden. Der Schatz ist da, du bist da, aber die Brücke zwischen euch fehlt.

Der Meister kann dir nur den Weg zeigen. Wenn du den Weg einmal gesehen hast, dann gibt es kein Problem mehr, dann setzt du dich in Bewegung. Dann hast du keine Wahl, du mußt dich in Bewegung setzten. Wenn du gesehen hast, daß der Schatz in dir ist, die Wonne der Wonnen, der ewige Brunnen, der Brunnen aus dem du Unsterblichkeit erlangen kannst, wirst du dich darauf zu bewegen. Tatsächlich, hast du ihn immer gesucht, bist auf der Suche in falsche Richtungen gegangen; jetzt wirst du in der richtigen Richtung suchen. Diese richtige Richtung kommt durch den Meister – dieser Funke.

Jesus spricht über die innere Erfahrung.

Die Frau denkt an den äußeren Brunnen, die Frau denkt an äußeres Wasser. Aber Jesus spricht über das Wasser des Lebens, das lebendige Wasser.

Jesus antwortete ihr:
Wer von diesem Wasser trinkt, wird wieder Durst bekommen.
Wer aber von dem Wasser trinkt, das ich ihm geben werde,
wird niemals mehr Durst haben;
vielmehr wird das Wasser, das ich ihm gebe,
ihm zur sprudelnden Quelle werden,
deren Wasser ewiges Leben schenkt.

Laß dieses Gleichnis eine Einsicht in dir werden. Meditiere darüber. Denn auch ich bin hier, um dir etwas vom Ewigen zu geben. Nur wenn du es erkennst, kann es übertragen werden. Wenn du weiterhin in deiner begrenzten Logik lebst, wird es dir entgehen. Und nur du wirst verantwortlich sein, sonst niemand.

Der Funke ist hier, bereit auf dich überzuspringen. Hindere ihn nicht daran. Riskiere etwas, sei ein bißchen waghalsig.

Ja, dieses Wasser konfrontiert dich hier. Wenn du davon trinkst, wird dein Durst für immer verschwinden. Aber sei nicht wie diese Frau aus Samarien. Und alle sind wie sie. Diese Begebenheiten sind ungeheuer bedeutungsvoll, wenn du darüber meditierst. Aber glaube nicht, daß es einfach nur historische Begebenheiten sind; betrachte sie als Ereignisse, die immerfort geschehen. Immer wenn ein Meister da ist, dann geschehen viele solcher Begebenheiten. Und betrachte sie nicht, als gehörten sie der Vergangenheit an. Wenn du sie als vergangen ansiehst, wird dir ihre Bedeutung entgehen.

Es kann sein, daß es dir passiert. Es kann sein, daß du die Frau am Jakobsbrunnen bist, und Christus steht vor dir und du bist zu sehr von deiner eigenen Logik in Besitz genommen. Und merke dir, die Logik der Frau ist perfekt. Soweit es die Logik betrifft, ist nichts falsch. Sie hat vollkommen recht; sie ist sehr realistisch, pragmatisch, empirisch. Sie sagt: „Wo ist der Brunnen? Wen willst du beschwindeln? Und wo ist dein Schöpfgerät für diesen Brunnen? Und dieser

Brunnen ist sehr tief!" Und die Frau hat nicht gefragt – vielleicht aus Höflichkeit, wäre es nämlich sehr logisch zu fragen: „Wenn du mir Wasser geben kannst, warum bittest du mich dann um Wasser? Wenn du dieses Wasser hast, das den Durst für immer stillt, warum siehst du dann so ermattet und durstig aus? Warum bittest du mich dann überhaupt um Wasser?" Natürlich, logisch... aber dann entgeht es dir. Jesus hat dich nur gebeten, ihm etwas zu geben, damit er dir etwas geben kann. Er bereitet lediglich den Boden vor.

Und ich tue hier das gleiche. Den einen schicke ich in den Garten und sage: „Du arbeitest im Garten". Den anderen schicke ich ins Büro und sage: „Du arbeitest im Büro". Und wieder jemand anderen habe ich in die Küche geschickt und ich sage: „Du arbeitest in der Küche." Ich sage lediglich: „Gib mir etwas, damit ich dir etwas geben kann."

Denn nur wenn du gibst, wirst du bereit sein etwas zu nehmen. Wenn du mir etwas gibst, öffnet sich die Tür, damit du geben kannst, und das ist der Moment, in dem ich in dich hineinkommen kann. Gewiß, wenn du mir etwas geben willst, dann wirst du deine Tür öffnen müssen. Und das ist der Moment, wenn die Tür offen ist, in dem ich mich hineinstehlen kann.

Deshalb sagt Jesus: „Gib mir Wasser." Wenn die Frau Jesus Wasser in die Hände gießt, ist das der Moment, in dem Jesus in diese Frau eindringen kann, in dem der Funke auf die Frau überspringen kann. Und auch daran möchte ich dich erinnern, daß nur eine Frau den Funken empfangen kann. Mit „Frau" meine ich nicht eine biologische Frau. Ein Mensch... aber er muß in einem femininen Zustand sein, nur dann kann er nehmen; denn alles Nehmen ist nur möglich, wenn du empfänglich bist.

Diese Frau am Jakobsbrunnen ist sehr symbolisch, denn nur eine Frau kann empfangen. Nur der weibliche Verstand kann empfangen, denn er ist nicht aggressiv. Und nur eine Frau kann in tiefem

Vertrauen und Intimität kommen; der Mann bleibt ängstlich. Und vergiß nicht, ich sage nicht, daß ein Mann nicht empfangen kann, aber er wird nur fähig sein zu empfangen, wenn er auch weiblich wird.

Der Schüler muß weiblich sein – ob Mann oder Frau, das macht keinen Unterschied. Der Schüler muß weiblich sein, denn der Schüler muß den Funken empfangen, der Schüler muß schwanger werden mit dem Funken. Deshalb wurde die Frau am Brunnen ausgewählt. Ob es historisch geschehen ist oder nicht, ist unbedeutend, denn es geschieht bis heute.

Es ist mit Buddha geschehen, es ist mit Zarathustra geschehen, mit Laotse, mit Christus.

Es geschieht jetzt gerade... hier!

Meditiere darüber.

Genug für heute.

Vertrauen ist das Reich Gottes

10

Deine letzten Worte im Diskurs heute morgen waren: „Meditiere darüber." Was meinst Du damit? Wie kann jemand, der nur weiß, wie man über Dinge nachdenkt lernen, über etwas zu meditieren?

Zu wissen was Denken ist, ist der Anfang des Wissens, was Meditation ist. Denken ist der negative Teil, Meditation ist der positive Teil. Denken bedeutet, der Verstand ist in Unruhe; Meditation bedeutet, der Verstand ist still. Aber die Unruhe ist der Anfang der Stille, und nur nach dem Sturm gibt es Stille.

Wenn du denken kannst, dann bist du auch imstande zu meditieren. Wenn ein Mensch krank sein kann, dann kann er auch gesund sein. Gesundheit ist nur dann ausgeschlossen, wenn Du nicht einmal krank sein kannst. Dann bist du tot. Nur ein Leichnam kann nicht krank werden. Solange du krank werden kannst, gibt es Hoffnung, du bist noch am Leben.

Und das gleiche ist der Fall mit Denken und Meditation. Denken bedeutet Verstand, der krank ist, unwohl, nicht in Einklang mit sich selbst, beunruhigt, bruchstückartig, gespalten. Meditation bedeutet, die Trennung ist aufgehoben, die Fragmente sind in Einklang gekommen, vereint – du bist entspannt, zu Hause.

Es ist derselbe Verstand. Gespalten wird er zu Denken, ungespalten, vereint wird er zu Meditation. Wenn du denken kannst, bist du in der Lage zu meditieren, obwohl Meditation nicht Denken ist. Denken ist ein krankhafter Zustand, ein pathologischer Zustand. Aber man kann ihn transzendieren, und diese Transzendenz ist einfach; es ist nicht so schwierig, wie du annimmst. Die Schwierigkeit besteht darin, daß du nicht wirklich in Meditation gehen willst. Denn in Meditation wird nicht nur das Denken verschwinden, auch du wirst verschwinden. Nur ein kranker Mensch ist, ein gesunder Mensch verschwindet. In Gesundheit bist du nicht; du existierst nur in Krankheit, du existierst nur in Schmerz, in Leid, in der Hölle. Im Himmel kannst du nicht existieren, denn die eigene Existenz fühlen bedeutet, Schmerz fühlen.

Hast du das nicht beobachtet? Wenn Du Kopfschmerzen hast, hast du einen Kopf. Wenn die Kopfschmerzen verschwinden, verschwindet auch der Kopf. Wenn dein Körper vollkommen gesund ist und alles läuft wie am Schnürchen, wie geschmiert, dann fühlst du deinen Körper überhaupt nicht, du wirst körperlos. In den alten indischen Schriften wird Gesundheit beschrieben und definiert als Körperlosigkeit: du fühlst deinen Körper nicht. Wie kannst du deinen Körper fühlen, wenn er nicht krank ist? Nur Krankheit schafft dir Erkenntnis, Selbsterkenntnis wird dadurch erzeugt, Selbst wird dadurch erzeugt.

Meditation ist nicht schwierig, wenn du dich wirklich hineinbegeben willst. Es ist die allereinfachste Sache überhaupt – das einfachste, das primärste. Im Mutterleib warst du in Meditation. Es gab keinen ablenkenden Gedanken, über nichts brauchtest du nachzudenken, du warst einfach. Diesen Zustand im Mutterschoß wiederzuerlangen, darum geht es in der Meditation.

Wenn du jemanden meditieren siehst, was siehst du? Er ist wieder im Mutterschoß verschwunden, er hat seinen ganzen Körper wie einem Schoß gemacht und ist darin verschwunden. Wenn Buddha unter dem Bodhi-Baum sitzt, was macht er? Er hat sich zurück zur Quelle bewegt. Er ist nicht da. Niemand sitzt unter dem Bodhi-Baum. Das ist es, was Buddha bedeutet: da ist niemand, der unter dem Bodhi-Baum sitzt.

Wenn Jesus in die Berge geht, weg von der Menschenmenge, wohin geht er da? Er geht nach innen, er versucht wieder eine Verbindung herzustellen mit der ursprünglichen Quelle, denn aus dieser ursprünglichen Quelle fließt Verjüngung. Aus dieser ursprünglichen Quelle fließen Frische, Lebendigkeit und die Wasser des Lebens – man badet darin, man ist wiedergeboren.

In der Welt ist Denken notwendig. In deinem inneren Sein ist Denken nicht notwendig. Wenn du dich jemandem mitteilst, sind Gedanken ein Muß. Wenn du dich mit dir selbst vereinst, wozu brauchst du da Gedanken? Gedanken stören nur.

Versuche zu verstehen, warum Denken notwendig ist und was Denken ist. Wenn es ein Problem gibt, ist es notwendig zu denken, um das Problem zu lösen. Du mußt um das Problem herumgehen, es von allen Seiten anschauen und alle möglichen Lösungen in Betracht ziehen. Und dann gibt es viele Alternativen, also muß man wählen, welche die richtige ist. Und immer besteht die Möglichkeit eines Irrtums, immer ist Angst und Sorge im Spiel – das ist natürlich und noch lange keine Garantie dafür, daß man erfolgreich sein wird darin, die Lösung zu finden. Man tappt im Dunkeln, man versucht einen Ausweg zu finden. Denken bedeutet ein Problem zu konfrontieren. Im Leben gibt es Millionen von Problemen, und Denken ist notwendig .

Ich sage nicht, daß Denken nicht notwendig sei. Es ist notwendig. Wenn immer du mit der Außenwelt in Beziehung bist, ist es notwendig. Aber wenn du deinem eigenen Sein gegenüberstehst, gibt es kein Problem, es ist ein Mysterium. Und laß es sehr deutlich sein, was ein Mysterium ist. Ein Problem ist etwas, das gelöst werden kann; ein Mysterium ist etwas, das von Natur aus so beschaffen ist, das es nicht gelöst werden kann. Es gibt keinen Weg heraus, also stellt sich die Frage gar nicht, einen Weg zu finden.

Du bist ein Mysterium. Es wird niemals gelöst, denn du kannst nicht aus dir heraustreten und dich als ein Problem in Angriff nehmen. Wie also solltest du es lösen? Wer wird wen lösen? Du bist der Problemlöser, und du bist das Problem, und du bist die Lösung; es gibt da überhaupt keine Trennung. Der Wissende und das Wissen und das Gewußte sind eins – das ist das Mysterium.

Wenn sich der Wissende vom Wissen unterscheidet, dann gibt es ein Problem, dann gibt es etwas Objektives. Du kannst über einen Ausweg nachdenken, du kannst etwas herausfinden, das zu Wissen werden kann.

Aber in deinem Inneren stehst du dem Ewigen gegenüber, dem Ohne-Anfang, dem Ohne-Ende, du stehst dem Höchsten gegenüber. Jetzt kannst du nicht denken. Wenn du denkst, wirst du daran vorbeigehen. Nur im Nichtdenken wirst du nicht vorbeigehen. Du kannst nur tief hineinschauen, mit Staunen, mit großer Ehrfurcht. Du kannst dich tiefer und tiefer hineinbegeben, du kannst hineintauchen. Du kannst unaufhörlich graben, und je mehr du nachgräbst, desto mehr wirst du verstehen, daß es ein Mysterium ist, das es zu leben gilt und nicht ein Problem, das du lösen mußt. Also, Denken ist irrelevant. Und wenn Denken irrelevant ist, dann entsteht Meditation.

Das Scheitern des Denkens ist das Entstehen der Meditation.

Wissenschaft ist Denken, Religion ist Meditation. Wenn du über Gott nachdenkst, dann ist das Philosophie und nicht Religion. Wenn du Gott lebst, dann ist es Religion.

Wenn du eine Lotosblüte anschaust und über sie nachdenkst, dann ist das Wissenschaft, Philosophie, Ästhetik. Aber wenn du die Lotosblüte einfach anschaust... Dein Blick ist rein, unbefleckt von jedem Gedanken, und die Lotosblüte wird nicht als ein Problem gesehen, sondern einfach als Schönheit, die man erfahren darf... du bist da, die Lotosblüte ist da, und dazwischen ist nichts, nur Leere, niemand steht zwischen dir und der Blume – das ist Meditation. Dann ist die Blume nicht außerhalb von dir, denn es gibt nichts, was als Innen und Außen getrennt werden könnte. Dann ist die Lotosblüte irgendwie in dir, und du bist irgendwie in der Lotosblüte. Ihr verschmelzt ineinander, die Trennung ist dahin, die Grenzen verschwimmen. Der Lotos beginnt, dein Herz zu

berühren, und dein Herz beginnt, den Lotos zu berühren.
Das ist Kommunion. Das ist Meditation.
Immer wenn das Denken nicht funktioniert, ist es Meditation. Wenn du mir zuhörst, wird es manchmal Meditation für dich. Ich sage „manchmal", denn manchmal fängst du wieder an zu denken, und dann verlierst du es. Wenn du einfach nur zuhörst, und überhaupt nicht darüber nachdenkst, was gesagt wird, weder für noch dagegen bist, wenn du es nicht vergleichst mit deinem angesammelten Wissen, es nicht gierig für zukünftigen Gebrauch speicherst, nicht versuchst zu rechtfertigen, zu rationalisieren, wenn du überhaupt nichts tust – ich bin hier, du bist da, und es gibt ein Treffen – in diesem Treffen ist Meditation. Und das ist voll großer Schönheit.

Du fragst: *Deine letzten Worte im Diskurs heute morgen waren: „Meditiere darüber."*

Ja. Ob ich es nun sage oder nicht, das ist meine Botschaft jeden Tag, am Anfang, in der Mitte und am Schluß – das ist es, was ich sage: „Meditiere darüber." Meditiere.

Das Wort „Meditation" entspricht nicht genau dem, was im Osten mit *dhyana* gemeint ist. „Meditation" beinhaltet eine Idee von Denken. Im Englischen bedeutet „Meditation" über etwas nachdenken, etwas in Ruhe überlegen.

Dhyana bedeutet nicht, über etwas nachzudenken. *Dhyana* bedeutet einfach in der Präsenz von etwas sein, einfach nur in der Präsenz sein. Wenn du in der Gegenwart eines Baumes bist, ist es Meditation mit einem Baum. Wenn du in der Gegenwart der Sterne bist, dann ist es Meditation mit den Sternen. Wenn du hier bist in meiner Gegenwart, dann ist es Meditation. Und wenn du alleine bist und nur deine eigene Präsenz fühlst, das ist Meditation.

Von *Dhyana* leitet sich das chinesische Wort „chan" ab, von „chan" das japanische Wort Zen. Das sind Abwandlungen von *dhyana*.

Dhyana ist ein schönes Wort. Es ist unübersetzbar, denn das Englische kennt nur die Worte Meditation, Kontemplation, Konzentration – sie alle gehen am Inhalt vorbei. Konzentration bedeutet, sich auf eine Sache zu konzentrieren. Meditation ist nicht Konzentration, es ist ein vollständig de-konzentrierter Zustand der Bewußtheit, es ist genau das Gegenteil. Wenn du dich konzentrierst, geschieht eine Anspannung; du fokusierst, es ist Anstrengung. Wenn du dich auf eine Sache konzentrierst, dann werden andere verleugnet, dann bist du anderen Dingen gegenüber verschlossen. Wenn du dich auf mich konzentrierst, was wirst du dann mit diesem Flugzeug tun, das gerade über uns herfliegt und mit dem Lärm? Du wirst deinen Verstand verschließen, du wirst dich auf mich fokusieren, du wirst angespannt sein, denn du mußt den Lärm des Flugzeugs ausklammern. Du mußt deinen Verstand dem Lärm gegenüber verschließen, und damit ist dein Verstand nicht mehr offen. Ein Vogel beginnt zu singen, was wirst du tun? Du wirst dich verschließen müssen. Genau das wird in den Schulen und Universitäten gelehrt. Es ist Konzentration.

Meditation ist nicht Konzentration, es ist einfach Offenheit, Wachheit, Präsenz. Du hörst mir zu, aber du hörst nicht ausschließlich mir zu. Du hörst einfach zu. Und das Flugzeug donnert über uns hinweg – das hörst du auch. Und der Vogel beginnt zu singen, und auch das hörst du. Es gibt kein Trennen, du wählst nicht aus. Alles was in deinem Umfeld geschieht wird akzeptiert: es wird Teil deines Mir-Zuhörens. Dein Zuhören schließt nicht aus, es schließt alles ein. Also, Konzentration ist nicht Meditation.

Das Wort Meditation selbst ist auch nicht Meditation, denn in Meditation denkt jemand über Jesus nach, denkt jemand über die Bibel nach, denkt jemand über Gott nach. Auch das ist nicht Meditation. Wenn ein Gott als Objekt, wenn Jesus als Objekt in deinem Denken ist, dann gibt es eine Trennung zwischen dem Wissenden und dem Gewußten, dann gibt es Dualität. Und in Dualität ist

Konflikt, und in Konflikt ist Elend. In Nicht-Dualität verschwindet der Konflikt, und wenn Konflikt verschwindet, verschwindet die Hölle. Dann herrscht Freude.

Meditation bedeutet also nicht über etwas nachdenken, Meditation ist einfach eine andere Qualität deines inneren Seins. Im Denken webt und spinnt dein Verstand unaufhörlich Gedanken. In Meditation ist dein Verstand einfach still, äußerst still, vollkommen untätig, er meditiert nicht einmal. Er tut überhaupt nichts.

„Still sitzen, nichts tun... und das Gras wächst von selbst. Der Frühling kommt, und das Gras wächst von selbst."

Meditation ist ein natürlicher Zustand von Stille. Es ist auch nicht Kontemplation. In Kontemplation denkst du über große Dinge nach, über spirituelle Dinge, nicht über weltliche Dinge, nicht über den Markt, nicht über die Familie, sondern über hohe Werte, über die Wahrheit, Schönheit, Segen. Aber du versenkst dich in Betrachtungen, du versuchst über diese hohen Werte des Lebens nachzudenken – dann ist es Kontemplation.

Aber nicht einmal das ist Meditation. Meditation ist ein Zustand der Stille. Und dieser Zustand der Stille darf nicht erzwungen werden, denn er kann nicht erzwungen werden. Wenn du ihn erzwingst, dann wird es nicht die richtige Stille sein. Wenn du ihn erzwingst, dann wirst du sein, um ihn zu erzwingen; es wird nicht natürlich geschehen, es wird nicht spontan sein. Also was muß getan werden?

Man muß die Wege des Denkens verstehen. Man muß die Dummheit des Denkens verstehen. Man muß verstehen, daß Denken Konflikt, Spaltung, Kampf schafft; daß das Denken dich in deine Einzelteile zerlegt, daß du im Denken beginnst auseinanderzufallen.

Du mußt sehen, was das Denken dir antut. Und genau in diesem Verstehen fühlst du, wie plötzlich ein Hauch von Stille anweht. Für einen Moment wird alles still, äußerst still, ein Innehalten. Und diese Probe bringt dich auf den Geschmack und bringt mehr davon. Und nach und nach wirst du den Kniff herauskriegen.

Meditation ist ein Kniff. Es ist keine Wissenschaft, es ist nicht einmal Kunst, es ist ein Kniff. Du mußt ihn langsam und durch eigene Erfahrung lernen. Wenn ich also sage: „Meditiere darüber", dann meine ich: denke nicht darüber nach. Schließe einfach die Augen, sei in Stille. Laß es da sein.

Zum Beispiel diese Geschichte Jesu: Jesus und die Frau aus Samarien stehen am Brunnen, am Jakobsbrunnen und Jesus bittet sie: „Gib mir Wasser zu trinken" – und dann der Dialog, der sich daraus ergibt; laß es einfach da sein. Und du, sei vollkommen still angesichts dieses Gleichnisses. Laß dieses Gleichnis wie eine Lotosblüte sein, es ist eine Lotosblüte. Laß es einfach nur da sein, pulsierend, pochend, mit schlagendem Herzen. Laß es lebendig werden vor dir, und dann sei still. Was kannst du schon tun? Du kannst nur still sein. Laß dieses Drama sich vor dir abspielen. In tiefer Stille siehst du es, und das wird dir seine Bedeutung offenbaren. Und das wird dir alle Dialoge, die je zwischen einem Erleuchteten und seinem Jünger geschehen sind, offenbaren. Und es wird nicht nur ein Gleichnis Jesu sein, es wird auch ein Gleichnis zwischen dir und mir sein. Es geschieht jeden Tag.

Das meine ich, wenn ich sage: „Meditiere darüber."

> *Wenn du darüber sprichst, daß es notwendig ist zu vertrauen, um das Ego fallenzulassen, dann fühle ich, daß ich an diesem Punkt feststecke. Mein Mißtrauen ist greifbar. Es fühlt sich schmerzhaft an, aber ich kann es nicht loslassen. Anfang des Jahres fühlte ich für kurze Zeit viel Energie, und ich war offen, liebevoll und voller Vertrauen. Aber jetzt ist diese Energie vorbei und damit auch die Offenheit.*

Behalte immer in Erinnerung, daß ich dir keinen Befehl erteile, etwas zu tun, wenn ich etwas sage. Falls du es auf diese Weise verstehst, bist du am Wesentlichen vorbeigegangen. Ich mache dir einfach etwas klar. Beeile dich nicht es auszuführen. Was auch immer ich sage, hat nichts damit zu tun, es auch auszuführen. Du mußt es einfach verstehen. Um mich herum ist das einzige, was dir helfen wird Klarheit, Durchblick.

Wenn ich über das Ego spreche, dann mach keinen Sprung nach vorn. Fang nicht an zu denken: „Wie kann ich dieses Ego nur loswerden. Ja, Osho hat recht, das Ego schafft die Schwierigkeiten, wie kann ich es also loswerden?" Du hast nicht etwa Klarheit erlangt, du bist habgierig geworden, du bist ehrgeizig geworden. Statt zu verstehen, was dir gesagt wurde, hast du eine Begierde daraus gemacht. Und jetzt bist du in Schwierigkeiten

Höre meditativ, höre total zu, während ich über das Ego spreche. Verstehe das Wesentliche von dem was gesagt wird. Es gibt keine Eile, nichts ist zu tun, nichts ist in die Praxis umzusetzen.

Bringe nicht das Morgen, nicht einmal den nächsten Moment ins Spiel. Denke nicht an die Zukunft, denn mit der Zukunft kommt das Begehren, und mit den Begierden sind alle Teufel losgelassen. Wenn du, während du mir zuhörst, anfängst zu denken, wie du es machen sollst... „Ja, das sieht gut aus, und wenn ich es tun kann, wird große Freude in mir sein. Wie läßt es sich nur bewerkstelligen?" Und während du darüber nachdenkst, wie du es machen sollst, spreche ich über das Ego, und du hörst gar nicht mehr zu. Das Ego kann nur losgelassen werden, wenn deine Klarheit vollkommen uneingeschränkt ist. Du kannst es nicht loslassen. Du bist es. Wie kannst du es also loslassen?

Aber während du total, still, meditativ zuhörst – bist du nicht – dann ist Klarheit. In dieser Klarheit wird etwas geschehen. Du wirst es so hundertprozentig sehen, daß genau dieses Sehen die Transformation wird. Nicht etwa, daß du es morgen fallen lassen mußt. Nein, morgen wirst Du es gar nicht vorfinden. Nicht etwa, daß du im nächsten Moment nach Hause gehen mußt, um zu üben, wie man das Ego losläßt...

Ich bringe euch keine Yogaübungen bei. Dies sind keine Yogastellungen, die du vorbereiten und proben und praktizieren mußt und die der Selbstdisziplin dienen.

Was ich hier tue, ist, meine Erleuchtung mit euch teilen, meine Klarheit mit euch teilen. Ich habe Klarheit und ich lade euch ein, zu kommen und an meiner Klarheit teilzunehmen. In diesem Teilnehmen wird sich etwas in dir verändern, dieses Teilnehmen ist alchemistisch. Im nächsten Moment wirst du überrascht sein, das Ego ist nicht da. Nicht, daß du es abwerfen mußt, du hast verstanden, du hast dessen Dummheit verstanden, du hast dessen Lächerlichkeit, dessen Absurdität verstanden – was soll da noch aufgegeben werden, was soll da widerrufen werden? Das Ego ist keine Wesenheit in dir, die du abwerfen mußt. Es ist nicht etwas wie Krebs, den man operieren kann, wofür du operiert werden mußt. Das Ego ist lediglich eine Illusion.

Es ist so, wie wenn du in einer dunklen Nacht ein Seil liegen siehst und du denkst, es wäre eine Schlange. Du bist sehr erschrocken, und du rennst bis zur Erschöpfung, der Schweiß fließt. Und ich finde dich so und sage: „Ich weiß es ganz genau, es ist keine Schlange, es ist ein Seil. Komm mit mir." Und du hörst nicht auf zu fragen oder zu denken: „Wie kann ich diese Schlange nur töten?" Und ich sage noch einmal: „Es ist keine Schlange. Komm mit mir und schau nach. Hier ist das Licht, nimm die Lampe: wir gehen zusammen hin und schauen noch einmal nach. Und ich weiß es, ich war dort, ich kenne das Seil. Früher einmal habe ich es auch für eine Schlange gehalten, und ich hatte auch immer Angst genau wie du; deshalb verstehe ich dich. Ich lache nicht über deine Not, ich empfinde Mitgefühl, denn ich kenne sie, ich war in der gleichen Situation. Aber komm mit mir mit." Und du fragst: „Osho, wie kann ich diese Schlange nur töten? Sollen wir ein Gewehr mitnehmen? Oder ist ein Stock genug? Oder liegen dort Steine herum? Können wir die Steine benutzen und so die Schlange töten?" Und du hörst nicht auf... und ich sage zu dir: „Es gibt keine Schlange, da liegt nur ein Seil." Aber du hörst nicht zu und du fragst: „Wenn wir dort angekommen sind, was werden wir dann tun?"

Selbst wenn du es nicht mit vielen Worten sagst, tief in deinem Innern denkst du darüber nach. Und du hast immer noch Angst und schreitest nicht mutig voran. Du versteckst dich hinter mir und sagst: „Wer weiß, vielleicht ist es doch eine Schlange. Und wie kann ich diesem Mann trauen? Möglicherweise ist er verrückt, denn ich habe die Schlange mit eigenen Augen gesehen. Es ist eine Schlange und noch dazu eine äußerst gefährliche."

Das ist die Situation, wenn ich sage, das Ego ist ein Schatten. Sicherlich hast du es gesehen, aber es ist keine Wesenheit. Du hast auch darunter gelitten, trotzdem ist es eine Illusion.

Ich kann dein Problem verstehen; du sagst: „Wie kann man unter etwas leiden, das gar nicht ist?"

Es sieht sehr logisch aus: wie kann man unter etwas leiden, das nicht existiert? Wenn man leidet, dann sagt der logische Verstand, daß es eine Ursache für dieses Leiden geben muß, weil ja die

Wirkung da ist. Aber kannst du nicht unter einem Seil leiden, wenn du denkst, es wäre eine Schlange? Hast du nicht in deinen Träumen gelitten? Hast du nicht unter deinen Täuschungen und Projektionen gelitten? Du hast gelitten. Oft hast du wegen einer Ursache gelitten, die es nicht gibt, die aber eine Wirkung schaffen kann.

Du kannst krank werden, wenn jemand zu dir sagt, daß das Wasser, welches du gerade getrunken hast, vergiftet sei, du kannst dich erbrechen. Und wenn so viele Menschen sagen: „Ja, es ist vergiftet", wenn die ganze Stadt sagt, es ist vergiftet, wenn die ganze Welt sagt, es ist vergiftet, dann... dann erfährt deine Täuschung Unterstützung, dann wird sie immer mehr genährt.

Und genau das geschieht. Du leidest unter einer Krankheit, die Ego genannt wird. Und die ganze Welt sagt: „Ja, es ist da." Und nicht nur die ganze Welt, selbst eure sogenannten Heiligen, Mahatmas, auch sie sagen: „Es ist sehr gefährlich, dieses Ego. Es muß fallengelassen werden, es muß überwältigt und getötet werden. Es ist der Feind." So reden sie und ersinnen Techniken und Strategien, wie es zu töten sei.

Die ganze Welt glaubt daran. Die Menschen, die weltlich sind, glauben daran, und die sogenannten spirituellen Menschen glauben auch daran. Die einen folgen ihm, die anderen kämpfen dagegen an, aber beide glauben sie daran. Soweit es ihren Glauben daran betrifft, sind sie einer Meinung.

Was ich hier tue, ist etwas ganz anderes. Ich sage: „Das Ego existiert gar nicht." Ich sage nicht, daß du es loslassen sollst. Wie könntest du es auch loslassen? Das Ego gibt es ja überhaupt nicht. Und wenn du anfängst, etwas loszulassen, das es gar nicht gibt, gerätst du in Schwierigkeiten. Du bist nicht in der Lage, es loszulassen, und wirst dich deshalb sehr elend fühlen. Und du wirst dich sehr anstrengen, es loszulassen, und wieder wirst du sehen, daß du es nicht losgelassen hast. Dann wirst du dich, immer mehr eingeschüchtert, immer elender, sehr minderwertig fühlen. Du kannst nicht einmal etwas einfaches tun – das Ego loslassen. Niemand war je in der Lage, das Ego loszulassen. Halte es dir vor Augen: Niemand war je in der Lage, das Ego loszulassen!

Was meine ich damit? Hat Buddha es nicht losgelassen? Hat Jesus es nicht losgelassen? Nein, keineswegs. Sie haben lediglich verstanden, daß es nicht existiert. Sie haben es total durchschaut... und dann haben sie gelacht. Sie sind vor etwas davongelaufen, das es gar nicht gibt. In diesem Verstehen verschwindet das Ego.

Und oft verschwindet es auch in deinem Leben, trotz deiner Person. Manchmal, in tiefer Liebe, ist es nicht da. Deshalb die Wonne der Liebe. Es ist nicht wirklich die Wonne der Liebe, es ist die Wonne, ausgelöst durch das Verschwinden des Egos. Manchmal im Gebet, manchmal in der Meditation, manchmal wenn du die Natur betrachtest – du beobachtest das Meer oder schaust zu den Sternen auf – geschieht es, und es überkommt dich eine große Seligkeit, du bist überflutet davon. Aber es geschieht nur für Augenblicke, denn du verstehst nicht einmal dann, was geschieht. Und wieder ist es verloren. Wenn es verloren ist, wirst du sehr unglücklich sein, und du fängst an zu denken, wie du es zurückholen kannst, wie du dieses Erleben wiederholen kannst.

Es war nicht so, daß du dieses Erleben geschaffen hattest. Es geschah, weil du verzaubert von den Sternen warst, daß du einen Moment lang deine alte Besessenheit vergessen hast – die Besessenheit vom Ego. Du warst so verzaubert von den Sternen, daß du das Seil und die Schlange vergessen hast. Es war aber nur Vergeßlichkeit. Aber wie lange kannst du von den Sternen verzaubert sein? Früher oder später wirst du zurückkommen müssen, und das Seil ist da – es wartet auf dich als Schlange. Und wieder hast du Angst.

Manchmal, wenn du eine Frau oder einen Mann liebst... schaust du in die Augen des Geliebten und das Ego verschwindet. Aber für wie lange? Die Flitterwochen können nicht lange währen. Früher oder später... du kennst diese Augen, du kennst diese Frau, du kennst diesen Mann und dann wirst du dich allmählich wieder in deiner alten, sogenannten Realität einrichten – und das Seil ist da, das du für eine Schlange hältst. Das ist die Situation.

Du sagst – die Frage ist von Bodhiprem: *Wenn du darüber sprichst, daß es notwendig ist zu vertrauen, um das Ego fallenzulassen...*

Du mißverstehst mich. Du sagst: *Wenn du darüber sprichst, daß es notwendig ist zu vertrauen, um das Ego fallenzulassen...* Du behauptest, daß ich sage: Vertraue, damit du das Ego fallenlassen kannst! Das sage ich nicht. Ich sage, wenn du vertraust, ist das Ego schon weggefallen. Das geschieht nicht wie Ursache und Wirkung – dein Vertrauen ist die Ursache, und das Ego als Wirkung wird fallengelassen. Ich sage, daß in dem Moment, in dem du vertraust, das Ego nicht da ist. In Vertrauen ist das Ego nicht zu finden.

Aber du bist so sehr mit dem Ego beschäftigt, daß du sagst: „Okay. Wenn Osho sagt, im Vertrauen ist das Ego nicht zu finden, dann werde ich vertrauen, um das Ego fallenzulassen." Dieses „um zu" bringst du herein!

Bitte, sei sehr achtsam, denn was zu dir gesagt wird, ist ungeheuer bedeutungsvoll. Ändere es nicht ab. Interpretiere es nicht. Laß es so sein, wie es dir gesagt wurde. Ich sage nicht: „Vertraue, damit du das Ego fallenlassen kannst." So wird dein Vertrauen ein Mittel sein und das Fallenlassen des Egos der Zweck. Natürlich, der Zweck liegt in der Zukunft, und das Mittel muß geübt werden. Du wirst Jahre lang und Leben lang üben müssen, und wenn du wirklich Vertrauen gewonnen hast, dann wirst du in der Lage sein, das Ego fallenzulassen. Nein!

Ich sage: „In eben diesem Moment... wenn Vertrauen da ist, gibt es kein Ego." Die beiden existieren nicht zusammen. Es ist wie, der Raum ist dunkel und ich sage zu dir: „Nimm diese Lampe" und du entgegnest: „Wenn ich diese Lampe in den Raum trage, wie lange wird es dann dauern, bis die Dunkelheit verschwindet? Wenn ich in den Raum gehe und dort Licht anwende, wie lange wird die Dunkelheit dauern, bis sie verschwindet?" Du brauchst nichts anzuwenden. Bringe einfach die Lampe in den Raum und du wirst keine Dunkelheit finden. Die beiden existieren nicht zusammen.

Was ist Vertrauen? Es ist die höchste Art der Liebe, die reinste Liebe. Es ist nicht-verunreinigte Liebe – nicht verunreinigt durch irgendeine Begierde. Wenn du mir vertraust, und gleichzeitig etwas begehrst, dann ist es kein Vertrauen; dann benutzt du mich. Wenn du denkst, daß du *nirvana, moksha*, das Reich Gottes erlangen wirst, indem du mir vertraust, dann vertraust du mir nicht. Du benutzt mich, du hast mich zum Mittel gemacht. Das ist nicht sehr respektvoll. Wenn du mir vertraust, ist das dein Reich Gottes, dieses Vertrauen. Sonst gibt es nichts, du mußt nirgendwo hingehen. Das ist dein *nirvana*. In genau diesem Vertrauen ist die Dunkelheit verschwunden, und das Licht leuchtet hell.

Bodhiprem sagt: *Wenn du darüber sprichst, daß es notwendig ist zu vertrauen, um das Ego fallenzulassen...* Damit schafft er ein großes Problem. *Ich fühle, daß ich an diesem Punkt feststecke.*

Du steckst fest wegen deines Mißverstehens, deiner Unklarheit. Es ist nicht das Ego, das dir den Weg versperrt, es ist deine Unklarheit. Es kommt daher, daß du nicht bei mir bist, wenn du bei mir bist. Es kommt daher, daß du etwas begehrst, wenn du mir zuhörst. Nicht das Ego ist es, was dich in die Klemme bringt, es ist deine Unintelligenz.

Nun, das wird dich verletzen, denn es ist in Ordnung, durch das Ego in der Klemme zu sitzen, aber festzusitzen durch Unintelligenz? Das wird sehr weh tun. „Bin ich unintelligent?" Du kannst die Vorstellung akzeptieren, daß du ein Egoist bist, aber die Vorstellung zu akzeptieren, daß du unintelligent bist, ist sehr schwierig.

Dein Ego wird sagen: „Du und unintelligent, Bodhiprem? Du bist die intelligenteste Person der Welt!" Das ist es, was Bodhiprem jetzt sagen wird. Aber habe Geduld, versuche zu verstehen. Wir stecken fest wegen unserer Unintelligenz. Nenne es Schlaf, nenne es Nichtwissen, nenne es wie du willst, aber im Grunde ist es Unintelligenz.

Ein intelligenter Mensch... und ich meine nicht, daß es intelligente und unintelligente Menschen gibt. Jeder unintelligente Mensch trägt das Potential in sich, ein intelligenter Mensch zu sein. Unintelligenz ist nur der Same, der seine Schale noch nicht durchbrochen hat. Wenn die Schale einmal durchbrochen ist und der Same aufzugehen beginnt, dann wird er zu Intelligenz. Deshalb ist Unintelligenz nicht gegen Intelligenz; sie ist der Mutterschoß, aus dem die Intelligenz hervorgeht. Aber laß mich die Dinge beim Namen nennen. Sogar wenn es weh tut, muß man es verstehen. Es ist die Unintelligenz, die uns hindert. Intelligenz wird zu Freiheit.

Du hast mich nicht verstanden. Aus deiner Unintelligenz heraus schaffst du Begehren.

Mein Mißtrauen ist mir greifbar.

Es ist kein Mißtrauen, denn du weißt noch nicht einmal was Vertrauen ist, wie kannst du also mißtrauen? Mach es dir ganz klar. Mißtrauen ist nur möglich, wenn du Vertrauen kennst. Du weißt nicht was Vertrauen ist, also ist Mißtrauen unmöglich. Was ist es dann? Es ist Nicht-Trauen, nicht Mißtrauen – und das sind verschiedene Dinge. Es ist Nicht-Trauen. Was ist der Unterschied?

Nicht-Trauen bedeutet einfach, du hast noch nie versucht zu vertrauen, also hast du Angst, bist furchtsam. Jeder hat Angst, wenn er etwas Neues zu tun hat, wenn man ein auf keiner Landkarte verzeichnetes Meer bereist oder wenn man in einen Dschungel geht, wo es keine Pläne gibt, keine Meilensteine und wo du aller Wahrscheinlichkeit nach, keinem anderen Menschen begegnen wirst, den du fragen kannst, wo es lang geht und wie der Weg zu finden ist.

Ich habe gehört... es geschah in einem Dschungel.
Ein Mann, ein Entdecker war seit drei Tage verirrt und irrte hungrig, und nahe dran verrückt zu werden, umher und kam nirgends an. Am vierten Tag sah er früh am Morgen einen anderen Mann unter einem Baum sitzen. Er war überglücklich, er vergaß die drei Tage voller Leiden, vergaß, daß er in der Nacht wegen der wilden Tiere nicht schlafen konnte und wie er tagsüber suchte und suchte, und wie es ganz unmöglich war, einen Weg aus diesem Dschungel zu finden. Es war ihm endlos vorgekommen.
Natürlich wärst auch du, wenn du dieser Entdecker gewesen wärst, überglücklich gewesen, du wärst voll Freude gewesen, einen anderen Menschen zu sehen. Jetzt...
Er lief zu ihm hin, umarmte den Mann und sagte: „Ich bin so glücklich!"
Und der Mann unter dem Baum fragte ihn: „Warum?"
Und der Entdecker sagte: „Einfach weil ich dich sehe, denn seit drei Tagen irre ich umher."
Und der Mann erwiderte: „Was soll's? Ich irre schon seit sieben Tagen umher!"

Sogar wenn du einen Menschen findest, der selber auch herumirrt – was für einen Sinn hat es, ihn zu finden? Jetzt werdet ihr beide zusammen in die Irre gehen, das ist alles. Vielleicht sogar noch mehr in die Irre, denn jetzt sind da zwei Personen, die sich ununterbrochen widersprechen. Bisher warst du allein, wenigstens frei, dich nach eigenem Gutdünken zu bewegen. Jetzt hast du einen Ehepartner, jetzt wird es größere Probleme geben, denn er will nach Norden und du nach Süden. Und beide werdet ihr Angst im anderen erzeugen. „Vielleicht hat der andere recht und ich gehe in die Irre?" Und beide können Schuld im anderen erzeugen.
Es ist die natürliche Angst vor dem Unbekannten, die Nicht-

Trauen hervorruft; es ist nicht Mißtrauen. Mißtrauen bedeutet, daß du vertraut hast und du wurdest betrogen; du hast vertraut und aufgrund deines Vertrauens wurdest du getäuscht. Dann kommt Mißtrauen.

Aber Vertrauen hat noch nie jemanden betrogen, das kann es nicht. Und ich sage nicht, daß die Menschen dich nicht betrügen können, wenn du vertraust. Merke dir, ich sage, Vertrauen betrügt niemals. Es ist schon vorgekommen, daß ein Jünger erleuchtet wurde, weil er dem Meister vertraute, und der Meister selbst war gar nicht erleuchtet. Diese seltsame Sache ist durch die Jahrhunderte hindurch viele Male geschehen.

Es geschah im Leben eines tibetischen Mystikers. Er ging zu einem Meister, und der Meister war ein Schwindler.
In der Welt der Spiritualität gibt es mehr Schwindler als sonst irgendwo, denn hier ist es sehr einfach zu betrügen, da ja mit unsichtbaren Dingen gehandelt wird. Du kannst sie nicht sehen. Sie sagen: „Hier ist Gott. Schau in meine Hand." Und wenn du nichts siehst, sagen sie, daß du nicht vertraust. Wenn du etwas siehst, dann sagen sie: „Vollkommen in Ordnung... du kannst es also sehen?" und du sagst: „Ja Herr", und in Wirklichkeit siehst du gar nichts. Wenn du mit unsichtbarer Ware handelst, ist es sehr einfach zu betrügen. Auch auf dem Markt gibt es Schwindler, aber nicht so viele. Dort kann es nicht so viele geben, denn sie handeln mit sichtbarer Ware. Es gibt Wege, Kriterien, um zu beurteilen, ob etwas richtig oder falsch ist. Aber in der Welt der Religion gibt es keine Möglichkeit es zu beurteilen. Also sind dort neunundneunzig Prozent Schwindler. Das ist die einfachste Art, Menschen zu betrügen, nichts ist einfacher.
Dieser Mystiker ging zu einem Meister, und der Meister war ein Betrüger. Aber der junge Mann vertraute, er vertraute vollkommen.

ICH ABER SAGE EUCH

Er glaubte, sein Meister sei erleuchtet und was auch immer der Meister sagte, dem folgte er zu hundert Prozent. Das Gerücht ging um, daß dieser Meister ein so großer Mann wäre, daß du, einfach nur seinen Namen nennend, auf dem Wasser wandeln könntest. Niemand hatte es je versucht; und selbst wenn jemand es versucht hätte, wäre er sicherlich untergegangen. Dann gibt es immer noch die Rationalisierung, daß dein Vertrauen eben nicht vollständig war. Auf diese Weise kann der Meister nicht gefaßt werden. „Dein Vertrauen ist nicht vollständig, deshalb bist Du untergegangen."
Dieser junge Mann ging auf dem Wasser – und wirklich, es trug ihn. Und er machte es sich zur Gewohnheit. Wenn Du auf dem Wasser gehen kann, was kümmert dich dann noch eine Brücke oder ähnliches? Die Leute kamen herbei, um ihn zu sehen, und die anderen Jünger – besonders die älteren – waren dadurch sehr beunruhigt. Sie versuchten es heimlich auch, aber alle gingen unter. Selbst der Meister stand vor einem Rätsel.
Eines Tages versuchte auch er es heimlich und dachte: „Wenn schon meine Jünger auf dem Wasser gehen können, nur indem sie mir vertrauen, was kann dann erst ich? Ich kann alles! Ich bin der größte Meister der Welt, meine Jünger wandeln auf dem Wasser. Jesus pflegte auf dem Wasser zu wandeln und meine Jünger wandeln auf dem Wasser, also muß ich größer sein als Jesus."
Also ging er, heimlich versteht sich, denn er hatte Angst. Er hatte es noch nie versucht – „Wer weiß?" Und er wußte ganz genau, daß er ein Schwindler war. Der Jünger hatte tiefes Vertrauen in ihn, aber er selbst hatte kein Vertrauen in sich. Wie hätte er auch Vertrauen in sich haben sollen? Er wußte ganz genau, daß er die Menschen betrog. Er ging und versank.
Dann rief er nach dem jungen Mann und fragte ihn: „Wie machst du es?" Er sagte: „Ich sage einfach deinen Namen – Meister, ich will auf die andere Seite gehen, und du trägst mich. Und kürzlich habe

ich begonnen von dem Gipfel eines Berges zu einem anderen zu fliegen, denn ich sagte mir: „Wenn es auf dem Wasser möglich ist, warum nicht auch in der Luft?" Also versuchte ich es eines Tages und sagte: „Meister, trage mich von diesem Gipfel auf den anderen", und du hast mich getragen. Jetzt kann ich alles tun. „Einfach dein Name..."
Der Meister fiel ihm zu Füßen und sagte: „Weihe mich ein, du kennst das Geheimnis. Ich bin ein gewöhnlicher Mensch; gestern Abend habe ich versucht auf dem Wasser zu gehen und ich bin untergegangen."

Es ist viele Male geschehen, denn es ist nicht wirklich die Frage, ob der Mann, dem du vertraust, dich betrügt oder nicht; worum es geht, ist, daß Vertrauen niemals betrügt. Du kannst nicht betrogen werden, weil du vertraust. Wenn dein Vertrauen unendlich ist, dann ist es unmöglich, dich zu betrügen. Niemand kann dich betrügen. Dein Vertrauen schützt dich. Dein Vertrauen wird deine eigentliche Erfahrung sein. Dein Vertrauen ist dein Boot. Dein Vertrauen bringt dich an das andere Ufer.
Aber erinnere dich, was du hast, ist nicht Mißtrauen. Du kannst kein Mißtrauen haben; du hast nie vertraut. Mißtrauen kommt durch die Erfahrung, daß Vertrauen versagte. Aber Vertrauen versagt niemals, also ist Mißtrauen nur ein Wort. Nicht-Trauen ist es in Wirklichkeit.
Du hast es nie versucht, nur ein klein wenig Mut ist nötig, um es zu versuchen. Versuche es. Sei ein wenig mutig. Geh langsam über die Grenzen hinaus, die du um dich herum geschaffen hast – langsam Schritt für Schritt. Und je mehr du die Schranken überwindest, mit denen du dich umgeben hast, desto größer wirst du, desto mehr Weite gewinnt dein Bewußtsein. Dann wirst du sehen, daß du gehen kannst, so weit du willst, denn jeder Schritt über deine

Grenzen hinaus bringt mehr Freude, mehr Freiheit, mehr Sein.

Mein Mißtrauen ist greifbar. Es ist nicht Mißtrauen; es ist nur die Angst, die greifbar ist.

Es fühlt sich schmerzhaft an, aber ich kann es nicht loslassen.
Es besteht keine Notwendigkeit, es loszulassen. Meditiere darüber. Schau dir genau an, was es ist. Wir geben fortwährend Dingen, die wir nicht einmal richtig beobachtet haben, irgendwelche Namen. Und wenn du es einmal falsch benannt hast, sitzt du in der Falle. Die falsche Bezeichnung wird dir nicht erlauben, die Sache so zu sehen, wie sie ist. Sei nicht in Eile, ein Ding zu benennen, es zu kategorisieren und einzuordnen. Es besteht keine Notwendigkeit. Beobachte nur, was es ist. Wenn du es beobachtest, wirst du feststellen, daß es Nicht-Trauen ist, nicht Mißtrauen. Wenn du es beobachtest, dann wirst du feststellen, daß es nur ein Mangel an Mut ist, Angst und nicht Mißtrauen, und „greifbar"?, nein.

Dann werden sich die Dinge ändern. Wenn du weißt, daß es Angst ist, wenn die Krankheit richtig erkannt ist, dann ist die richtige Medizin möglich. Wenn du deine Tuberkulose immerfort „Krebs" nennst, dann behandelst du Krebs und deine Tuberkulose bleibt unbehandelt. Die Diagnose ist bei weitem wichtiger als die Behandlung. Und genau das ist das Problem: die Menschen kümmern sich nicht um die Diagnose, und gleichzeitig sind sie bereit, sich auf jede Medizin zu stürzen. Sie sind bereit, jede Medizin zu nehmen, ohne sich überhaupt darum zu kümmern, welche Krankheit sie genau haben. Und das ist neunzig Prozent des Problems; die Medizin ist nur zehn Prozent. Diagnose ist nötig, und deshalb ist ein Meister hilfreich – er diagnostiziert die Dinge.

Ich möchte dich daran erinnern, daß es Nicht-Trauen ist und nicht Mißtrauen, daß es Angst ist und – auf eine Art – natürlich. Sie existiert in jedem. Also fang nicht an, dich wie ein Feigling zu fühlen; es ist natürlich. Die Angst vor dem Unbekannten existiert in jedem. Und man muß langsam gehen, langsam über das Bekannte hinaus – nur ein paar Schritte, so daß du zurückkommen kannst, wenn es zuviel wird. Aber wenn du einmal begonnen hast zu gehen...

Es ist die gleiche Angst wie die eines jungen Vogels, der groß genug ist, in die Lüfte zu fliegen und der Angst hat: so sitzt er am Rand des Nestes. Die Flügel sind da, er kann fliegen, aber niemals zuvor ist er geflogen. Also das Nicht-Trauen – nicht Mißtrauen, Nicht-Trauen. „Vielleicht schaffe ich es nicht? Vielleicht werde ich abstürzen? Kann ich wirklich in diesen herrlichen Himmel fliegen?" Er flattert mit den Flügeln, versucht Mut zu fassen und immer noch bleibt er, hängt er fest. Und die Mutter drängt ihn. Die Mutter fliegt um das Nest herum, um ihm zu zeigen: „Schau her, ich kann fliegen, warum nicht auch du? Du stammst von mir ab, du bist genau wie ich. Schau meine Flügel an – du hast viel schönere Flügel. Meine Flügel sind alt und doch kann ich fliegen. Deine Flügel sind jung. Du kannst ganz weit fliegen, weiter als ich. Schau nur!" Und die Mutter fliegt weiter, kommt zurück zum Nest, schaut ihrem Kind in die Augen, stößt es, drängt es.

Das ist es, was ich tue – drängen.

Und manchmal, wenn es wirklich nötig ist, stößt sie ihn richtig, physisch, wirft ihn aus dem Nest hinaus. Und er beginnt – auf zufällige, ziellose Art freilich, denn er hat es nie zuvor getan – nicht sehr gewandt, nicht sehr ästhetisch; das ist nur natürlich. Nur ein paar Augenblicke flattert er herum, und schon kommt er zurück zum Nest. Er hat immer noch Angst, aber Vertrauen beginnt in ihm zu wachsen. Jetzt weiß er, daß er noch nicht sehr geschickt ist, aber er hat Flügel; die Geschicklichkeit kann gelernt werden. Jetzt wird er beim nächsten Mal nicht mehr den Anstoß der Mutter brauchen. Beim nächsten Mal wird er der Mutter sagen: „Bleibe du hier sitzen und schau mir zu, ich werde einen Ausflug unternehmen." Und dann hebt er ab – zuerst fliegt er um das Nest, dann um den Baum, und dann wird er beginnen, zu anderen Bäumen zu fliegen und dann, eines Tages, ist er weg.

Auf die gleiche Art bewegt sich auch ein Schüler fort. Es ist Angst und es ist natürlich. Ich verstehe es. Laß es dich nicht bekümmern, aber benenne es nicht falsch, sonst wird die Sache schwierig. Du wirst weiterhin gegen dein Mißtrauen ankämpfen, aber das Problem ist Angst, nicht Mißtrauen. Und du wirst weiterhin mit dem Ego kämpfen, und das Problem ist Unintelligenz, nicht Ego.

Zu Beginn dieses Jahres fühlte ich für kurze Zeit viel Energie, und ich war offen, liebevoll und voller Vertrauen. Aber jetzt ist diese Energie vorbei und damit auch die Offenheit.

Nun verstehe etwas. Es ist dir passiert, daß du das Nest verlassen hast; du warst auf einem kleinen Ausflug. Vielleicht war er sogar sehr klein, aber du bist auf den Geschmack gekommen. Nun beobachte, wie es zu jenem Zeitpunkt geschehen ist und warum es jetzt nicht geschieht. Es gibt da ein paar Dinge zu verstehen.

Zum einen, als es zum ersten Mal geschah, da kam es unerwartet; Du hast nicht darauf gewartet und es ist passiert. Weil es einmal geschehen ist, wartest du jetzt und begehrst. Dieses Begehren mag eines der Hindernisse sein. Diese Dinge kommen von selbst, sie geschehen einfach.

Glück ist ein Geschehnis. Du kannst es nicht erzwingen, heftig und gewaltsam; du kannst diese Dinge nicht in dein Leben bringen. Sie kommen von selbst. Du mußt lediglich offen sein dafür, daß sie kommen. Deine Tür sollte offen bleiben; wenn die Brise kommt, genieße es. Aber du kannst nicht hinausgehen und die Brise zwingen, hereinzukommen. Das erste Mal, da geschah es... Beim ersten Mal ist es immer einfach, und beim zweiten Mal ist es schwierig. Das ist nicht nur für dich so, so ist es für jeden. Wenn Menschen zum ersten Mal hierherkommen, erwarten sie nichts. Sie wissen nicht, was geschehen wird, sie sind einfach offen. Sie wissen nur, daß etwas geschehen kann, also halten sie die Türen offen.

Wenn sie zum ersten Mal kommen und sich in mich verlieben, gibt es eine Art Flitterwochen. Sie sind auf mich sehr genau eingestimmt, in eine neue Art von Bewußtheit, erschüttert, mit dem Gefühl einer neuen Hoffnung; sie spüren wieder Lebendigkeit, die Trägheit ist verschwunden, eine Tür öffnet sich wieder. Davor dachten sie, daß es nichts gibt im Leben, keinen Sinn. Die Poesie war seit langem verloren. Sie beginnt wieder zu pulsieren, zu hoffen, sie können wieder fühlen, daß es noch Möglichkeiten gibt. Sie werden erwartungsvoll.

Ohne jede Erwartung, einfach nur erwartungsvoll, etwas ist möglich. Was, das wissen sie nicht. Und dem ersten Aufprall ist der Verstand nicht gewachsen, also setzt der Verstand aus, wird still. Die Sache ist so neu, daß sie nicht kontrollieren können: Meditationen, mir zuhören und inmitten der orangenen Familie hier... die ganze Ausstrahlung törnt sie an. Und die Dinge beginnen zu geschehen. In dem Moment, wenn die Dinge zu geschehen beginnen, entsteht auch das Problem. Dann wollen sie mehr; und in dem Augenblick, in dem du mehr willst, begehrst, hören die Dinge auf. Wenn das „Mehr" kommt, setzt der Verstand wieder ein, ist die Begierde wieder da. Du bist nicht mehr in der Gegenwart, du bist schon in der Zukunft. Und wenn du forderst, daß dasselbe wieder und wieder geschehen soll, dann hängst du in der Vergangenheit. Jetzt bist du nicht mehr hier.

Wenn sie mir zuhören, wird ihr Verstand allmählich immer kenntnisreicher, sie werden große Gelehrte. Auch das wird zum Hindernis. Wenn du mir zuhörst, dann werde immer unwissender. Das ist es, worum es hier geht. Ich möchte euch all eure Gelehrtheit wegnehmen, ich möchte sie zerstören. Ich möchte, daß ihr ungebildet seid, unschuldig, denn in Unschuld ist alles möglich.

Mit Gelehrtheit ist nichts möglich. Aber wenn du mir wieder und immer wieder zuhörst, wirst du Wissen ansammeln – sogar darüber, daß man unwissend sein muß. Es wird zu einem Teil deiner Bildung. Du wirst nicht etwa unwissend, du beginnst auch noch andere zu belehren, daß sie unwissend werden sollen. „Man muß unschuldig sein", das wird dein Wissen. Du wirst nicht unschuldig, du wirst gebildet in Sachen Unschuld. Du fängst an, über Unschuld zu sprechen, was Unschuld ist und wie man sie zustande bringen kann. Du wirst zum Fachmann, aber du gehst am Eigentlichen vorbei. Und dann verschließen sich die Dinge. Die Flitterwochen sind vorbei, und die dunkle Nacht der Seele beginnt.

Bodhiprem ist in der dunklen Nacht der Seele.

Aber versuche, es zu verstehen, und genau in diesem Verstehen fängt es an zu verschwinden. Und der Morgen ist nicht weit.

Wenn es das nächste Mal geschieht, Bodhiprem... und es wird geschehen. Es wird erst dann geschehen, wenn du dein Wollen und Begehren satt hast und es vergißt. Es wird erst dann geschehen, wenn die Vergangenheit so fern und weit weg ist, daß du zu denken beginnst: „Vielleicht ist es überhaupt nie geschehen? Vielleicht habe ich geträumt? Ich war in einer Art Halluzination, oder ich habe es in einem Buch gelesen, oder vielleicht hat Osho mich getäuscht oder sonst was. Ich war hypnotisiert!" Wenn es so fern ist, daß du gar nicht wirklich glauben kannst, daß es dir geschehen ist, dann wirst du deinen Griff um die Vergangenheit lockern.

Und wenn es gar nicht geschehen ist, warum solltest du dann mehr davon begehren? Wie kannst du mehr von etwas begehren, das dir gar nicht geschehen ist?

Dann verschwindet die Zukunft. Die dunkle Nacht der Seele wird dunkler, dunkler, dunkler... und dann kommt ein Moment, in dem alle Hoffnung schwindet. Mit dem Verschwinden der Hoffnung und der Vergangenheit und des Wünschens für die Zukunft verliert alles, was du hier angesammelt hast – das ganze Bescheidwissen – seine Bedeutung. Du denkst: „So geht das nicht. Es ist sinnlos." Du wirst anfangen, auch dieses Bescheidwissen loszulassen.

Und dann der Morgen! Eines Tages siehst du plötzlich, es ist wieder da. Die Sonne ist aufgegangen, und ein Duft steigt auf von vielen, vielen unbekannten Blumen. Du bist wieder voll davon. Und beim zweiten Mal geht es tiefer als beim ersten Mal.

Nun möchte ich dich daran erinnern, wenn es zum zweiten Mal geschieht, dann mach nicht den gleichen Fehler, den du beim ersten Mal machtest. Wenn es das nächste Mal kommt, genieß es, sei dankbar, und wenn es geht, sage „Adieu" und kümmere dich nicht länger darum. Es wird viele Male kommen und gehen, bevor es sich für immer niederläßt. Viele Male wird es kommen und gehen. Es wird nicht mit zwei, drei Malen gelöst sein, es wird viele Male kommen. Und wenn du immer und immer wieder den gleichen Fehler machst, dann mag es während vieler Leben kommen und gehen. Sei beim nächsten Mal ein bißchen wacher – begehre nicht, erwarte nicht. Wenn es kommt, sei dankbar, denn du hast es nicht verdient; es ist ein Geschenk.

Ein Geschenk kann nicht begehrt werden, ein Geschenk kann nicht verdient werden. Es kommt als Gabe zu dir. Aber es geschieht sogar mit Geschenken. Wenn dir jemand zu jedem Geburtstag ein Geschenk macht und bald hast du wieder Geburtstag, dann denkst du: „Nun, was wird er mir diesmal schenken?" Und natürlich begehrst du mehr als beim letzten Mal. Letztes Mal hat er dir ein Fahrrad geschenkt, jetzt willst du ein Auto. Und wenn du das Auto nicht bekommst, wirst du sehr ärgerlich. Tatsächlich wirst du sogar sehr ärgerlich, wenn du wieder ein Fahrrad bekommst. „Was soll ich mit dem Fahrrad anfangen? Eines genügt, schon wieder ein Fahrrad!" Und wenn du nicht einmal ein Fahrrad bekommst, dann wirst du richtig wütend. Und du verstehst das Wesentliche nicht, daß es ein Geschenk war. Du kannst es nicht erwarten – es war ein Geschenk. Wenn du es bekommst, sei dankbar, wenn du es nicht bekommst, kannst du es nicht fordern. Geschenke kann man nicht fordern.

Und Gott kommt als Geschenk. Licht kommt als Geschenk. Liebe kommt als Geschenk. Das Leben selbst ist ein Geschenk. Du kannst es nicht fordern.

Das ist es, was du getan hast, Bodhiprem. Tief in deinem Innern hast du angefangen, es zu fordern und damit hast du es dir verpatzt. Wenn es das nächste Mal kommt... Diese dunkle Nacht der Seele wird nicht für immer währen, der Morgen kommt näher. Aber wenn der Morgen näher kommt, wird die Nacht noch dunkler. Und man muß da hindurchgehen.

Wenn es das nächste Mal kommt, genieße es einfach. Und wenn du es einfach genießt, dann wird es lange bleiben; vielleicht wird es nie mehr weggehen. Wenn du das Geheimnis gelernt hast, ein Geschenk zu genießen, dann wird es vielleicht nie mehr weggehen. Ich sage nicht, daß es nie mehr weggehen wird. Ich sage nur, wenn du diese Kunst gelernt hast, nicht zu begehren, nicht festzuhalten, nicht zu fordern, geht es vielleicht nie mehr weg. Aber wenn es geht, dann fordere nicht, dann nimm es an. Dann entspanne dich wieder in die dunkle Nacht der Seele.

Es geschieht oft, denn der Mensch macht immer wieder die gleichen Fehler. Aber ganz langsam dämmert das Verstehen und eines Tages erkennt man: Gott ist nur zu haben, wenn du nicht begehrst. Gott ist zu haben in Begierdelosigkeit.

Wenn du begehrst, verlierst du.

Warum gibt es so viele Religionen?

Weil es so viele Menschen gibt, weil sie so verschieden sind, weil es so viele Sprachen gibt und weil es so viele Wege gibt, sich Gott anzunähern. Und wir leben in einer reichen Welt. Es wäre eine sehr arme Welt, wenn es nur eine Religion gäbe. Stell dir einmal eine Welt vor, in der es nur die Bibel gibt, keine Veden, keine Bhagavadgita und keinen Koran. Stell die eine Welt vor, in der es nur den Koran gibt.

Ein Freund fragt jeden Tag, warum ich nicht über den Koran spreche. Aus einem ganz bestimmten Grund spreche ich nicht darüber: der Koran ist ein schöner Gesang, seine Musik zählt zum Höchsten, aber zu diskutieren gibt es nichts; in dieser Hinsicht ist er arm.

Buddhas Botschaft kann man nicht singen, aber man kann sie diskutieren. In dieser Hinsicht ist sie reich. Buddhas Botschaft kann diskutiert werden. Sie ist unerschöpflich, Schicht für Schicht, tiefer und tiefer und tiefer, und es gibt kein Ende. Aber du kannst sie nicht singen. In dieser Hinsicht ist sie trocken. Du kannst sie nicht in Musik umsetzen, du kannst ihr keine Melodie geben, aber sie hat große philosophische Einsicht.

Der Koran ist wunderschön als Gesang. Er muß gesungen werden, um erfahren zu werden. Aber was Einsichten betrifft, ist er arm. Er vermittelt keine Einsichten. Deshalb diskutiere ich ihn nicht, weil er nichts zum diskutieren enthält. Und wenn ich ihn besprechen müßte, dann müßte ich viele Dinge gegen ihn sagen müssen, denn der Koran ist kein rein religiöses Buch. Es beinhaltet Politik, er beinhaltet Soziologie, Gesellschaftslehre, Gesetz, Ehe. Es ist ein vollständiges Gesetzbuch. Nur fünf Prozent davon sind religiös. Fünfundneunzig Prozent betreffen andere Dinge, denn es ist das einzige Buch des Arabischen Volkes. Es ist wie mit den Veden. Nur einige Sätze hier und dort erreichen Gipfel, andere Sätze sind gewöhnlich, denn es war das einzige Buch der Arier, es war ihr Alles. Ihre Wissenschaft war darin, was es zu jener Zeit an Wissenschaft gab – ihre Philosophie war darin, ihre Dichtung, ihre Geschäfte, Ökonomie, ihre Landwirtschaft. Alles war beinhaltet, die Veden waren ihre „Enzyklopädia Britannica".

Und genauso ist es mit dem Koran. Er ist das einzige Buch. Das arabische Volk hatte kein anderes Buch, also war der Koran ihr Alles. Er spricht über die Ehe, wieviele Frauen ein Mann haben sollte; er spricht über Nahrung, was man essen und was man nicht essen darf; er spricht über Gebet, die Rituale, darüber, wie sie verrichtet werden sollen.

Solche Dinge lassen sich in Buddhas Sutren nicht finden. Es wäre absurd, wenn Buddha darüber sprechen würde, wieviele Frauen du haben sollst... Was hat Buddha damit zu tun? Du kannst so viele Frauen haben, wie du willst, und eine Frau kann so viele Männer haben, wie sie will. Warum darüber sprechen? Buddha gibt keinen Sozialkodex; er gibt die Wissenschaft der spirituellen Evolution. Wenn man über Buddha spricht, gibt es so viel zu sagen und so vieles, in das man hineingehen könnte. Jedes Wort kann ein tiefer Brunnen werden, und du kannst unendlich Wasser daraus schöpfen.

Aber der Koran ist reich in einem anderen Sinn. Er ist das Buch des armen Mannes, für ungebildete Menschen – nicht philosophisch, nicht theologisch – vielmehr für Menschen, die das Leben lieben, die die kleinen Dinge des Lebens lieben. Er hat großen Gesang in sich.

Wenn ich mich eines Tages entschließen sollte, den Koran mit euch zu teilen, dann ist die einzige Möglichkeit, daß jemand den Koran singt und ihr hört zu und auch ich höre zu, denn es gibt nichts darüber zu sagen. Wenn man über etwas sprechen will, dann gibt es bei weitem Schöneres. Man sollte den Koran singen und man sollte ihm zuhören. Er ist Musik, er ist reine Musik. Er sollte nicht logisch diskutiert werden, sollte nicht logisch analysiert werden; dann würde er nämlich sehr arm aussehen. Musik analysierst du nicht, und wenn du Musik analysierst, verliert sie ihre Schönheit. Poesie analysierst du nicht und wenn du Poesie analysierst, wird sie zu Prosa; etwas ist daraus verschwunden, dann sind es nur noch gewöhnliche Worte.

Du kannst alle Worte, die Shakespeare benutzt hat in einer Schachtel sammeln, aber wenn sie nicht in derselben Ordnung sind wie bei Shakespeare, hast du keine Poesie.

Die ganze Kunst der Poesie besteht darin, diese Worte in eine bestimmte Anordnung zu setzen, und durch diese Anordnung bekommen sie etwas Transzendentales. Diese Worte schaffen einfach ein Netz, in dem das Transzendentale eingefangen wird. Das Netz brauchst du gar nicht anzuschauen. Und wenn du beginnst, das Netz zu analysieren, wenn du das Netz sezierst um zu erforschen, woraus es gemacht ist, dann wirst du das Transzendentale darin nicht zu fassen bekommen, dann wird der Fisch des Transzendentalen entkommen. Du brauchst das Netz nicht zu zerschneiden und zu sezieren; das Netz muß benutzt werden.

Genauso ist es mit dem Koran: er ist Musik, er ist Poesie. Und es ist gut – sage ich –, daß es Buddha gibt, das ist ein Aspekt. Es ist gut, daß es Poesie und den Koran gibt, das ist ein anderer Aspekt. Und da sind noch Moses und Zarathustra und Jesus – verschiedene Menschen sehen die Welt von verschiedenen Standpunkten, öffnen verschiedene Fenster zu Gott.

Es ist perfekt und gut, daß es so viele Religionen gibt; nichts ist falsch daran. Wenn etwas falsch ist, dann kommt das von Arroganz, nicht von so vielen Religionen. Dann erwächst es aus der Arroganz eines Hindu, wenn er sagt: „Nur meine Religion ist richtig", oder wenn ein Jude sagt: „Nur meine Religion ist richtig", oder wenn ein Christ sagt: „Nur diejenigen, die mit Jesus gehen, werden ankommen, niemand sonst." Das ist Arroganz, das ist Dummheit; damit sollte man aufhören. Und es gibt viele Sprachen und viele verschiedene Arten, die Dinge auszudrücken.

Zwei Patienten einer Irrenanstalt gingen früh am Morgen am Schwimmbad vorbei. Eine Krankenschwester, die sich zu so früher Stunde unbeobachtet glaubte, schwamm nackt. Als sie aus dem Wasser stieg, sagte der eine Irre zum anderen: „Junge, was sähe die gut aus in einem Badeanzug."

Es gibt verschiedene Standpunkte.

„Hey man", sagte der eine Hippie zum anderen, „mach das Radio an." „Okay", antwortete der zweite Hippie; er schmiegte sich zärtlich an das Radio und flüsterte: „Ich liebe dich."

Nun, so macht ein Hippie Dinge an. Paß auf, sag es nicht zu Pankaja. Wenn du das zu ihr sagst, in ihr Ohr flüsterst: „Ich liebe dich", dann wird sie zumachen, es wird sie nicht anmachen. Sie hat große Angst, daß jemand zu ihr sagt: „Ich liebe dich." Sie hat Angst vor der Liebe. Sie hat Angst, angemacht zu werden: die Angst, daß sie nicht weiß, wohin es führt und was geschehen wird, wenn sie einmal angemacht ist.

Vor ein paar Tagen kam sie zu mir und erzählte mir von ihrer Angst. Und ich sagte zu ihr und den Freunden, die an diesem Abend zum Darshan gekommen waren, sie sollten im Ashram das Gerücht verbreiten, daß jeder der mit Pankaja zu tun hat, nahe an sie herangehen und ihr ins Ohr flüstern soll: „Ich liebe dich." Sie reagiert mit Schock, wenn man zu ihr sagt: „Ich liebe dich." Sogar als ich zu ihr sagte: „Ich liebe dich", war sie erschüttert. Einfach die Vorstellung von Liebe, nur das Wort... wie mag erst die Erfahrung sein? Schon das Wort sticht ihr ins Herz. Nun es gibt Menschen, die nur darauf warten, daß jemand kommt und sagt: „Ich liebe dich", und es gibt Menschen, die Angst davor haben. Verschiedene Menschen, verschiedene Standpunkte, und jeder hat seine eigene Gültigkeit.

Der Pfad des Gebets ist nichts für Pankaja , denn dort kommt Gott und flüstert ihr ins Ohr: „Ich liebe dich." Das ist nichts für sie. Sie muß den Pfad der Meditation gehen. Buddha wird ihr Weg sein, nicht Christus, denn Christus sagt: „Liebe ist Gott." Das ist schwierig für sie.

Das ist nur ein Beispiel dafür, worüber ich gerade spreche. Jeder hat eine andere Sichtweise, andere Träume, eine andere Vergangenheit, andere Erfahrungen. Gott kann nicht auf gleiche Weise zu jedem kommen, und es ist sehr gut, daß es so viele Religionen gibt. Das bedeutet, daß jeder seinen eigenen Weg gehen kann, jeder kann wählen. Es ist eine reiche Welt, sie ist nicht monoton.

Das Problem ist nicht, daß es viele Religionen gibt, das Problem ist, daß die Menschen arrogant und dumm sind. Ein wahrhaft religiöser Mensch ist einer, der seinen Weg zu Gott liebt und der auch deinen Weg zu Gott liebt, selbst wenn er völlig entgegengesetzt zu seinem ist. Und merke dir, ich sage nicht, daß er deinen Weg toleriert. „Toleranz" ist ein sehr intolerantes Wort! Wenn du sagst: „Ich toleriere Mohammedaner" – Toleranz? Mahatma Gandhi hat Toleranz in Indien gelehrt. Toleranz ist sehr intolerant. Es gibt dir ein Gefühl der Überlegenheit, daß du ein Mensch mit Toleranz bist, als ob der andere nichts wert wäre, aber dennoch, du tolerierst ihn; als ob der andere sehr niedrig wäre, aber dennoch, du tolerierst ihn, denn du bist ja so ein liberaler Mensch. Soviel Mitgefühl ist in deinem Herzen, du tolerierst...

Freilich weißt du, daß der andere nicht so recht hat wie du, aber dennoch, du tolerierst ihn, denn du glaubst an Demokratie. Du glaubst, daß man jemand die Freiheit geben soll, in die falsche Richtung zu gehen: „Okay, geh."

Toleranz ist kein gutes Wort, und ich will nicht, daß ihr tolerant werdet. Ich möchte, daß ihr Liebende werdet. Du liebst deinen Weg, du gehst deinem Weg; und liebe auch diejenigen, die ihren Weg gehen Weg, denn alle Wege führen zu Gott.

Toleranz ist nicht richtig. Liebe! Gib dich nicht der Vorstellung hin, daß du höher bist als andere, daß du anderen überlegen bist. Das ist es, was in der Welt geschieht.

Es gibt Menschen, die können die Gegenwart von jemandem, der anders ist nicht ertragen – Christen, die die Gegenwart von Juden nicht ertragen können, Juden, die die Gegenwart von Christen nicht ertragen können. Diese Menschen gelten als sehr orthodox, konventionell, altmodisch. Der moderne Verstand sagt: „Das ist nicht richtig." Der moderne Verstand sagt: „Wir tolerieren." Die Christen sagen: „Ja, die Hindus haben auch recht – nicht so recht wie wir freilich, – aber immerhin noch recht. Besser als nichts, besser als nicht religiös zu sein."

Mahatma Gandhi pflegte Bücher zu schreiben, Artikel, die beweisen sollten, daß der Koran auch recht hat, daß die Bibel auch recht hat. Aber wie er das beweist ist ganz raffiniert. Sein Beweismittel ist die „richtige" Sache, das Kriterium ist die Bhagavadgita. Alles was im Koran mit der Gita übereinstimmt, ist auch richtig, was in der Bibel mit der Gita übereinstimmt, ist auch richtig. Und was ist mit den Dingen, die der Gita widersprechen? Darüber sagt er nichts. Aber dort entsteht das wirkliche Problem. Es gibt kein Problem, wenn die Gita etwas sagt und das gleiche im Koran wiederholt wird; dann ist es nur eine Frage der verschiedenen Sprachen. Du kannst ganz einfach sagen, daß der Koran auch recht hat, weil er das gleiche sagt wie die Gita. „Die Gita hat recht!", das steht fest. Nun ist alles richtig, was mit der Gita übereinstimmt. Das ist eine raffinierte Methode. Was geschieht mit den Dingen, in denen der Koran gegen die Gita ist? Ich sage, auch dann hat der Koran recht! Und was ist mit der Bibel in den Punkten, in denen sie gegen die Gita ist? Ich sage, auch dann hat die Bibel recht. Die Gita hat kein Monopol, die Gita ist ein Pfad. Und was auch immer die Gita sagt, ist richtig für diesen Pfad.

Es ist so, wie wenn du mit einem Ochsenkarren fährst. Jemand anderer fährt mit einem Auto. Was sagst du also über diese beiden Gefährte? Gewisse Dinge sind richtig für einen Ochsenkarren – die Räder des Ochsenkarrens sind richtig für einen Ochsenkarren. Ohne diese Räder wird er nicht fahren. Aber die gleichen Räder sind falsch für ein Auto. Wenn du diese Räder auf ein Auto montierst, wird es nicht fahren. Sie sind richtig für den Ochsenkarren, er hat seine eigene Beschaffenheit. Und der Mechanismus eines Autos ist richtig für das Auto, es hat seine eigene organische Beschaffenheit.

Jede Religion ist ein Organismus. Meine Hand ist richtig an meinem Körper, an deinem Körper mag sie falsch sein, vielleicht ist sie zu kurz oder zu lang.

Lenin hatte sehr kurze Beine. Es war für ihn schwierig auf einem Stuhl zu sitzen, denn er konnte mit seinen Beinen nicht den Boden erreichen; also mußten spezielle Stühle für ihn gemacht werden. Jemand fragte ihn: „Was denken Sie über Ihre Beine?" Er sagte: „Ich habe keinerlei Schwierigkeiten, sie passen genau zu mir. Ich kann mich bewegen, ich kann gehen. Sie sind vollkommen richtig für meinen Organismus, kurz oder lang, das ist nicht wichtig. Aber am Körper eines anderen mögen sie Schwierigkeiten bereiten."

Dein Kopf ist vollkommen richtig an dir; auf einen anderen Körper mag er nicht passen, vielleicht ist er häßlich, vielleicht passen sie nicht zusammen.

Jede Religion ist eine organische Einheit. Da gibt es nichts zu tolerieren. Lieben mußt du sie, jemand geht diesen Weg. Jemand fährt mit dem Ochsenkarren und du fährst mit dem Auto. Kannst du nicht sagen: „Hallo?" Mußt du den Ochsenkarren tolerieren? Kannst du nicht sagen: „Hallo, ich komme auch?" Und jemand genießt die Fahrt im Ochsenkarren und der Ochsenkarren birgt seine eigenen Freuden in sich, die kein Auto kennt. Der Ochsenkarren bewegt sich natürlicher, in Harmonie mit der Natur. Das Auto fährt so schnell, daß man die Natur gar nicht genießen kann. Das Flugzeug fliegt so schnell, daß es überhaupt keine Reise ist. Von einem Punkt zum anderen springt man so schnell, daß man die ganze Reise nicht mitkriegt. Und jemand anderes geht zu Fuß – er benutzt nicht einmal einen Ochsenkarren; er genießt es zu Fuß zu gehen. Auch das ist perfekt und gut.

Für mich sind alle Religionen perfekt und gut, denn jede Religion ist eine organische Einheit. Ihre Qualität liegt in ihr selbst; sie ist nicht vergleichbar mit irgendeiner anderen.

Kann ein religiöser Mensch ein Politiker sein?

Nie davon gehört. Es ist unmöglich, denn Religion ist Liebe, Intelligenz, Bewußtheit, Meditation, Begierdelosigkeit, Nicht-Ehrgeiz. Und Politik ist genau das Gegenteil: häßliche Ambitionen, Gewalt, Aggression.

Politik ist der Wunsch, über andere zu herrschen, und Religion ist der Wunsch, sich von anderen frei zu machen. Religion ist Freiheit, Politik ist eine Art Sklaverei. Wenn du Macht suchst, was suchst du wirklich? Du möchtest über andere herrschen, du möchtest sie zu Niemanden reduzieren. Du möchtest sie zu Sklaven

Vertrauen ist das Reich Gottes

machen, zu Dienern. Wenn du Religion suchst, was suchst du dann? Du suchst einfach einen Weg aus der Gefangenschaft in die Freiheit. Und wer die Freiheit liebt, der macht auch andere frei. Und wer die Sklaverei liebt und andere Menschen zu seinen Sklaven machen will, wird ein Sklave seiner eigenen Sklaven.

Politik ist Täuschung, Religion ist Unschuld. Das paßt nicht zusammen. Ja, Politiker geben vor religiös zu sein, denn das hilft ihnen, es ist Teil ihrer Strategie. Aber laß dich nicht davon täuschen.

Drei Politiker, ein Engländer, ein Deutscher und ein Inder, starben und kamen alle zur gleichen Zeit in den Himmel. Bei der Ankunft fragte der heilige Petrus den Engländer, wie oft er während seiner beruflichen Karriere gelogen hatte. Der Engländer gestand zwölf Lügen und mußte dafür zwölfmal um den Himmel laufen. Auf die gleiche Frage antwortete der deutsche Politiker, daß er sich an zwanzig Lügen erinnern könne; dafür mußte er zwanzigmal um den Himmel laufen.

Als der heilige Petrus sich dann dem Inder, einem Gandhianer, zuwenden wollte, war dieser verschwunden. „Wohin ist er?" fragte Petrus einen Engel, der in der Nähe stand.

„Oh, er wollte nur schnell sein Fahrrad holen."

Nun, die Gandhianer versuchen in der Politik religiös zu sein, und dabei haben sie bewiesen, daß sie die schädlichsten Leute der ganzen Weltgeschichte der Politik sind, die häßlichsten. Wegen ihrer religiösen Maske können sie alle Arten von Unsinn treiben und sich hinter dieser Maske verstecken.

Merke dir, der Wunsch nach Macht ist ein häßlicher Wunsch. Er macht dich häßlich. In einem religiösen Bewußtsein gibt es keinen Wunsch über jemand anders Macht zu haben.

Das bringt Schönheit, das bringt nicht nur dir Freiheit, sondern auch Freiheit für andere. Der Politiker ist an der gewöhnlichen Welt interessiert, der religiöse Mensch ist nicht an der gewöhnlichen Welt interessiert, sondern an der außergewöhnlichen, die sich in der gewöhnlichen verbirgt. Der religiöse Mensch sucht nach dem Unsichtbaren im Sichtbaren, nach der Seele im Körper, nach Gott in der Materie. Seine Suche ist verschieden, vollkommen verschieden.

Ein Poet kann religiös sein, ein religiöser Mensch kann ein Poet sein. Aber ein religiöser Mensch kann nicht politisch sein, und ein politischer Mensch kann nicht religiös sein – es schließt sich gegenseitig aus. Und wenn durch Zufall jemand, der wirklich religiös ist, in die Politik geht, wird er keinen Erfolg haben. Er wird ein Versager, ein völliger Versager; man wird nichts von ihm hören. Nur verschlagene Menschen haben Erfolg in der Politik. Menschen, die betrügen können, Menschen, die mit einem Lächeln im Gesicht betrügen können; Menschen, die töten können, Menschen, die andere zu deren eigenem Vorteil töten können, Menschen, die töten, die ausbeuten und dabei noch beweisen können, daß sie ihren Leuten dienen – die haben Erfolg.

Was ist Geistesgegenwart?

Diese Geschichte: Eine Frau fuhr mit ungefähr hundert Stundenkilometern durch die Stadt, als sie plötzlich im Rückspiegel einen Polizisten sah, der ihr auf einem Motorrad folgte. Statt langsamer zu werden, glaubte sie, ihn abschütteln zu können und erhöhte die Geschwindigkeit auf hundertzwanzig. Als sie wieder in den Rückspiegel blickte, sah sie, daß ihr jetzt zwei Polizisten folgten.

Sie erhöhte die Geschwindigkeit auf hundertvierzig und als sie wieder zurückblickte, waren drei Polizisten hinter ihr her. Plötzlich sah sie vor sich eine Tankstelle. Sie raste hinein, stieg aus und stürzte in die Damentoilette.

Zehn Minuten später wagte sie sich heraus, und da standen die drei Polizisten und warteten auf sie.

Ohne mit der Wimper zu zucken sagte sie scheu: „Ich wette Sie haben gedacht, ich würde es nicht mehr schaffen."

Genug für heute.

Über Osho

In der Regel leben wir alle in der Welt der Zeit – Vergangenes zurückrufend, Zukünftiges vorausnehmend; nur in seltenen Augenblicken rühren wir an die zeitlose Dimension der Gegenwart: in Momenten von großer Schönheit oder plötzlicher Gefahr, in Begegnungen mit geliebten Menschen oder, wenn das Unverhoffte an unsere Tür klopft.

Nur sehr wenige Menschen treten aus der Zeit und dem Reich unserer Vorstellungen heraus und beginnen ein Leben in der Welt des Zeitlosen. Und von diesen wenigen haben nur die wenigsten versucht, uns ihre Erfahrungen mitzuteilen: Menschen wie Laotse, Buddha, Bodhidharma – oder in unserem Jahrhundert Gurdjieff, Raman Maharshi und J. Krishnamurti. Regelmäßig werden sie von ihren Zeitgenossen für verrückt erklärt, als Ekzentriker oder arme Irre verschrieen. Nach ihrem Tode avancieren sie dann zu „Philosophen", werden zur Legende, blutlos abstrakten Wesen, allenfalls tauglich als Archetypen für unsere kollektive Sehnsucht, über all das Kleinlich-Platte und Sinnlose unseres Alltags hinauszuwachsen.

Osho ist einer, dem es gelungen ist, für sich die Tür zu einem Leben in der zeitlosen Dimension der Gegenwart zu öffnen. Er hat sich einmal einen „wahren Existentialisten" genannt, und er hat sein Leben der Aufgabe gewidmet, auch andere Menschen zu der Suche nach dieser Tür zu motivieren, damit auch sie aus der Welt von Vergangenheit und Zukunft heraustreten und die Welt der ewigen Gegenwart entdecken können.

Osho wurde am 11. Dezember 1931 im indischen Bundesstaat Madhya Pradesh geboren. Von frühester Kindheit an bewies er einen rebellischen, unabhängigen Geist und erforschte seine eigene

Wahrheit, statt sich von dem Wissen und Glauben anderer Leute beeinflussen zu lassen.

Nach seiner Erleuchtung, im Alter von einundzwanzig Jahren, schloß Osho sein Universitätsstudium ab und lehrte danach mehrere Jahre lang Philosophie an der Universität von Jabalpur. Zwischendurch bereiste er ganz Indien, sprach zu riesigen Menschenmengen, traf sich mit Vertretern der gebildeten Schichten und forderte das gesamte religiöse und politische Establishment seines Landes in öffentlichen Debatten heraus, wobei er mit brillanter Rhetorik die heiligsten Glaubenswerte der indischen Kultur angriff. Er las unersättlich alles, was ihm Aufschluß über Ursprung und Zusammenhänge der heute geltenden Glaubenssysteme und Ideologien gab, kurz, er studierte die kollektive Psychologie des modernen Menschen.

Ende der sechziger Jahre entwickelte Osho seine einzigartigen dynamischen Meditationstechniken. Der heutige Mensch, sagt er, ist so befrachtet mit längst überholten Weltbildern und Traditionen und so belastet durch die Ängste des modernen Lebens, daß er einen tiefen Reinigungsprozeß durchmachen muß, ehe er in den Zustand der völlig entspannten, von allen Gedanken befreiten Meditation gelangen kann.

In den frühen siebziger Jahren wurden erstmals westliche Therapeuten, Künstler und Intellektuelle auf Osho aufmerksam. Ab 1974 wuchs in Poona eine Kommune um ihn heran, und der Besucherstrom wurde zur Flut.

Osho sprach zweimal täglich, Tag für Tag. Mit den Jahren hat er praktisch jeden einzelnen Aspekt der Entwicklungsgeschichte des menschlichen Bewußtseins durchleuchtet. In einer brillanten, humorvollen, ebenso lockeren, wie universal informierten, modernen Sprache hat er speziell für uns Heutige herausgeschält, worauf es bei der spirituellen Suche ankommt – nicht aus der Warte des spekulierenden Intellektuellen, sondern aus ureigener Anschauung und Erfahrung. Er gehört keiner Tradition an.

„Ich bin der Anfang eines vollkommen neuen religiösen Bewußtseins", sagt er. „Bitte bringt mich nicht mit der Vergangenheit in Verbindung – sie ist es nicht einmal wert, erinnert zu werden."

Seine „Talks" zu Schülern und Suchern aus aller Welt füllen über sechshundert Bücher, in über dreißig Sprachen übersetzt. Er sagt über sein Gesamtwerk: „Meine Botschaft ist eine Wissenschaft der Transformation. Nur wer bereit ist, sich als das aufzulösen, was er ist, um in etwas Neues hineingeboren zu werden – so neu, daß es vorläufig nicht einmal vorstellbar ist... nur diese wenigen Mutigen werden bereit sein, mir zuzuhören; denn schon das Zuhören wird riskant sein. Indem ihr zuhört, habt ihr schon den ersten Schritt getan, um neugeboren zu werden. Es ist also keine Philosophie, aus der ihr euch einfach ein Mäntelchen machen könnt, mit dem ihr herumstolziert. Es ist keine Doktrin, in der ihr Trost für quälende Fragen finden könnt. Nein, meine Botschaft ist nicht irgendeine verbale Mitteilung. Sie ist weitaus riskanter. Sie ist nichts Geringeres als Tod und Wiedergeburt."

Osho verließ am 19. Januar 1990 seinen Körper, als Folge einer Vergiftung, die ihm durch US-Regierungsvertreter beigebracht wurde, nachdem man ihn 1985 unter dem Vorwand formaler Einwanderungsverstöße inhaftiert und mehrere Tage lang inkognito versteckt gehalten hatte.

Seine Kommune in Poona ist heute Treffpunkt und spirituelle Heimat von Hunderttausenden aus fast jedem Land der Erde. Inspiriert von der Vision Oshos, ist dieser Ort eine Art Labor oder Experimentierfeld, um den neuen Menschen entstehen zu lassen, einen Menschen, der mit sich und seiner Umgebung in Harmonie lebt, frei von all den Ideologien und Glaubenssystemen, die heute die Menschheit zerreißen.

Die Osho Commune International

Die Osho Commune International ist nach wie vor das größte spirituelle Wachstums-Zentrum der Welt. Internationale Besucher strömen zu Tausenden herbei, um sich hier inmitten von üppigem Grün und gepflegten Anlagen zu entspannen, an Meditationen, Therapien, körperlichen Regenerationsprozessen und kreativen Progammen teilzunehmen – oder einfach, den Geschmack eines „Buddhafeldes" kennenzulernen.

Die *Osho Multiversity* der Kommune bietet Hunderte von Workshops, Gruppen und Trainings an, geordnet nach neun verschiedenen Fakultäten: *Osho School for Centering; Osho School of Creative Arts; Osho International Academy of Healing Arts; Osho Meditation Academy; Osho School of Mysticism; Osho Institute of Tibetan Pulsing; Osho Center for Transformation; Osho School of Zen Martial Arts; Osho Academy of Zen Sports and Fitness.*

All diese so verschiedenartigen Programme sind dazu da, jedem auf seine Art die Chance zu bieten, das Aha-Erlebnis der Meditation zu erfahren – jenen Trick, einfach nur unbeteiligter Zeuge der eigenen Gedanken, Emotionen und Handlungen zu sein, ohne zu urteilen oder sich zu identifizieren.

Anders als in alten östlichen Traditionen, ist Meditation in Oshos Kommune keine isolierte Disziplin, sondern untrennbar mit dem Alltag verbunden – Teil der Arbeit, des Umgangs mit anderen, der Lebensprozesse schlechthin. Die Folge davon ist, daß die Menschen hier sich nicht von der Welt abkehren, sondern vielmehr ihren Geist der Wachheit und des Feierns in sie hinaustragen, in tiefer Achtung vor dem Leben.

Weitere Titel von Osho, dem zeitgenössischen Interpreten aller großen spirituellen und philosophischen Überlieferungen der Welt:

BUDDHA •
DAS HERZ SUTRA
„DAS HERZ SUTRA IST EINE DER GRÖSSTEN SCHÖPFUNGEN BUDDHAS ÜBERHAUPT", SAGT OSHO, DER SICH HEUTE ALS DER KOMPETENTESTE ZEITGENÖSSISCHE INTERPRET BUDDHAS ERWEIST.
DM 36,00 · SFR 36,20 · ÖS 281,-
DER WEG DES BUDDHA
OSHO SPRICHT ÜBER BUDDHAS HAUPTWERK „DAS DHAMMAPADA"
DM 49,80 · SFR 49,70 · ÖS 389,-

HERAKLIT •
DIE VERBORGENE HARMONIE
„IM OSTEN WÄRE HERAKLIT ALS BUDDHA ERKANNT WORDEN, HÄTTEN MILLIONEN DURCH IHN DEN WEG GEFUNDEN."
DM 29,80 · SFR 30,10 · ÖS 233,-

JESUS •
DIE VERBOTENE WAHRHEIT
ÜBER DEN JESUS DES SOGENANNTEN „THOMASEVANGELIUMS".
DM 19,80 · SFR 20,40 · ÖS 155,-
KOMM UND FOLGE... ZU DIR
OSHOS WORTE BRINGEN DIE WAHRE KRAFT DER BOTSCHAFT JESUS ZUM VORSCHEIN
DM 24,80 · SFR 25,30 · ÖS 194,-

MEDITATION • **MEDITATION – DIE ERSTE UND LETZTE FREIHEIT**
EIN UMFANGREICHES HANDBUCH DER MEDITATION.
DM 39,80 · SFR 39,80 · ÖS 311,-
DAS ORANGENE BUCH
DAS ORANGENE BUCH IST EINE ART SPIRITUELLES
KOCHBUCH ZUM SELBER EINHEIZEN.
DM 14,80 · SFR 15,30 · ÖS 116,-
DAS BUCH DER GEHEIMNISSE
WERTVOLLE ANREGUNGEN, PRAKTISCHE ÜBUNGEN
UND ORIGINELLE MEDITATIONEN AM LEITFADEN DER
112 MEDITATIONSTECHNIKEN SHIVAS,
DES HÖCHSTEN INDISCHEN TANTRA-GOTTES.
DM 24,80 · SFR 25,30 · ÖS 194,-
DYNAMISCHE / KUNDALINI
DIE BEIDEN BEDEUTENDSTEN
MEDITATIONSTECHNIKEN OSHOS!
ZWEI AKTIVE MEDITATIONEN AUF CD ODER MC
CD DM 38,00
MC DM 28,00

NIETZSCHE • **ZARATHUSTRA** • **EIN GOTT DER TANZEN KANN**
OSHO SPRICHT ÜBER NIETZSCHES
„ALSO SPRACH ZARATHUSTRA"
DM 44,80 · SFR 44,80 · ÖS 350,-

SUFIS • **NICHT BEVOR DU STIRBST**
OSHO SPRICHT IN DIESEM BUCH ÜBER DAS SPRICH-
WÖRTLICHE „STIRB UND WERDE" DER MYSTISCHEN
ERFAHRUNG, DAS GERADE BEI DEN SUFIS EINE
ZENTRALE ROLLE SPIELT.
DM 24,80 · SFR 25,30 · ÖS 194,-

TANTRA •	**TANTRA – DIE HÖCHSTE EINSICHT.** OSHOS KOMMENTARE ZU EINEM GROSSEN TEXT TIBETS DM 14,80 · SFR 15,30 · ÖS 116,- **DIE TANTRISCHE VISION** OSHO KOMMENTIERT HIER EINEN KLASSISCHEN TEXT DES BUDDHISTISCHEN TANTRA. DAS LIED DES BUDDHISTISCHEN MÖNCHES SARAHA AN DEN KÖNIG. DM 24,80 · SFR 25,30 · ÖS 194,- **TANTRISCHE TRANSFORMATION** IN DIESEM BUCH KOMMENTIERT OSHO DEN ZWEITEN TEIL VON SARAHAS „LIED AN DEN KÖNIG" TEIL EINS SIEHE „TANTRISCHE VISION" DM 24,80 · SFR 25,30 · ÖS 194,-
YOGA •	**YOGA: ALPHA UND OMEGA** ÜBER DIE KLASSISCHEN YOGA-SUTREN DES SEHERS PATANJALI DM 19,80 · SFR 20,40 · ÖS 155,-
ZEN •	**NIRVANA – DIE LETZTE HÜRDE AUF DEM WEG** DER WUNSCH NACH NIRVANA IST PARADOX, DENN NIRVANA IST DAS WORT BUDDHAS FÜR DEN ABSOLUTEN WUNSCHLOSEN ZUSTAND. DM 14,80 · SFR 15,30 · ÖS 116,- **DAS ZEN-MANIFEST** OSHOS LETZTE ÖFFENTLICH GESPROCHENEN WORTE. SEIN VERMÄCHTNIS FÜR DIE MENSCHHEIT HEISST ZEN. DM 29,80 · SFR 30,10 · ÖS 233,-

(EINE AUSWAHL)

Für Quereinsteiger!

Muntermachende, provozierende, aufregende Glanzlichter aus Oshos Werk. Jeder Titel eine kleine spirituelle Handgranate fürs Reisegepäck.

Beziehungsdrama oder Liebesabenteuer
Ein Lesebuch über Beziehungskisten: Über Frauen, Gattinnen, Emanzen und Geliebte, Männer, Gatten, Machos und Liebhaber, Eifersucht und Treue - und last not least – Einsamkeit und Alleinsein.

160 S., Broschur, ISBN 3-925205-46-0,
DM 12,80 • sFr 13,30 • öS 100,oo

Liebe beginnt nach den Flitterwochen
Über Liebe & Haß, Liebe & Freiheit, Liebe & Treue, Liebe & Ehe, Liebe & Sex, Liebe & Romantik, Liebe &...

160 S., Broschur, ISBN 3-925205-50-0,
DM 12,80 • sFr 13,30 • öS 100,oo

Tantra, Spiritualität & Sex
Ein kleines Manifest der tantrischen Revolution, die alle Grenzen unserer konventionellen Moral sprengt.

160 S., Broschur, ISBN 3-925205-54-3,
DM 12,80 • sFr 13,30 • öS 100,oo

DER HÖHEPUNKT DES LEBENS
OSHO BRICHT DAS GRÖSSTE TABU DES WESTENS: TOD. STERBEN UND TOD, RICHTIG VERSTANDEN, SIND ABER DER SCHLÜSSEL ZUM LEBEN.
160 S., BROSCHUR, ISBN 3-925205-00-4,
DM 12,80 • sFr 13,30 • öS 100,00

KUNST KOMMT NICHT VON KÖNNEN
EIN OSHO-LESEBUCH ZUM THEMA KREATIVITÄT. „KREATIVITÄT HAT NICHTS MIT EINER BESTIMMTEN AKTIVITÄT ZU TUN, MIT MALEN, DICHTEN, TANZEN, SINGEN. SIE IST AN NICHTS BESTIMMTES GEKNÜPFT. ALLES KANN KREATIV SEIN – DU SELBST BIST ES, DER DIESE QUALITÄT INS TUN EINBRINGT."
160 S., BROSCHUR, ISBN 3-925205-58-6,
DM 12,80 • sFr 13,30 • öS 100,00

DIE OSHO TIMES

Dieses Magazin ist Oshos Vision gewidmet; es dient allein der Transformation des Bewußtseins, der Wiederentdeckung von Lebensfreude, Liebe und Lachen.
Die Osho Times ist kein New-Age-Magazin. Oshos Worte, die das Herz dieser Zeitschrift ausmachen, gehen mit dem scharfen Skalpell eines erleuchteten, artikulierten Bewußtseins den gesellschaftlichen und religiösen Lügen unserer Zeit an die Wurzeln. Und sie zeigen den Ausweg: Meditation. Mit wechselnden Schwerpunktthemen beleuchtet das Magazin die Hintergründe des modernen Bewußtseins. Es steht für die Verschmelzung von Ost und West, von Wissenschaft und Meditation, und ist damit eine Geburtshilfe für den ganzen Menschen – authentisch, spontan, kreativ, selbstbewußt.

Erscheint monatlich, Einzelpreis: DM 8.50
Jahresabonnement: DM 90,- (europ. Ausland: DM 125,-)
Fordern Sie ein kostenloses Probeexemplar an!

Wenn Sie die
Osho Times International – Deutsche Ausgabe
abonnieren möchten, schreiben Sie an den
Osho Verlag
Venloer Str. 5-7
50672 Köln
oder rufen Sie uns an: Telefon 0221-5740743

Ein Verzeichnis aller lieferbaren Titel von Osho erhalten sie kostenlos vom:

Osho Verlag
Venloer Straße 5-7, D-50672 Köln
Tel. 0221·5740743, Fax 0221·523930

Für weitere Informationen über Osho:

Osho Commune International
17 Koregaon Park, Poona 411001 MS, Indien
Tel. 0091·212·628561, Fax 0091·212·624181